日本経済の再建策

経済学・経営学からの提言

影山 僖一 著

目　次

本書主張のポイント──産業共特化による経済発展── ……………………… 1
　Ⅰ．本書の主張―国民生活優位を目指す経済運営 ……………………………… 10
　Ⅱ．政策提言―日本的経営の欠陥と未来の課題 ………………………………… 18
　Ⅲ．各部各章の要旨紹介―本書の概要解説 ……………………………………… 23

第一部　高度経済成長の経済理論、経営理論

第一章　産業構造論とアライアンス戦略論
　　　　　──組織統合と産業発展戦略の新たな発想── ……………………… 35
　はじめに　モジュールと産業構造、企業境界 ………………………………… 35
　第１節　企業境界の現実と理論―ラングロワ ………………………………… 38
　第２節　企業規模と管理の限界―ウイリアムソン ………………………………… 40
　第３節　補助的資産とケイパビリティ論―ティース ………………………… 42
　第４節　資産の組合わせと移動性―ジャコビデス …………………………… 48
　第５節　価値連鎖とスマイル・カーブ―ポーター …………………………… 52
　第６節　知識創造の外注戦略（KPO）―ムダンビ …………………………… 56
　まとめ　制度改革と産業発展 …………………………………………………… 57

第二章　経営戦略と階層制度 …………………………………………………… 61
　はじめに　階層制と組織に対する忠誠 ………………………………………… 61
　第１節　階層制の代替機能―ファヨールを超えて …………………………… 63
　第２節　階層組織成立根拠とその逆機能―バーナード ……………………… 66
　第３節　組織原理と階層制―サイモン ………………………………………… 72

第4節　経済学の組織研究—ライベンシュタイン ………………………… 74
　　第5章　現実の企業経営における統治機構 ……………………………… 75
　　まとめ　日本的経営の問題点と日本経済改革 …………………………… 78

第三章　組織知育成と組織改革
　　　　——コリス、ギデンズの研究と組織変革—— ……………………… **81**
　　はじめに　経営資源としての組織知と組織革新 ………………………… 81
　　第1節　資源調達と企業境界の定義—コリス ……………………………… 83
　　第2節　組織境界と組織統合四概念—サントス …………………………… 86
　　第3節　道徳性のリーダー論—バーナード ………………………………… 91
　　第4節　組織文化論による組織改革—ギデンズ …………………………… 92
　　まとめ　組織改革と産業構造—ケイパビリティ推進の専門経営者 ……… 95

第二部　日本経済の発展と停滞要因

第四章　時代の大転換と日本の社会経済 ……………………………… **101**
　　はじめに　日本的経営の復権と経済再生 ………………………………… 101
　　第1節　20世紀という時代—海時代から陸時代 ………………………… 103
　　第2節　株主から専門経営者への企業統治転換 ………………………… 107
　　第3節　1930年代体制—軍事社会システムと日本社会の宿命 ………… 109
　　まとめ　日本経済の再建策提案—ケイパビリティ論と経営再建 ……… 113

第五章　日本の法人資本主義構造 ……………………………………… **119**
　　はじめに　経営支配権の構造と産業発展 ………………………………… 119
　　第1節　企業集団形成原理と新産業—中間組織 ………………………… 120
　　第2節　ネット・ワークと長期取引 ………………………………………… 122
　　第3節　法人資本主義と企業統治 ………………………………………… 130
　　まとめ　企業経営支配—法人支配権の構造 ……………………………… 132

第六章　終身雇用制度と産業政策 ……………………………… **137**

- はじめに　請負制から直接雇用への転換 ……………………… 137
- 第1節　日本の労働慣行の特殊性—機械工業と終身雇用 …… 138
- 第2節　ターゲット産業政策—機械工業の寡占的競争 ……… 144
- 第3節　経済政策の転換—日本的経営の欠陥と課題 ………… 147
- まとめ　組織と制度の関連性 …………………………………… 150

第七章　トヨタ自動車の共特性と組織改革 …………………… **155**

- はじめに　解明困難な組織成功要因 …………………………… 155
- 第1節　暗黙知の成功要因 ………………………………………… 156
- 第2節　新車開発とミドルリーダー ……………………………… 159
- 第3節　無在庫方式と資本回転率 ………………………………… 162
- 第4節　組織的学習システム ……………………………………… 166
- 第5節　組織文化論と変革プロセス ……………………………… 174
- まとめ　トップの利害調整機能 ………………………………… 178

第三部　日本的経営の定義と経済環境

第八章　専門経営者と日本的経営論
——情報共有としての日本的経営の再点検—— ……………… **187**

- はじめに　日本的経営の復権と経済再生 ……………………… 187
- 第1節　日本的経営と経営者の役割 ……………………………… 188
- 第2節　専門経営者とミドルアウト ……………………………… 190
- 第3節　日本的経営論の推移と経営者支配 ……………………… 193
- まとめ　組織論権威の教訓 ……………………………………… 199

第四部　日本型経営者の実績

第九章　日本経営者の群像──国民派、私企業活動派── 205
はじめに　財界人の活動と創業経営者の足跡 205
第1節　経済発展を推進した機械工業と専門経営者 206
第2節　国民と共に歩む経営者─渋沢栄一、土光敏夫 207
第3節　私企業経営を成功させた創業経営者─出光佐三、宮崎輝 221
まとめ　日本企業の創業者─岩崎弥太郎とその後継者 225

第十章　創業経営者の英知──ゆかり企業の事業戦略── 229
はじめに　市川という土地と風土─地味な使命感 229
第1節　山崎パン創業期と飯島藤十郎─使命感と根性という英知 231
第2節　オンリィ・ワンを目指すサイゼリヤと正垣泰彦 234
第3節　長寿企業の成長要因─本業重視と組織学習 240
まとめ　ゆかり企業の創業経営者に共通する言動、
　　　　共通のメッセージ 244

第十一章　創業経営者とケイパビリティ論 247
はじめに　社会科学研究の現況 247
第1節　ルーティン・ワークと戦略策定の区分 249
第2節　創業経営者成功の条件─鈍、根という感性と運勢 252
第3節　日本的経営と社長のリーダーシップ─清水龍瑩 253
まとめ　使命感を支えた感性の経済学的検証 258

第五部　日本的経営の環境変化と危機

第十二章　日本的経営の性格検証──専門経営者の敗北── 265
はじめに　日本的経営の再点検 265

第1節	異文化の労働者—アメリカ、東南アジア：駒井洋 266
第2節	働く意欲と日本経営—理念共有化：鈴木滋、大場裕之 269
第3節	労働観に関する少数意見—小池和男 272
第4節	日本人の権勢への異常なこだわり—ホーフステッド等 275
第5節	株主支援と終身雇用制の転換期—オルコット 279
第6節	専門経営者復権に対する期待—共特性に関する再認識 280
まとめ	専門経営者の後退 282

結論と課題——日本的経営の環境変化と対応策—— **289**

はじめに	経済環境転換—性善説でのグローバル化 289
第1節	経済構造転換と企業統治方式の変化 291
第2節	経済性の転換—共特性の経営戦略と専門経営者 292
第3節	日本的経営組織構造の問題点 293
第4節	テイラーイズムと従業員対策 295
第5節	大量生産の終焉と多品種少量生産— ネットワーク・システム化 298
第6節	終身雇用制度と企業別労働組合 301
まとめ	供給優先政策転換、市民中心社会の創生 303

あとがき 305

本書主張のポイント
―― 産業共特化による経済発展 ――

　現代の人類の多くが生活をしている社会は、資本主義経済制度のもとで個別企業の活動による自由な競争原理のもとで運営されてきたとされている。しかし、自由な市場取引とはいえ、その実態は時代の推移とともに徐々に組織化されている。民間の私企業が経営活動を展開するプロセスにおいては、取引を確実にするために他の企業との競争と協調の過程において、企業間の協定や話し合いによる協力関係が強化されている。財・サービスの価格、販路、品質などは企業側での協定が行われて、自由な競争が徐々に排除される傾向にある。現代社会では、財・サービス提供の当事者である供給業者の意向で市場の組織化が進展している。そうした多様な形態で組織化された市場の中で企業活動が展開されている。

　本書は、組織化された市場を構成する当事者である企業組織の盛衰を観察して、成功している組織形態を探求し、それに対応する経済原則を確認しようとするものである。本書では、特に、企業の発展が企業間の緊密な情報交換と事業協力の推進によるものとみるケイパビリティ（企業間の協力に伴う共特性）という考え方に注目して日本経済の発展を説明するとともに、同時に、その発展と停滞要因を解明するものとする。ここでは、市場における財・サービスの取引に関する企業間協力関係に焦点を絞り、本書内容の紹介を行うものとする。特に、本書主張の中心をなす企業間の協力関係、すなわち、共特性（補完性）の概念の解説を行う。当初は、本書の記述方式の特色に関する解説を行うものとする。次いで、本書主張の内容を紹介して、各部各章の記述要旨を解説するものとする。

1. 本書記述方式―共特性理論を日本経済と日本的経営で実証

　日本経済の発展が企業間の緊密な協力関係を確保したことにあり、経済停滞がそうした企業間の協力関係の調整不備にあるという主張を明確にするために、本書では、次のような独特の記述方式が採用される。当初には、共特性、補完性などの供給活動の効率性を高めたケイパビリティ理論などを中心とした理論を解説する。日本経済の成長要因とみられる経済活動の背景をなす数点の理論が紹介される。そうした理論の解説の後、現実の日本経済の発展要因が紹介され、さらには現実の日本的経営の運用方式や企業経営者像が解説される。その上で、1980年代において石油危機の到来により日本経済の停滞が始まり、多くの問題を残しながら、日本的経営が衰退に向かうことが提示される。

(1) 経済、経営理論の第一部の三章

　日本の経済発展と衰退の背景を説明するものとみられるケイパビリティなどの理論と企業組織運営に関する原理の解説が当初の第一部の三つの章で行われる。その上で、日本経済の現実、日本的経営の問題点が紹介されて、結論と課題を提示して本書を閉じるものとする。

　ここで紹介する理論は、ケイパビリティ論に加えて、経済成長を促した企業の経営戦略の背景をなす組織の階層制に関する理論であり、さらにそうした組織の改革を推進するための組織論の解説もなされる。現代における重要な理論、すなわち、共特性、補完性という企業間の相互協力関係による経済成長を説明する高度な資産運用の連携性など、ケイパビリティに関する経済理論の解説から本書が開始される。次いで、企業組織の事業遂行に必要不可欠な命令システムとしての階層制の意義を解説し、その上で、組織間の統合と組織改革などの重要な三点の理論に関する説明を行うものとする。

(2) 経済、経営理論と日本的経営

　経済発展の推進因は共特性だけに限られるものではなく、経済活動全般の発展に向けて、階層制など独特の企業活動のシステムも企業経営の成功に寄与し

てきた。そこでは、組織における命令伝達方式としての階層制の運用と従業員とのコミュニケーション方式が重要な役割を果たす。階層制の理論、企業の組織改革における取締役の役割、企業間の連携関係を左右する企業統合（M&A）などの背景をなす理論を提示する組織論が解説される。さらに、具体的な企業経営者像が紹介される。

最後には、日本経済の停滞を招いた要因を時代環境の変化として解説し、しかも、具体的な企業経営での活動にとり大きなマイナスとなった要因を紹介して、共特性、すなわちネット・ワークの適切な運用による日本経済の新たな復活に向けた提案を行い本稿を閉じるものとする。

2. 日本経済の成長戦略解説

第二部以降では、日本経済発展の特色とその停滞要因に関する解説が行われる。企業活動の活性化は、高度成長期のわが国企業集団における事業活動の共特性、ならびに補完性を復活することにある。また、企業内組織の活性化による経済活動の進展が考えられる。そこでは、製造業のみではなく非製造業、建設業、金融業などを網羅した産業間の協調と協力体制の構築が重要である。

(1) グローバル企業の共特性と国民生活産業

高度経済成長の時代には、日本の有力産業、すなわち製造業が多くの産業との協力のもとに、産業活動を展開して、わが国経済に付加価値の拡大をもたらした。国内の経済活動の拡大とともに、企業内外の活動を緊密化したことが大きな意味を持つのである。しかし、海外投資の拡大とともに、企業内に多くの協力企業が参集することがなく、その経済活動の協力関係は必ずしも国内に確保されることはなかった。多くの付加価値が外国に分散して、国内経済活動の日本経済におけるウェイトが減少するものとなる。

もともとわが国では産業間の連携性が強くはない。そこでは、基幹産業の海外投資で、国内市場の空洞化が強まると、高度経済成長は終息する運命にあった。製造業、非製造業、IT産業の連携が希薄となることで、付加価値拡大の

機会は多くの分野に拡散したことになる。日本の国内には、付加価値が残らずに、海外諸国に付加価値が移転するものとなる。特に、部材の提供とか、流通業、販売業、あるいは開発産業活動の付加価値が外国に移転する。海外投資は日本国内に付加価値を残さない。そうした日本企業による経営戦略技術の低下により、海外企業との協力関係で外国に多くの付加価値を奪われた。

(2) 共特性の確保と高度成長

経済活動における共特性の基本をなす経済性の性格は以下の通りである。
①価格、販路、品質に関する企業間協力と組織化

現代では、財・サービスの取引に関連して、その価格、販路、品質などをめぐるいわゆるカルテルとされるものが市場を席巻して企業による市場の支配が強まる傾向にある。それは、いわゆる供給者側による市場支配となる。そこで、20世紀のはじめには、自由競争を排除する大企業間のカルテルや企業間の供給制限活動に対して、それを排除して市場の自由な競争を確保するための法律が制定されている。カルテルの禁止と巨大独占資本の他企業に対する支配と市場制限を取締まる法律や制度が制定された。自由な競争を維持して、公正な取引を確保する試みがアメリカや西欧諸国においては支配的な動きとなった。
②公正取引に向けた市場活動の監視

自由な競争を促進するためのカルテル規制法（独占禁止法）等に関する法律が制定され、市場において自由な取引活動がなされるように監視するための専門機関が設置された。財・サービスなどの取引を自由で公正な仕組みにする試みは主として政府により推進されてきた。いわゆる公正取引を推進する制度と機関である。それに対する企業側の対応も多くの戦略が積み重ねられており、民間企業により多様な形態が採用されて、市場の組織化が進展している。そこでは、アメリカ企業による独占の弊害が問題とされて、自由競争を促進する法律が制定された。それは産業組織論の研究者の提言で行われた措置であるが、後に独占体もやがては競争に直面して衰退するとの反論がある。

③後発資本主義と市場の組織化

　1980年代には、1960年代より継続してきた日本経済の高度成長が一段落して、経済活動の停滞が始まった。日本の高度成長が曲がり角に直面したのであるが、そこには、円高、日本の高賃金などによる日本資本の海外逃避がみられた。それを契機として、それまで日本の経済成長を支えてきた企業間の協力体制が限界を迎えたものと思われる。また、従来の企業間協力関係の後退が、時代環境の変化により企業成長の終焉をもたらしたものとみられる。別の見方によれば、製造業や非製造業、知識産業間の連携関係が機能しなくなったものともいえる。本書は、日本の市場でなされた自由な取引とは異なる組織化された企業間の取引を共特化として把握し、経済発展の要因として解説するものとする。そこに本書の特色の一つがある。

(3) 高度成長期の企業間協力関係

　法律、政府の規制などにも配慮しつつ、そうした財・サービス取引に関する制約条件をクリアーして、企業間の協力関係を構築し、取引に関する経費を節約して、業績を挙げた企業がこの世で生き残る事が出来る。資本主義の発展段階、国別の企業活動環境などに配慮し、かつ顧客や消費者のニーズに対応した供給体制を構築できた企業の市場環境としては、多くの変遷を経てきた。そこでは、資本主義の発展段階、大量生産方式の確立とその終焉、労働者に対する対応、カルテル規制などを含む経済政策などが考えられる。

①経営戦略による協力関係

　自由競争市場を乗り切る企業側の対応策としては、連携する企業間の情報交換、企業活動における重点のおき方に関する緊密な協力関係の推進などの対応策が考えられる。企業間の連携関係に関する重点の置き方が市場を支配するものとなる。供給企業型の対応関係における格差が、企業の成功度を決めてきた。

（a）　日本企業の対応：日本的経営の成功要因

　太平洋戦争後の日本企業は、事業活動に伴う経費の引き下げに向けた賢い戦略で発展してきた。それは関連企業間の情報交換を緊密なものとして、適切な

分業を行い、参加企業の利益を極大化するための工夫を行ってきた。そこでは、関連する企業を同じグループに引き入れて企業間の情報交換を緊密なものとして、協働作戦を進めてきたものと考えられる。企業集団としての効率を高めて、市場の大きな売り上げを獲得するための手段として事業活動の協力関係を緊密にしてきたことが大きな成功要因として考えられる。

（ｂ）　経済成長の頓挫：共特性の喪失

そうした企業間の協力関係、すなわち共特性の消滅したことが、成長率の鈍化の背景をなすものである。石油価格の上昇と大量生産方式の後退、日本企業の海外への投資拡大に伴う日本産業の空洞化、企業における個人の忠誠心の後退、終身雇用制度のマイナスの表面化などが大きな要因となる。しかし、こうした理由だけでは、高度成長の後退の説明としては十分ではない。一つのヒントとしては、大企業にとり、日本国内における有力な製造業との協力関係の後退したことが大きなマイナス要因である。それは関連企業の衰退と消滅が大きな原因をなすものである。

②高度成長の共特関係：価値連鎖の継続性を維持したクルマ産業

わが国の高度成長期には、国内企業間の協力関係を維持するために、情報交換と企業集団としての対話が緊密に推進され、多様なルートでの事業協力がなされて、事業活動が成功してきた。それは、いわば、ポーターの指摘するような産業間の価値連鎖が適切に機能して、企業集団には全体として利益がもたらされていた。製造業、建設業、物流業、輸送業、サービス産業、金融業、などの産業間の協力により、付加価値を企業集団として吸収してきたものと思われる。特にクルマ産業では、そうした多くの業種間の協力がなされて、クルマの企業集団として自動車関連事業により生ずる利益の大半を自動車メーカーが確保してきた。

（ａ）　共特性推進による発展継続

クルマ産業は製造業のみではなく、新車開発、部品調達に加えて、販売業等多くの分野を自社の系列企業として支配して、値崩れを防ぐという対応を推進してきた。新車開発から部品調達、製造過程、販売過程というヴァリュー・チェ

イン（価値連鎖）の末端に近い段階までを支配することで、事業活動を統制してきた。これに対して、電機メーカーでは、開発製造分野を自社で担当してきたものの、販売部門の価格設定権が安売りの電器販売店に握られて、価格維持と利益の確保が困難となり、多くの企業が停滞に陥りつつある。総合電機メーカーといわれて繁栄を極めた昔日の面影が電機事業から消えている。共特性という概念重視のクルマ産業との具体的な業態の格差がそこにはみられる。

(b)　ヴァリュー・チェイン重視とクルマ産業

クルマ産業のようなヴァリュー・チェインということを意識しながら、企業集団間での対話と協調を進めて、利益を企業集団間で支配することが電機メーカーにとっては肝要であった。そうした意味では、日本の流通業、運輸業、建設業、などが企業集団の一翼として充分な機能を果すことがなく、独自の行動をしたことが高度成長の終焉につながるものとなった。また、空洞化の原因としては、新たな事業を支えるにふさわしい熟練労働者を確保することの出来なかった企業内訓練の力不足から訓練方式の背景をなす終身雇用制度の問題点の探求が求められている。

(4) 高度成長の終焉

高度成長の終焉をもたらす直接の契機は、日本の大企業の外国への進出にある。日本国内での大型投資機会の減少に加えて、円高による海外投資が有利となったことが海外投資の背景をなす。日本企業に比較して、外国企業における賃金の安さもあり、多くの大企業が海外投資を行い、日本国内の経済活動の停滞がみられた。しかし、その際には、日本企業が高度成長期に行ったような大企業のみではなく国内の関連企業との共同歩調を維持して、外国に進出していれば、日本企業の企業活動による成果は日本国の利益としてかなりの金額を確保できたはずである。海外における企業集団による共特性の確保が可能となっていたはずなのである。単独で海外企業展開をせざるえないことや外国における企業との共特関係の形成が困難となったことで、日本企業の収益性の維持が不可能となった。

投資活動のグローバル化が日本企業による経済活動の効率性を損ない、その利益の多くの部分を外国企業の利益として海外に移すものとなる。日本企業が最先端技術を外国に提供した結果、その恩恵は、外国の部材メーカーや販売企業に収得させることとなったものとみられる。グローバル化は、日本企業の対応の不手際により大きな損失を招いたものとみられる。それは、ティースやジャコピデスのいう企業間の協力関係、グループ活動に伴う事業活動の移動性による収益の海外移転と表現することもできる。新製品開発のプロセスで、外国企業が新たな安価な製品を開発して、日本企業グループの取得すべき経営成果を外国企業グループに奪われたことが指摘される。

4. 日本的経営の功罪―成長要因とはならなかったこと

日本的経営論は、太平洋戦争敗戦の10年後に開始された高度経済成長期に多くの経営学者から提案された日本企業の経営方式を称賛した発想を総称したものである。その言葉を確認して、定義をした研究者は、アメリカのアベグレンとされている。

アベグレンの定義を参考として、日本的経営の特徴をここでは、以下の三点として指摘する。すなわち、日本に登場した従業員出身の専門経営者、終身雇用制度、企業内労働組合という特徴を日本の企業経営の特色とみる。アメリカでは、対立関係が常態とみられてきた労使関係が、わが国では、家族関係のような経営者の慈悲深い愛情と従業員の経営者に対する信頼感として捉えられてきた。極端に表現すれば、労使関係を家族関係として捉えた経営がなされてきた。そこでは、日本の伝統的企業における慈悲深い経営者が従業員を温かい気持ちで、家族のように取り扱うことにあるということが指摘されている。そうした経営者の温情が従業員の企業活動に対する忠誠心をもたらしたものということである。

高度成長期の労使関係において、日本的経営は労使協調路線の推進因となり、経済発展にプラスしてきた。一時は日本的経営こそが、経済成長の推進因とされてきた時代もあるほどである。しかし、1990年代のバブルのはじけた

後は、日本的経営論は後退して、現在ではほとんど顧みられることがない。ここでは簡単にその功罪を明確にして、日本的経営論で紹介された企業の特色が日本の高度経済成長に寄与したか否かを確認しておくものとする。

　プラスの評価としては以下の分野がある。
（1）　企業活動に対する従業員の忠誠心を強めて、労使協調の基盤を強化してきたことである。
（2）　労使協調の推進は、日本企業の生産性上昇の一因となり、日本の高度経済成長の大きな推進因となったことである。

　逆に、日本的経営の問題点としては以下の数点が指摘されている。
（1）　労使双方の企業に対する甘えが浸透して、経営者、労働者双方の企業経営の厳しい現実に対する自覚した努力に欠けたことである。
（2）　企業による労働者研修が十分な成果を出すことなく終了したことである。研修は、従業員の技能を向上することには十分ではなかった。

　例えば、参加者を増やすために、講師に有名人を招請したり、また、会社幹部の講話を中心に講座を推進したこともあるとされており、熟練の養成には十分な成果を挙げることはなかった。
（3）　企業幹部は、階層制に守られて、自分たちの指令が正当であるという驕りを強めたことである。企業内における取締役の驕りが膨張してきた。

　結果としては、日本的経営の欠陥は日本経済の発展とともに目立ち始めて、その弱点をさらに拡大する要因になったものとみられる。日本的経営は、決して、高度経済成長の要因ではなく、むしろ高度成長期の後半では、その成果を相殺する要因になったものと判断される。

Ⅰ．本書の主張──国民生活優位を目指す経済運営

　本書における主張の重点は、日本の経済活動を復活させる方策を提示することにある。各分野からは多くの提案が出されているが、現在の経済政策（例：アベノミクス）だけでは、日本経済の復活を推進することは困難である。日本という社会が、長い歴史の積み重ねで、多くの供給者の利権で構成されており、そこでは、現実の後進的システムの改革を推進して、産業の転換や組織の改革を推進することはほとんど不可能に近い事を確認すべきである。残された対策はわずかにすぎない。

　本書では、製造業の発展がケイパビリティの活用で推進されてきたという事実に着目して、日本産業の過去の発展要因の解明から経済成長の秘密を探り、今後の産業振興に活用することを提唱している。日本産業の発展は、複数企業間の緊密な情報交換と事業活動における協力による共特性と補完性に伴う利益収得を基盤とするものである。その秘密を探り、今後の産業振興に活用することが提唱される。ここでは、代表的産業であるクルマ・ビジネスをとり上げて、その発展要因としての共特性と補完性の意義を具体的に説明してそれを経済政策に活用することを提唱するものとする。その際、グループを形成する異色の企業が他の安価な製品を開発して、日本企業グループの収得するはずの付加価値を収受することとなる移動性に充分に配慮することが肝要である。共特性、補完性と移動性を確認して、そこから新たな産業の発展方式を提案するものである。そこでは、外国企業グループに収益を奪われることとなる移動性に注意することが肝要である。その過程で、日本的経営の特色も終身雇用制による労使双方の協力関係という観点からも解明される。以下、本書の主張の要旨を数点にわたり確認した上で日本経済再建に向けた政策を提示する。

1．経済活動の本来の目的に適合した経済運営

　日本経済は、先進諸国に遅れて近代化を進めてきたために、国民生活の向上という経済活動の本来の目的には適合しない供給者優位の経済活動が推進され

てきた。富国強兵というのが、明治時代の日本社会の近代化の目的とされてきた。軍事力を強めて、先進諸国によるわが国に対する植民地化の圧力をはねのけて、国の独立を勝ち取る事に国家の目標がおかれてきた。そのための近代工業化の推進が優先されて、国の経済政策もそれをサポートするような方向に推進されてきた。そのためには、政府が資本家と経営者の活動を支援して、工業の一層の近代化が進められてきた。経済政策も消費者優位の産業構造と国民生活優先の経済活動が目的とされてはこなかった。国民の生活向上は直接の目的とはならずに、供給力優先と国の独立に優先権が与えられてきたものである。

　製造業の振興は、富国強兵の重要な手段である。富国強兵の手段として製造業は強化されて、生産性は大幅に向上した。国の政策もそうした近代工業を支援することで達成が可能であった。その反動もあり、非製造業、流通、金融、知識、教育産業の振興などは軽視されてきた。製造業の発展を一つの手段として活用する事と供給者を優遇することで、供給業者の既得利権が巨大となり、製造業という特定の供給業者の既得利権が拡大強化されてきた。反対に、国民生活に対する支援は軽視されてきた。それは国民生活の具体的な場所である地方の衰退を招いた。

2. 求められるケイパビリティの探求

　経済発展、特に、技術革新を推進するためのケイパビリティいう考え方は、極めて重要な意義をもっている。これは、企業間の連携を通じて事業活動において企業が相互に協力をすることから発生する。多くの分野からなる新製品の創造に向けた新規技術の形成は、それを企画し、推進する企業家やそこに部材を提供する企業や設備を提供する企業を含めるとかなり数多くの企業が関連をもつ。日本的経営といわれるものの長所は、企業内の従業員と経営者の関係だけではなく企業間の緊密な情報交換を推進して、多くの企業の連携を促進してきたことにある。そうした意味で、日本的経営の特色は、企業間の共特性と補完性を高める効果をもってきた。

　そこでは、ケイパビリティという考え方、すなわち、企業組織に対して利益

を生み出す戦略が重要な推進力となったことが注目される。日本型経営では、こうした共特性に対する配慮は必ずしも十分に企業経営者により意識されてはいなかった。空洞化が問題とされた1990年代には、特に、こうした共特性の確保に向けた日本企業の工夫、改善が必要とされていた。現時点からみた国際化、企業提携に際しての経営戦略の留意事項であった。

外資との共同事業などでは、むしろ外国や相手方に大きな利益を確保されがちであったものとみられる。ケイパビリティを日本産業に確保するという考え方を今後は日本企業が重視することを求めたい。

3. 共特化の具体例としてのトヨタシステム

発展した産業の成功要因に関する研究は、その事業活動を関連産業との協力関係の中から観察することが必要である。新製品の開発、設備の調達、部材の購買、製造活動、販売ルートの確保という一連のシステムとして把握することである。事業活動を一つのヴァリュー・チェイン（価値連鎖）として、また、部分的には、SCM（Supply Chain Management）として理解することでビジネス成功の背景を把握することができる。ここでは、トヨタ自動車を日本企業の成功例として取り上げて、その成功要因の重点的なポイントを具体的に提示するものとした。

(1) 総合的商業戦略の意義

第二次大戦後の日本経済の発展は、自動車、電機などの総合的な機械工業により推進されてきたといえる。機械工業の発展は、単なる製造工程のみの十分な活動だけではなく、販売活動、修理など関連のサービス活動部門との連携により事業活動が推進されてきた。さらに、製造メーカーの活動は新車開発まで手掛けており、新製品開発、設備投資、部材調達、製造活動、販売過程という一連の活動が連携して推進されてきた。高品質、低価格の製品を最高のサービスをもって提供してきたのである。いわゆるSCMという方式を推進して、高い成長を実現してきた。アメリカ等欧米の企業では、製造活動に特化して、販

売などの非製造業の活動は、他の企業に担当させてきた。日本のクルマ・メーカーはその関連企業の活動を統合して、製造工程を担当するだけではなく新製品開発、設備部材調達、販売活動、修理などのアフター・ケアまでを担当して、幅広い活動を展開してきた。さらには、輸出、輸入の過程をも網羅した総合的な事業活動を展開している。これにより製品価格の決定権をクルマ・メーカーが把握していたことを確認することが重要である。

(2) クルマ生産、販売を中心とする一貫したシステム

日本のクルマ産業では、販売活動をも網羅するSCMという一貫して連続したプロセスからなる事業展開が推進されており、多くの関連する企業による事業活動が展開されている。そこでは、関連の多くの企業間の協力がなされることもあるが、企業統合ではなく同一の事業に向けてそれぞれ独立した企業が協調関係を維持して活動分野を調整する方式で事業が推進されてきた。

製造活動を担当する自動車メーカーが中心となりクルマの製造、販売活動という一連の事業活動の戦略を形成し、リーダーシップを発揮して、新製品の開発と製造、販売活動という一連の活動を統括して推進している。設備の製造と完成車企業への部材提供は、長期的な取引関係に基づいた自動車関連メーカーとの協力のもとでクルマ・メーカーに納入される。素材と部品の調達は、クルマ・メーカーとの連携を強めている専門企業により供給されている。販売活動を担当する企業に対しては、クルマ・メーカーが活動のイニシアチブをもち、市場開拓や顧客との連携を強めながら、価格の下落を防ぐ、販売活動が展開されている。販売店は、顧客の情報をメーカーに送り、そうしたディーラーの顧客情報がメーカーの新製品が開発にも活用されている。そこでは、クルマ事業に従事する多くの企業間関係においては、垂直的な統合がなされているわけではなく、それぞれの企業が独立を維持しながら相互の協力の下で事業活動が継続されている。それは、垂直統合ではなく参加企業が独立を維持しながら共特性の理念で事業活動が推進されていることに特色がある。

(3) 企業グループ活動の効率性

　企業活動の効率性は企業グループの連携性と産業構造との関連性が強い。事業活動をめぐる企業間の協力関係は、製品の供給をめぐる協力関係に基づくものであり、産業の構造を決めるものとなる。

① 　グループ化の原理

　企業グループの団結力を高めて、効率性を高めるには、事業活動にリーダーシップをもつ企業が他企業をその子会社として育成することが重要である。関連部品工業の団結力こそ、クルマ産業の力の源泉となる事である。

　日本では、支配的なクルマの総合的メーカーであるトヨタ、日産、ホンダなどの企業はこぞって、部材供給企業として重要な素材と部品を提供する企業を関連のグループ企業、あるいは子会社として育成してきた。

　関連企業における内部の管理や待遇は企業内部の事情で決めさせて、当該企業の事業活動ではメーカーとの協力を求めて、効率を高めてきた。企業グループとしての団結力を高めるには、子会社を育成することは大変に有利である。しかし、事業活動の全ての部門を担当する企業を子会社として育成することには多くの課題があり、事業の効率を妨げる要因ともなる。そこでは、できるだけ経費を削減する方法が選択された。また、Ｍ＆Ａによる直接の他の会社との統合には多くの課題があるために、より効率の高い子会社として、グループ企業に編入して、同一の事業活動に向けた協力をさせてきた。

　管理方式の複雑性や経費低減などに配慮して、完全な統合、子会社化を避けた、グループの一員としての協力関係の形成という形で事業に関する協力方式の選択肢が決められてきた。

② 　子会社育成の課題

　トヨタ自動車は、グループ企業の育成には特に力を注いできた。グループ企業の中の有力企業、子会社の育成には熱心である。グループ内に統合された子会社も親会社の方針に忠実で、グループ全体の発展に向けて全力を注いできている。

　商業ベースで他企業を自社の事業活動に参加させることにも大きな効果があ

る。しかし、独立の企業に事業協力を依頼することは必ずしも効率的ではない。すなわち、いきなり、事業活動に協力を依頼することは、品質、価格などで充分な依頼者の要求を満足させるものではない。長期的な協力関係を維持しておくことが肝要である。その際には、長期にわたり取引を重ねないと、自社の要求を満足させることは困難である。

そのためには、グループ企業として協力を依頼する企業に対しては、協力関係を長期にわたり保証することが求められる。そこでは、商業ベースを超えて、系列企業としてグループ化するか、あるいは、子会社にするかの決定が迫られる。さらには、相手の資産が貴重であり、商業ベースでの調達が困難とみられるときには自社に統合することも考えられる。一つの方法はいわゆるM&Aの対象企業として相手企業を選定することである。商業ベースでの協力を依頼するのか、系列企業として育成するかの判別は、経済性によるものである。

③ トヨタ自動車の魅力で他企業による事業協力

平常の企業間協力は商業ベースか、統合かの双方の利害関係で生まれるケースが多い。商業ベースの協力関係においては、短期的に得か損かという経済性での意思決定となるケースが大半である。しかし、まれには、長期的な協力関係を維持したいと考える対象となる企業が無いわけではない。そうしたケースでは、単なる商業ベースを超えて、トヨタほどの有力企業でも気付くことのないアイディアを提供してもらえる幸運に恵まれるケースもある。そして、協力の対象となる企業が大企業であり、長期に発展を継続する企業であると、そうした企業の協力企業となる事に特別な魅力を感じる企業も少なくはない。トヨタ自動車というような有名企業であると、平素より、協力企業となる事を望む企業が接近することも考えられる。

④ グループ系列企業の組織化―第一次から第三次まで

極めて多数の企業との取引関係を持つ巨大企業であるトヨタ自動車では、多数のグループ企業との事業活動に関する緊密で効果的な意見交換に向けた工夫がなされている。グループ化された企業の組織化と系列化である。トヨタ自動車と事業活動を共有する企業群が階層化されており、第一次から第三次までの

企業群としてグループ化されている。関連企業の所属するグループは、企業の従事する事業のタイプ、提供する部材の特性、技術革新力、さらには、資産の付加価値額などに対応して、トヨタにとっての重要性から所属するグループ階層が決められている。その企業の重要性からみた第一次から第三次までのグループに対する戦略が決定される。それらのグループは、独立の事務局を持ち、緊密な意見交換を行い、それぞれの意思がトヨタ自動車に伝えられる。場合により、トヨタ自動車と個別企業との直接の対話も行われる。こうした系列化された組織的な方式での意見交換がトヨタと関連企業との間で推進されている。

4. 1980年代の海外投資と日本産業の空洞化

高度成長の終焉の後、多くの日本企業が海外投資を推進する中で、産業発展の中心が外国に流れて、日本産業がグローバル化している。しかし、その際には、日本企業は、外国への投資拡大に向けて努力をしたが、海外企業との取引に際しては共特性とか補完性を十分に利用してはいない。あくまでも、日本の国内経済の再建を指向しており、国内企業との協力と協調を中心においた戦略が指向された。外国との事業戦略での共特性、補完性に関する経営戦略を意図した事業戦略転換を考えたものではなかった。ここに大きな落とし穴があったものとみられる。

1990年代には、日本企業でも経営改革が行われたが、カンパニー制等アメリカの事業部制の焼き直し版であり、執行役員制度、社外重役制等、枝葉末節の経営改革に止まる事となる。むしろ、重要なことは、国際化に備えた経営改革を推進する事であった。そのために、日本企業に利益を確保する海外企業との共特性、補完性を確保する戦略を駆使することが肝要であった。

(1) 国際的事業展開に際しての対応策

海外事業展開では、多くの非製造業との提携、情報交換による協力関係の構築などが求められるものである。現実には、多くの日本企業が海外事業展開に際して他企業との共特性の強化を目指してこなかったことである。クルマ産業

では例外的にそうした活動が推進されてきた。トヨタ自動車の成功要因は第七章において詳細に解説されている。

(2) 企業組織運営に際しての革新策

組織の改革、組織文化の革新、対応策の探求が求められているようである。単なる階層制の強化だけでは、経営の革新が進展しないことである。本書の第三章で紹介するようなギデンズの組織革新策の活用が求められている。

5. 終身雇用制度の留意事項

わが国の多くの企業が太平洋戦争前後の約一世紀にわたり、終身雇用制度を採用してきた。それは、一面では労使協調路線を定着させるうえで大きな意味をもった。また、企業内の社員間の協力関係を緊密なものとして、企業間に労使協調路線を定着させるうえで大きな意味があった。それは、企業内の従業員間の協力関係強化には一定の役割を果たしたが、しかし、他の分野では日本の大企業の発展には少なからざる制約要因となった。

また、社員教育においても、従業員を企業内に留まらせて、定年まで面倒をみることを慣行としたことのマイナスが指摘される。そのために、才能ある人材の能力をさらに伸ばすことを抑制するものとなった。

終身雇用制度は、日本的経営の発展に大きな力を発揮したが、1980年代にはその役割を終えており、その後はより競争的な人事管理が求められていたものとみられる。

Ⅱ. 政策提言―日本的経営の欠陥と未来の課題

　現代の経済政策においては、経済発展の中心的な推進力である企業経営の発展を計る事を前提条件とするというのが、経営学の泰斗であるポーターの教えである。企業組織の発展を推進することが産業の発展力となり、それが経済の成長を導いて、経済発展のスムースな進展につながるとの提言である。そうした企業経営を順調に拡大させるための手段としていくつかの重要な柱が指摘されている。

　まずは、企業組織の発展を推進するものが企業による供給力であり、その為に、関連の部材提供企業の発展が望まれていた。また、中小企業や地方経済の発展がクラスター産業（産業活動基盤）の強化につながる事となる。そうした供給力の拡大に対応するように、市場の発展が期待されるが、それが企業の提供する財サービスを確実に市場で処理することが期待される。そうした供給力の拡大に対応するように、市場の発展が期待されるが、それが企業の供給した財サービスを確実に市場で販売することを保証するものとなる。政策形成に際しては、企業の成長をもたらすシステムを重視せよという警告は、現代の日本政府に対する適切な提案になるものとみられる。

1. 政策のプライオリティ―国民の生活向上に向けた政策

　日本における経済政策の中心分野は一部製造業の発展のみに向けられており、国民生活向上に向けた政策の優先順位は低い。具体的には、一部の製造業、すなわち機械工業の育成のみに力が注がれ、そのために、わが国では機械工業のダントツな発展をみた。産業政策が国民生活の向上、国民の福祉には活用されていないことが日本の経済政策の大きな欠陥となる。国産の機械工業育成のために強力なライバルとなる可能性の高い外資導入も抑制された。産業政策は機械工業の発展に向けて強化されたことに伴い、多くの産業に対する官僚統制の欠陥が明らかとなる。低い経済効率、国際競争力の低水準、国民生活環境の停滞が目立つものとなる。その過程で、官僚主導、中央官庁優位、地方行政の

軽視と停滞が強まった。

(1) 公共事業の中止

　1990年代には、わが国での公共事業の中止により、地方経済の一層の停滞、地方の地盤沈下が顕著となる。安倍内閣の提唱する地方創生は過去における日本の経済政策の大きな反省に立つことが肝要である。

　日本の経済政策の失敗と欠陥とは、国民生活向上に向けた政策が実施されていないことにある。国民生活向上の施策に十分な配慮をすべき時が来ている。

(2) 1930年代体制の継続性

　中央集権制度、国内産業育成重視、消費者、生活者の軽視という経済政策の貫徹に過去の日本政府による政策運営の欠陥がある。特定の産業（機械工業）に重点をおいた産業政策、それは、寡占的競争と有効競争の原理によるものである。

　1930年代の戦争体制の継続とその弊害は、中央集権制度、地方切り捨てという政策の遂行がなされたことを基盤とする。

(3) 効率的な供給責任と公正な判断

　今日、企業は社会に対して大きな供給責任という重大な使命を持つ。経営としての効率の追求と同時に供給者としての企業は世間の信頼性を保つ社会的責任を有する。現代企業経営者は、それらの両立を計るべき使命を持つ。階層制と専門化の機械的運用が組織活動の効率を一時的に向上することはできても、それは永続的に経済成長を推進するものとはならないことである。持続的発展の可能な供給責任を果たすためには、多くの人材の意見を吸収して、彼らの専門知識の活用に努力することが求められている。

　企業は、社会の一部であり、人間の集団組織としての社会的な役割を果たしてきた。効率と並んで、人間集団である非階層組織としての大きな役割を果たす義務を負っている。経営のリーダーに課された供給責任と非階層組織として

の企業の運営が極めて重要な意義を持つ。

2. ターゲット産業政策―機械工業の寡占的競争

　日本の産業政策は、特殊な方式を採用して推進されてきたとされている。それは、ターゲット政策ともいわれるものであり、特定の産業（日本の重点的な産業政策対象としては、製造業、機械工業）に重点を絞り、国内産業を保護して、その特定産業の発展を一意専心的に指向してきたものである。機械工業は、労働者の雇用比率も大きく、しかも、輸出産業として、日本の経済成長に不可欠な外貨獲得のための中心的な産業であった。それは、日本の経済界の代表としての経団連とその利益を代弁してきた経済産業省（元通商産業省）の支援のもとに、特定産業の競争活動におけるカルテル行為や寡占的な競争を容認する形態の産業支援のもとに推進されてきた。言葉を代えれば、それは、独占禁止法、過度経済力集中排除法にもとづき、敗戦後に開設された公正取引委員会の規制の権限外に機械工業をおいて、寡占的な大企業間の限定された競争を許した特別な産業育成策であったといえる。

　日本の産業政策が優れていることの具体的内容は、こうした機械工業をターゲットとした寡占企業間の有効競争政策であったといえよう。これは、日本人研究者の多くが見落としている事実であり、特殊な産業政策として注目されるものである。しかし、機械工業のみの一点集中的な政策支援で、非製造業の発展が遅れており、それが1990年代における経済活動の低迷につながる一つの要因となった。

(1) 不均衡発展と非製造業―低い生産性

　日本産業の国際競争力には、産業別に極めて大きな不均衡がある。競争力の強いのは一部の製造業のみであり、機械工業を中心とする労働集約的な産業に過ぎない。産業の業態には多様なものがある。国際的な競争力からみると、生産性の高い産業といわれる製造業の中でも日本の化学工業は、特許権を外国企業に抑えられており、日本企業の収得する収益の多くが外国に吸い上げられて

いるようである。国内では、活躍の顕著な化学工業も特許権という観点からみて、その力は強くはない。

一方、比重の大きな建設、物流、金融、などの非製造業の役割は極めて大きい。ところが、逆にそうした非製造業の国際的な競争力は極めて低いとされている。それら企業の競争力は、外国との競争はなく、国内では官公需という既存市場が確保されてきたために、競争力の強化という問題意識が低かった。そのうえ、市場の多くを官公需に依存している産業では、官僚統制が強いために、あらたな市場開拓や技術革新という問題意識が弱かった。

また、IT産業、知識集約産業も極めて生産性が低かった。非製造業や新たに登場してきたIT産業、通信産業などの発展は、官僚統制の緩和による成果と外資との競争を意識した上で、生産性向上と競争力強化の努力を行なった後に、初めて、その発展を期待することの可能なものである。さらに、教育関連産業もかなり水準が低い。とくに偏差値指向の大学教育は国際水準にも到達していない。大学卒業者が職場で一人前の仕事をこなすのに数年間を費やすという水準の低さである。大学教育の低水準が日本産業発展の大きな負担となってきた。

産業の発展が日本経済成長のもととなる事からいえば、1955年からの約20数年間の高度成長期は一部機械工業のみの歪んだ経済成長の時期であったともいえる。官僚統制を緩めて外資の活動を活発化させた上での日本産業の発展は、日本経済の未来における重要な課題となろう。こうした非製造業の発展は、新たな高度経済成長の機会を日本経済にもたらすものであり、今後の発展には大きな期待が寄せられている。

(2) 寡占的な有効競争

日本産業発展の特色は、特定産業すなわち機械工業における寡占構造、競争制限の寡占的な構造の中での競争、寡占的な有効競争が認められている。さらに、それを支援する政府による産業支援に向けた税制上の優遇措置、金融支援等の手厚い支援の行われたいわゆる護送船団方式が採用されていることであ

る。そうした政府支援のもとでの寡占的な大企業間での有効競争が展開されてきた。それは、産業組織論の明示するコンテスタブルな競争戦略とも称されるものである。

(3) 中小企業に対する間接支援

　大企業に対する支援は、間接的には、中小企業に対する支援を結果として推進してきたこととなる。機械工業の寡占間の有効競争、それに伴う、大企業に対する支援は、間接的には、中小企業に対する大きな支えとなった。大企業の中小企業支援（系列制度）とそうした活動を日本の経産省が許したことがその背景をなす。繁栄した大企業は、系列下の中小企業に対して、市場を確保し販路の拡大を支援して、中小企業の発展を促進してきた。さらに、大企業は、関連の系列企業に対して、情報交換を促進して、営業や技術革新を支えて、中小企業の発展を側面から支援してきた。護送船団方式は、間接的に中小企業政策をサポートしてきたといえよう。

Ⅲ．各部各章の要旨紹介―本書の概要解説

　本書は、20世紀末におけるわが国経済の高度成長の推進要因を探り、その背景をなした経済理論を探索して、そこから経済発展の復活を目指した理想的な経済政策を提示することを目標の一つとしている。さらに、そこでは、企業経営の戦略が大きな役割を果たすものとみられるために、日本の高度経済成長期における日本企業の経営戦略を回顧して、高度成長に果たした経営戦略の役割を評価するものとする。

　すなわち、日本企業の経営方式の特色を論評しつつ経営戦略の方向性を提示して、21世紀に対応する日本経済の再建策を提示しようとするものである。その際に、前世紀末より経済学界や経営学界において議論されている代表的な経済理論であるケイパビリティ理論、組織改革論などの重要な理論分野を解説して、日本における企業間協力、企業間連携の意義とそうした企業の協力活動に伴う産業構造の特色を解説する。日本の高度経済成長を導いたとされる企業行動の原理を指摘し、日本に再び高度成長を復活する際の指針とすることを提唱する。その上で、従来は供給者優位の経済政策が行われていた慣行を大きく転換して、消費者優位の経営戦略、そして、生活者としての国民本位の経済政策の推進を提唱するものとする。そうした筆者の意図に沿うように、本書の記述が展開される。

◎本書の記述は、五部、十二章から構成され、最後に、結論と課題が提示される。まず、「本書主張のポイント」においては、共特性という経済性が経済成長の推進因であり、そうした経済性の追求が困難となったことが経済停滞につながったことを指摘する。さらに、本書では、企業組織形成の原理と階層制と従業員の忠誠心の役割を明確に提示して、日本的経営論の評価も目指している。企業経営と経済政策の双方は、高度成長期の1980年までの経済発展と両立してきた。その後は、終身雇用制が労使双方に甘えの空気を生み出し、また、従業員を企業に引き留めるために企業内研修が従業員の技能向上には役立つも

のとはいえなかったことを強調する。企業の内部研修は製造現場では大きな役割を果たしたが、しかし、企画部門や営業部門では、充分な役割を果たしたとはいえない。本書では、共特性による企業間の連携と階層制という企業組織の運営方式とそれに伴う従業員の忠誠心の意義を提示し、それが高度成長期の1980年までの経済成長を推進してきたとの見解を示す。しかし、1990年以降は全く新たな企業運営と経営政策が推進されるべきであったことが提案される。

1. 各部門の要旨要約

第一部：高度経済成長の経済理論、経営理論

　第一部では、産業活動の経済性を高めた関連企業間における連携関係の意味を共特性、補完性から解説したティースによるケイパビリティ理論とその関連の理論が解説される。さらに、組織改革の理論、それに企業組織における意思決定方式としての階層制の理論が紹介される。本書の特色の一つが、日本経済発展の背景を説明すると思われる理論を紹介することにある。また、企業活動が不完備契約で推進されていること、組織改革の困難な事、さらに企業経営における統合基準の提示がなされる。加えて、企業経営における戦略決定とその内容の伝達方式に関する階層制理論の紹介がなされる。ここで取り上げる理論は、21世紀に至り急速に発展をみた経済学であり、経営学理論でもある。そうした現実を紹介しつつ、高度成長とその後における日本経済の衰退の実態が詳細に説明される。本書の特色の一つがこうした三つの章にわたる関連する理論の解説にある。

第二部：日本経済の発展と停滞要因

　第二部は日本経済の発展と停滞要因と題して、明治以来の日本経済の推移を点検して、先進国から遅れて工業化を進めた後発資本主義国の特色とそれに対応する経済政策の特色が解説される。さらに日本社会が、極端な供給者優位で製造業優先の社会であることが強調される。また、供給活動の関係者、専門家の利権が確立された利権社会であり、新たな経済環境に対応する改革が不可能に近い現実が第二部では紹介される。

第三部：日本的経営の定義と経済環境

　第三部は、太平洋戦争のあとの財閥解体後に大企業に登場した従業員出身の専門経営者の活躍とその役割が解説される。資本主義社会における株主優位の経営から離れて、従業員と部材提供業者の立場に配慮した経営が行われて、株主の権利を軽視するという企業統治方式が1960年代に推進された背景が紹介される。

第四部：日本型経営者の実績

　第四部は、現代における経営環境とそこで時代遅れになった日本的経営の実態が観察される。さらに、現代からみた日本的経営の反省点が指摘される。さらに、第四部では、日本の代表的な経営者と財界人の活動の特色が紹介され、従来は余り注目されなかった企業経営者の継続的な経営活動が紹介される。日本の経営者による個別の経営哲学が解説される。その上に、市川市（筆者本務校の所在地）を経営の源流とする創業経営者の目立たない使命感の強い仕事一途の経営者の哲学が紹介される。

第五部：日本的経営の環境変化と危機

　企業組織階層制と従業員の忠誠心は、高度成長期の1980年までは経済成長の背景をなしてきた。その後は、終身雇用制が労使双方に甘えの空気を生み出し、また、従業員を企業に引き留めるための企業内研修が従業員の技能向上には役立つものとはいえなかったことと労働者の経営者に対する具体的な不満の実態が紹介される。そうした方式を通じて日本的経営の性格を検証して時代の変化を確認するものとする。

2. 各章の要旨紹介

　第一部では、企業系列間の取引関係の利点を経済理論であるケイパビリティ理論やそれに関連した理論が解説される。

第一章：産業構造論とアライアンス戦略論―組織統合と産業発展戦略の新たな
　　　　発想

　第一章では、主としてティースとジャコビデスの学説が紹介される。企業間

における事業活動の推進に際しての協力関係は、共特性による経済性を求めたものである。さらに、企業間の資産の統合による事業活動の効率化を期待したものである。そこでは、共特性、移動性などの経済性が追求される。

第二章：経営戦略と階層制度

　企業組織には、日常業務の遂行を遅滞なく進行するために階層制という命令系統がある。命令系統を機能させるための必要性から企業組織は、取締役などが中心となり組織の意思決定を行い、そうした経営戦略が日常業務を遂行する担当者に伝えられて業務が円滑に遂行される。経営組織では、命令とそれを忠実に実行するセクションからなる階層制のもとでは、効率の良い命令とその処理機構としての現場組織が機能する。階層制という権威に頼る組織に対して、企業組織には、他方では従業員、関係するステイク・ホルダーなどの非階層組織としての人間集団がある。組織をよりよく機能させるためには、非階層組織の機能も重要である。それは、組織の団結を保持して、階層組織のより良い機能を支援するものである。日本企業の特色は、階層組織という公的機能を支える人間集団の団結を非公式組織が支援したことにあるとみられる。第二章では、階層制度の成立する根拠としてファヨールの予測、計画（戦略）、命令、実行に向けた管理、統制などの発想を伝え、さらに、経営学の権威であるサイモンの階層制の根拠を提示して、日本的経営における稟議制による階層制をよりよく機能させる日本的仕組みなどの対応方式を解説する。

第三章：組織知育成と組織改革—コリス、ギデンズの研究と組織変革

　第三章では、企業組織の発展に向けて組織境界の意義を点検したうえで企業内の組織改革の方式を探求して、その知恵を改革に向けるための理論研究の成果が紹介される。コリスなどの研究者数人の学説が解説され、改革が組織リーダーの責任であることを提示したギデンズの発想が紹介される。彼は、改革を推進出来るのは政治力を持ち組織のメンバーが守るべき道徳律を提示できるリーダーであることを指摘する。

　第二部では、日本経済の性格をやや常識とは異なる視点から点検する。

第四章：時代の大転換と日本の社会経済

　ここでは、先進諸国に遅れて資本主義化を進めた日本の後進的な近代化の実態と遅れを取り戻すための一環として、導入された終身雇用制度の意義が確認される。その上で、先進諸国に遅れて資本主義経済に突入した日本社会が、富国強兵という路線を走り、軍国化が推進されて、いつの間にかアメリカとの戦争に巻き込まれる悲劇の原因が提示される。

　さらに、本章では、近代資本主義の発展をイギリス、アメリカの世界覇権という観点から解説したウォーラスティンの発想を紹介して、新たな観点から日本の経済成長とその停滞の意義が点検される。歴史研究者のウォーラスティンが近世をイギリス覇権の海時代と定義し、資本主義の発展過程を従来とは異なる分野から確認する発想が紹介される。

　さらに、本章では、1930年代にわが国が軍事社会システムを強化して、昭和初期に、世界大戦を引き起こした背景として、人権と平和指向という明確な国家目標を欠き、明治中期の戦時体制へと傾斜したことにあるとみる。その根底には、日本社会の古い利権体制に問題があることを指摘する。

第五章：日本の法人資本主義構造

　現代の工業社会においては、国民生活の基盤を形成する経済活動が経済主体間の自由な取引を原則とする市場機構のなかで展開されている。しかし、自由な経済活動が保証されているという大きな枠組みの下では、現実には個々の経済取引の組織化が進展している。組織と制度とが一体的に絡み合い、不即不離の連携関係を形成して、共特性という観点から企業間の協力が生産性の向上に寄与したものとみる基本的な見解が提示される。そうした本書の底流を貫く基本的な発想が第五章では再確認される。

　わが国では、取引の組織化と集団化が推進されて、純粋の自由な市場組織に修正が加えられている。市場における企業の一般的な活動に対して、組織（O：Organization）という要素が加えられて、取引の形態に大きな転換が生ずる。企業活動の組織化に伴い、市場（M：Market）の取引に対しては大きな修正が施されることとなる。企業集団間の組織化された取引が形成されており、企

業間の共特性と補完性が確保されている。本書では、日本産業の効率を高めたものとみられる要因を市場経済の組織化と内部取引関係の形成とみている。財・サービスの市場での取引形態が二つに区分される。自由な取引形態（M_1）と組織化された市場取引形態（M_2）とである。同様に官僚による規制も比較的ゆるやかな形態（O_1）と厳格な形態（O_2）とに二分される。それにより日本産業の効率性の根拠とされているケイパビリティが推進されている実態の解説が展開される。

第六章：終身雇用制度と産業政策

　第六章では、終身雇用制度の日本的経営に対する功罪が探究され、それと関連した機械工業育成に重点をおいた産業政策の特色も解説される。日本企業における今日の雇用形態の特色とされる終身雇用制の功罪に関する解説がなされる。労使協調により生産性を高めることはできたが、しかし、終身雇用制は、従業員の企業に対する依存関係を強めて熟練形成を怠る契機となった。それは、1990年代の新産業台頭期に日本企業が設備投資先を外国に移転せざるをえないものとした原因の一つとみられる。いわゆる空洞化現象の背景には、円高による海外投資が有利となり、外国の低賃金という誘因に加えて、日本の労働者の熟練度の低下という原因に配慮することが不可欠である。加えて、第六章では、日本の産業政策が製造業とくに機械工業の育成を目的としたターゲット政策であったこととその功罪についての解説が行われる。

第七章：トヨタ自動車の共特性と組織改革

　第七章では、日本の組織と制度を代表する優良企業としてトヨタ自動車の成功例が紹介されて、共特性という理論での日本企業の成功要因、さらには、市場の組織化という現実路線での事業活動成功の具体的なケースが提示される。多くの著書が刊行されているが、資本の回転率向上を目指し共特化という組織づくりを活用した経営戦略という考え方は、トヨタ自動車の成功要因としての説明では、数が少ないものとみられる。企業内の組織的学習にも共特化の発想が活用されている。外部企業のグループを共特化という発想で活用している大企業の経営体制としてトヨタ自動車のケースが解説されている。

第三部では、日本における具体的な経営者像が紹介されて、日本的経営の現実に触れる。

第八章：専門経営者と日本的経営論―情報共有としての日本的経営の再点検

　第八章では、太平洋戦争後の財閥解体後において日本の大企業に登場した従業員出身の経営者の活躍が紹介される。従来の間接金融方式を嫌い、国民全体や企業の関連する部材提供者、労働組合員などから広く資金を調達した専門経営者の活躍が紹介される。株主よりも関連業者と従業員を重視した企業統治方式の意義が解説される。

　さらに、日本的経営に関する代表的な定義が紹介され筆者による定義も提示される。専門経営者の活躍、終身雇用制度、企業別労働組合が日本的経営の特色と定義される。その上で日本の代表的な経営学者による日本的経営論の趣旨が紹介される。

　第四部では、日本的経営の実態が解説される。

第九章：日本経営者の群像―国民派、私企業活動派

　第九章では、日本の代表的な財界人の略歴と活躍とが紹介される。国民と共に歩む財界人の代表として渋沢栄一、土光敏夫の活躍の解説がある。国民には人気が高い土光敏夫の組織改革は成果を挙げられていないとの辛口の評価がなされる。日本の財界人には、まれな高い理想と使命感を持って組織改革の試みを土光は推進した。しかし、日本社会の利権構造と組織改革に向けた経営学の未確立が土光の改革を妨げた。さらに、個別企業育成に向けた独自の活動を展開した財界人として、岩崎弥太郎などの活動が紹介される。その他数人の経営者の活動が解説される。

第十章：創業経営者の英知―ゆかり企業の事業戦略

　第十章は、極めて、特殊な地域に固有の経営者の略歴とその活動が紹介される。そこでは、余り高名ではないが平凡な経営者の活動の解説がなされる。いわゆる知性というよりは、供給業者としての社会的使命感により、長い間の事業活動への専心という良い意味での鈍感性と事業活動へのこだわりなどの意義

が紹介される。さらに、関連して、経営者としての使命感の重要性が指摘される。

第十一章：創業経営者とケイパビリティ論

　第十一章では、第一部第一章で紹介されたダイナミック・ケイパビリティ論に基づいた経営学理論から時代の転換期に大きな決断を下して生き残る大企業とその経営者の実績が紹介される。組織のリーダーによる経営戦略を研究した優れた著作として清水龍榮の著作要旨が紹介される。

　第五部は日本的経営の環境変化が紹介される。

第十二章：日本的経営の性格検証：専門経営者の敗北

　第十二章は、日本的経営の長所とされてきた経営者の温情、それによる企業従業員間の協調関係などいわゆる日本的経営における常識とされてきたものと日本企業の実態との乖離を指摘した学説が解説される。従来は、職場での従業員相互の協調性が指摘されてきたが、日本人の従業員が意外に競争意識が強い事、協調的人間関係の調整力に欠ける事、専門経営者が従業員を公平には扱わずに、社長の取り巻きの社員のみを重視する事等、専門経営者の独裁傾向が近年顕著となった現実が指摘される。そうした日本企業における経営者の独裁傾向に対する従業員の不信と反感とが強まってきた実態が紹介される。特に、21世紀になり顕著となった専門経営者の独裁的姿勢が解説されて、従来の日本的経営と日本の労働者の行動パターンの変化が紹介される。

　『結論と課題—日本的経営の環境変化と対応策—』そこでは、日本的経営を取り巻く経済環境の変化が点検される。1970年代の石油危機を契機とした経済環境の悪化が明白なものとなる。大量生産の経済性減退、企業統治方式の転換、終身雇用制度の意義の減退、産業構造の転換などが大きな意味を持つ。企業間の連携性などの経済性の形態が大きく転換している。特に、外国企業とは異なり日本企業が従業員の人間としての弱さと欠陥とを十分に意識せずに、理想的な対人関係を経営の基本としたことの弱点を指摘し、また大量生産方式と

いう製造業の業態を踏襲したことの誤まりなどを紹介して、経済政策における製造業優先の欠陥が指摘される。その上で、供給活動優先の限界を指摘して、直ちに国民生活優位の政策に転換することが提唱される。

3. 今後の政策における留意事項

今後の産業政策では、外国企業との関係性が課題となる。これまでの国内の企業間の連携とは異なる方式が求められていた。トヨタ自動車などの先進企業では、事業の国際化の進展に対応した方式を採用してきたが、多くの日本企業の現実の変化への対応の遅れが指摘される。

(1) 共特化の意義

高度経済成長を導いた要因は、系列関係にある企業間の緊密な情報交換などの連携関係にあり、共特性という観点から企業間の事業活動における協力関係が生産性向上を促進したものとみる見解が提示された。そうした経済発展戦略は、経済の成長には貢献したが、国民の生活向上という基本的に重要な観点が欠けており、産業全般の発展を指向しない政策は、やがては大きな限界に直面することが予見されていた。1990年代には経済の停滞期に突入する。日本的経営もそこで終焉を迎えることとなる。

(2) 児童育成支援と高齢者介護活動の共特化

国内に多くの付加価値を残すには、従来のような製造業中心の事業展開と海外諸国との協力方式では困難である。むしろ、日本の国民が現在真剣に求めているニーズに着目して、そうした市場の拡大に焦点を当てて、国内に外資を呼び込み、以前の自由市場原理に基づく産業の効率を高める技術を拡充して、国内での経済活動を拡大することが肝要である。

それにより、多くの経済活動の成果が国内に残り、また、多くの人間の職場がわが国に提供される。例えば、児童の育成とそのための育児施設と高齢者介護施設の建設が今、国内の大きな市場となる事が予見されている。また、企業

内訓練とは異なる理念で、若年、中高年の職業教育を拡充することも強く求められている。今日、育児施設と高齢者ホームの拡大は、国民のニーズに調和した重要な課題である。高齢者施設の拡大と介護技術の拡充で、高齢者の健康の増進が期待される。さらには、介護関係の設備機器、備品の市場拡大がある。これに関連した産業の拡大が考えられる。それは、日本国内に新たな市場を創生するものとなる。児童保育園拡充、若者の再教育機関の拡大、高齢者施設新設、拡充などにより、国内産業の拡大が継続して、付加価値は日本国内に残り、新たな産業の創生が期待される。生活産業の拡大により、日本経済の再活性化が期待される。今後の産業政策の重点は、国内の高齢者福祉、児童育児などの機関の拡大と再教育機関などの拡充による国内の付加価値の拡大が考えられる。国内産業の拡大と非製造業やIT産業、金融業などの拡大により国内経済の拡大が実現する。国内の産業における共特関係の拡大が日本産業の復活につながる。

　従来の製造業優先の産業政策ではなく、非製造業における活動の強化による日本産業の復活が考えられる。本書は経済学のケイパビリティ理論に基盤をおいて、階層制度、組織改革論、企業統治論などの経営学理論を援用しながら、日本的経営論の解明に向けて努力した成果である。そうした基盤に立って、本書は非製造業を中心とする日本経済の再建策を提唱しようとするものである。本書の主張が読者諸賢の参考となれば幸いである。

第一部

高度経済成長の経済理論、経営理論

第一章
産業構造論とアライアンス戦略論
―― 組織統合と産業発展戦略の新たな発想 ――

はじめに　モジュールと産業構造、企業境界

　前世紀末から停滞を続けている日本経済は、新たな世紀に入ってさらに低迷の度を加えている。経済活動の基本をなす企業組織の活動が弱く、そこで産業活動にも活気がみられない。企業活動の低迷を打破する手段として、企業間の提携、アライアンスと企業の統合とが盛んに行われている。また、日本経済再建の手法として多くの戦略が提示されているが、ほとんど意味のない提案に止まってきた。問題は、日本の高度成長をもたらした経済環境が失われており、20世紀後半には、新規の工場建設や設備投資の多くが外国に移転していることにある。

（１）　高度経済成長は、多くの企業が彼らの事業活動に沿う有力で最適なパートナーを選定して、同一の事業目標に向けて緊密な協力を行った成果といえるものである。ティースの指摘する事業活動における共特性、すなわち補完性を十分に活用して、事業参加者がともに栄えることができたことが日本経済発展の大きな要因であった。経済発展には、高度成長期の経済環境を取り戻して、以前と同様の企業間産業間の適切なネット・ワーク戦略を駆使することで、わが国では昔日同様の経済発展の復元が可能になるものとみられる。

（２）　再度の経済発展には、企業間の協力関係が重要な条件となるために、事業活動の協力に向けた企業組織の持つ資源、資産の効率が問われ、企業間の境界とそれらの間の協力と統合のための条件が問題とされる。どこまで

が企業の内部であり、また、他企業との統合に向けた動きが如何なる意図でなされるかということが問われる。本章は、産業構造の内容を決定する重要な要因である企業とその資産の特性を確認して、企業組織間の提携を推進する要因の探求を目標としており、産業構造の決定要因と企業組織の構造と活性化を決める要因の探求がなされる。

　ここでは、企業活動の共特性に関する理論の重要課題を指摘して、本書の問題意識を提示するものとする。

1. ネット・ワーク重視のティース説

　本章は、企業組織間の統合の背景をなす要因を解明している研究者の学説を紹介して、経済成長を推進する真実の要因の解明を目指す。当初は、ラングロワの企業活動に関する動態仮説が紹介される。次いで、ウィリアムソンによる階層制組織の革新と企業境界に関する解説がなされる。さらに、以上二人の研究者の推奨する経済成長論研究のキー・パーソンであるティースの提唱するケイパビリティ論を解説し、ジャコビデスの補足的説明が紹介される。そのうえで、価値連鎖の意義を解説したポーターによる産業構造仮説の意義を SCM（Supply Chain Management）と関連させて紹介する。ポーターによる価値連鎖論こそ競争する産業間の経営戦略における優劣の背景を解明するための重要な理論となる。それは、研究開発から販売活動までの一貫した事業活動を掌握し、推進してわが国産業育成を担うこととなった日本における自動車業界の発展要因を説明するものでもある。さらに、本章は、知識開発までを含めた外注戦略である KPO（Knowledge Process Outsourcing）戦略にみられるアライアンスの実態と調査の成果を紹介して、ケイパビリティ理論を推奨する発想の確認に結び付けるものとする。こうした企業間の協力関係を解明した先駆的な研究者の学説は、現在の日本経済の停滞要因を説明して、1930 年代の戦時体制からの克服を提案する前提をなすものである。

2. 第一章で解説する重要理論

　第一章は、企業の発展を促進するうえでの重要な企業間における連携した共特性に関する理論を中心に企業発展に関する多くの学説の解説を行う。以下は本章での重大な検討課題である。

(1) 企業の持つ資源の相互補完性と企業境界

　常識的には、企業の組織としての特色や存在理由は、企業の持つ資源の価値にあるといえる。また、それは、企業の持つ経済資源の活用とか、企業間の情報交換による経費節約が企業統合の背景をなすとされてきた。それに関連して新製品開発の成果を占有するために、特殊資産の有無から資産の運用方式を解明したティースの特殊資産仮説が注目される。しかし、企業の拡大要因はTPO（時期、場所、機会）により大きなインパクトを受けるものである。

(2) 企業境界の決定要因

　事業活動の効果的な推進には、関連する多くの企業の協力が求められており、そのための前提として企業間の境界の確定が必要となる。企業境界を決定する要因に関する説明は、他の組織を自己の組織内に取り込む動機や企業運営の中心的な推進要因として、経費低減効果を指摘する研究者が多い。また、事業に関連した情報の活用等を含めて、経営資源の活用に向けた便益を企業の中に取り込むことの根拠とする説もある。それは、資源の活用に際して資源の便益に注目する見解である。有識者の多くは、企業の統合が取引に関係する情報交換のための経費を低減することを目的とするものであるとの考え方を提示している。また、企業の株主や経営者の立場を強めることも意図される。企業統合により資産を拡大して、企業所有者の資産に対する残余請求権を拡大するものであるとの学説も示されている。さらに、他の企業の有する貴重な資産を入手することも目的とされている。しかし、他方では、経営者の権力欲を満足させるための統合もある。それだけではない。組織拡大に向けた多様な企業統合の動きがある。

第 1 節　企業境界の歴史と理論—ラングロワ

　ラングロワは、企業境界と組織の統合につき研究し、分業の組織化の根拠を中心に企業組織と経営資源の関係性に関する研究を行っている。その主著の第 2 章では、経済学のケイパビリティ理論を発展させ、組織と企業やその資源との関係性を探求している。第 3 章では、動学的取引費用論を提示して、取引費用やケイパビリティの価値の変化により、企業組織の関連する事業活動における他企業との垂直統合の意義を説明する。また、同章では、従来の大量生産方式が必ずしも生産経費の低減とはならずに、組織編成の障害に直面して経費の低減をもたらさない事も指摘する。さらに、そこでは、企業統合の背景とその要因を指摘している。特殊な資産を持つ組織間の統合が資産の使用に際しての補完性を高めるために企業の統合に意味があるとしている。そうした考え方は、本章の第 3 節で解説するティースの主張と同様の趣旨を指摘しているものと推察される。さらに、ラングロワは、彼の主著の第 4 章で、クルマ産業の黎明期である 1920 年代におけるアメリカ自動車産業における完成車企業と素材、部品企業の垂直的統合の歴史を解説している。それは、企業境界に関する動学的な経費低減の条件を提示した業績として注目される。

1.　産業発展：最終財と中間財の関連性

　企業組織では、その組織の事業内容に応じたそれぞれの規模の経済性の差異が問題となる。特に取引の対象となる財サービスの性格が課題とされる。中間財の最低経済規模が最終財のそれを超えている場合には問題が発生する。それは、最終財分野の企業の新規開業と参入を促すことになる。それが、新たな産業の発展につながることもある。あるいは、それが組織の境界を拡大することにもなるケースがある。そこでは、収穫逓増に向けた企業活動が他の収穫低減をもたらすアクティビティ（活動）に伴う相殺効果により消えさる可能性もある。そこで、最終生産物の拡大は永続せず大量生産の効果にも限界がある。工場生産においては、それぞれの組織の従業員が補完的な労働を行い、相互の

信頼関係のもとに協力することが可能となる。逆に、新たな産業の発展の可能性もある。

（1）　分業に効果が期待できるのは、生産段階である。組織が拡大しただけで組織の経費が増加すれば、組織の拡大の効果はマイナスとなる。
（2）　コースは．事業活動の経費を生産費用に加えて組織運用の費用を含めた経費全体として考えた。それらの総和となる費用の最小化に向けた提案を行なう。そこで、組織の統合は、単なる製造過程だけではなく、企業運営の管理に向けた経費をふくめた総合的な経費とコストに注目して経済システムの構築に取り組んでいるものといえよう[1]。

2.　補助的ケーパビリティ向けの組織統合

　企業は、統合度が高くとも必ずしも事業活動に必要なすべての財を持たないことが多い。すなわち、経済活動に必要な生産財などの活動に関連したすべての事業活動に関する補助的なケーパビリティ（活動）を持たないことがある。その際には、企業活動に補助的な役割りを果たす資源とか、ケーパビリティの役割が追求され、確保することが必要となる。そこで、他企業の資産とか、能力の活用を計るための提携や統合がなされる。それが企業統合とアライアンスの契機となる。企業境界の問題は、生産状況を与えられたときに、市場型の契約配置にすることでも、大きく経費が変化する。また、経費は、内部組織、他の組織形態の属性などにも大きく依存している。技術の変化、生産方式の変化があっても、企業の戦略こそが経費の方向性を決める。そこでは、組織の中の学習の方式が大きな意義を持つものとなる。

3.　内部組織と企業統合の意義

　環境の変化したときには企業組織に関する編成方式の変更が必要となる。そこでは環境変化に対応した取引の在り方に関する契約の変更も要求される。多くのケースに対応する多様な契約を準備する事が必要となるが、それは、準備に向けた必要経費を高める。また、事業提携のための情報交換や契約のための

経費が、垂直統合を進めるための経費に比べて高くなることがある。統合の推進は、企業の資産価値を高めて、株主や経営者にとっての残余コントロール権（経費、負債を除いた純資産）の拡大の可能性を高める。場合によっては、そこに、外部企業の組織化を進めるメリットがある[2]。

第2節　企業規模と管理の限界―ウイリアムソン

　多くの著作でウイリアムソンは、企業の規模とか、企業境界の限界を組織の管理と統制上の損得の問題として取り上げている。特に、『現代企業の組織革新と企業行動』のなかでは、組織を維持し、管理するための管理コストと企業規模の問題につき解説する。企業の規模が拡大することに伴い、組織を構成するメンバー間における意思疎通に困難をきたすこともある。そうした意味で、事業活動の規模は、組織の管理経費とか効率性という観点から、一定の限界を有するものと考えられている。企業規模の拡大は、職員の間の意思疎通の障碍となる事もある。従業員に対する管理の階層を拡大して、効率の低下を招くこともある。ウィリアムソンは、それを管理コストの増加という分野から問題とするが、それを情報の粘着性としてとらえることもできる。また、規模の拡大に伴い、統制上の困難な課題が登場して、階層組織の運営を困難なものとすることが指摘されている。企業の規模拡大は、大量生産の経済性という観点より、歓迎すべきものとして把握されているが、しかし、大きな課題を企業に対して課すものであり、決してプラスの効果ばかりではない。

　さらに、ウイリアムソンは企業に課された利潤最大化という条件の下での企業家の裁量行動の制約要因も探求しており、それを多事業部制形態こそが、大企業の運営によくみられる機能部門形態の組織のケースよりも、利潤最大化の目標に近付くものとの指摘をしている。ここでは、『現代企業の組織革新と企業行動』の中で指摘された企業境界に関するウイリアムソンの指摘を紹介する。

1. 企業規模と統合経費：調整された管理方式の事業部組織

　組織においては、管理機能が統制され、組織化されており、しかも、それが多様な機能を果たしている。そこでは、階層制に代表される組織的に調整のなされた多くの機能をもつ組織が活動する理由は、以下の諸点にあるとする。すなわち、現状における不完全な情報の信頼性に関する確認、組織の管理費用と取引費用への配慮、そして未来の不確実性に対する対応活動である。これは、市場の持つ不確実性に備えるものであるといえる。そうした分野では、組織には、一般市場取引に比較して優位があるとみられる。

(1) 市場でのコスト削減に向けた動き：組織化

　取引の基準となる市場の価格機構を知ることには、大きな意味がある。それを目標として経済取引が成立するのである。しかし、不確実性の強い市場の動きに対応するためには、多くの経費が必要とされる。そうした場合には、市場に代えて、組織の内部に資源を囲い込むことが行われる。組織によっては、市場での取引に代えて、企業統合による内部組織の中での取引を優先するところも出てくる。特定の他企業を自己企業の中に取り込んで、安い経費での組織内部の取引を行うこともある。統合化の過程は、統合される資産の限界的単位を共通の統制の下におくことにより必要とされる費用が、市場を使うときにかかる費用と、丁度等しくなるまで続けられる。

(2) 不確実性とモラル

　不確実性は、多機能な企業活動を発生させるもう一つの要因となる。モラルに対する危険負担の能力の差異が多機能の企業発展の説明要因となる。企業家に過度な安心感を与えて、危険回避行動をとらせないために、企業の努力も促すことが求められている。それは、組織の管理活動を弱めることを防止し、組織の中の意思疎通を高めることとなる。

(3) 交渉費用削減の誘因

取引内容の明確化の不可能なケースでは、自己の企業の内部に他企業を取り込んで、内部取引化をすることで、交渉費用を除去しようとする誘因が存在している[3]。

2. 企業組織の拡大と階層構造

大きな組織では、意思決定の機構として階層構造が形成されている。その理由としては、以下の二点が考えられる。

(1) 外部衝撃の吸収機関

企業規模拡大の背景の一つは、外部からの衝撃とそれに対する吸収機関としての役割が求められていることがある。さらに、情報伝達に必要な経費の節減効果がある。それは、階層組織における機能の分割により、外部からの大きな衝撃を吸収できるということに意味がある。階層化は外部衝撃を分割する役割を果たすものである。

(2) 階層数拡大と経費増加への対応

規模の拡大とともに、組織の階層数が増えることで、管理のための経費が増える。上位にあるものの意図が下位の階層に伝達しにくくなり、命令の力が大きく減殺される。規模の拡大と階層制の高まりにより、上位者の統制の有効性は大幅に減少するという。勿論、こうした、規模拡大による意思疎通のロスを情報の粘着性という観点からもみることができる[4]。

第3節 補助的資産とケイパビリティ論—ティース

組織自体の持つ資産と能力は、一般的には供給活動に向けたケイパビリティと表現される。しかし、新規の製品開発などの新たな事業活動を推進する際には、従来とは異なる資産や能力が必要とされる。新規事業や新製品開発の推進

に際しては、自己の組織だけで資産を調達することが不可能であるケースが多い。そうした場合に必要とされる新たな能力と資源を総称してダイナミック・ケイパビリティ（Dynamic Capability：DC：動態的革新能力）と定義する。より正確に表現すると、急激に変化する経営環境に対応し、また、新規事業（新製品開発）を推進するために企業組織内外の資源を統合、再構成して企業活動の機能向上を図る能力がダイナミック・ケイパビリティといわれる。その際の資産の組合わせに際して配慮されるべき基準が共特性（補完性と移動性）と指摘される。同一の事業活動に向けて、協調した活動を可能とする資産の統合が補完性である。逆に、イノベーターの意に反して、より安価な製品を製造して競争的な製品を作るための資源の調達が移動性といわれる。補完性を強めて、移動性を排除することが、付加価値拡大のためには、イノベーターにとり至上命令となる。それは、ミクロの経営戦略にとり極めて重要な意義を持つ事となる。補完性を尊重した共特性には企業統合の価値がある。そうした趣旨の学説を提示したティースの意図を解説することが本節の目的である。しかし、原文を直訳すると日本語として大変に難解であり意味不明となる懸念がある。ここでは、ティースの発表した原文数編を参考として筆者なりに解釈し直してティースの主張を解説するものとした。

(1) 共特性の意義：補完性の推進、移動性の排除

　従来、企業経営の成功には事業活動の中心をなす分野（コア・コンセプト）を確定してそれによって経営の基本方針を決めることが賢い戦略といわれてきたが、それとは若干異なるケースに関して注目するのがティースである。自社の持つ設備や経営戦略を点検し、新たな時代や環境の変化に対応して、新規事業の開始に際しては、自社にはない資源、能力を他部門から調達することの重要性をティースは強調している。その目標が事業活動における資産や能力の補完性（共特性）とされている。

(2) 第二次大戦後の高度経済成長と資産の共特性

　日本の太平洋戦争後の高度経済成長を推進した産業活動の成功要因は、こうした共特性を尊重した企業グループ間の協力による事業活動であったものと表現することができる。ティースは環境変化に対応した資源の柔軟な活用の意義を唱え、新規事業を推進する供給者が自社の取得する利益確保に向けた資源調達を計る事が重要であると指摘する。そうした企業収益の拡大を推進する重要な概念が補完性と移動性とからなる共特性として意義を持つ。事業活動の推進に際して自社にとり不足するものを市場や他社の協力を得て補足する事の重要性をティースは指摘している。

1. 解説順序：自社資源の点検、能力補強、産業構造へのインパクト

　解説の順序は、新規事業推進に際しての自社資源の点検、事業展開能力という点からの企業境界の確認、共特性という観点からの市場とか外部組織の利用可能性の解説が試みられる。そうした手続きは、情報収集力とか事業機会の捉え方（センシング、シージング等）で変化するために、ここでは、ティースの指摘する適切な手続きが説明される。従来より事業活動の経済性として、規模の経済性、範囲の経済性等の事業活動に伴う付加価値を高めてきた経済性に付け加えて、時代の変化に対応したその他の経済性も提示される。単なる規模の経済性や範囲の経済性などの古典的な経済性に加えて新たな経済性が提示される。そこでは、供給活動に伴う経費節減だけではなく、価値連鎖に沿い顧客の消費行動に迅速に対応して推進される資本の回転率上昇や、新たな事業活動の適切な選択と推進に伴う新製品開発による経済的な価値の増大などが加わる。また、イノベーションなど供給活動における資産の新たな結合による付加価値増加をもたらす補完性として表現される経済性が重要となる。新たな付加価値を生み出す事業活動の推進により新規の産業グループ構造が形成される。

2. 共特性を形成するケイパビリティ機能三点の意義と矛盾

　ダイナミック・ケイパビリティ（DC）が前提とするのは、市場における形

式的に自由な取引、新知識のグローバルな分散、それによる多くのイノベーション活動の展開である。DCの形成と事業活動の戦略形成は主としてトップ企業により遂行されるが、過去の企業モデルなど（組織プロセス、システム、構造）にも影響される。そこでは、以下の三点が経営戦略の成功に寄与するものとみられる。三点とは、センシング、シージング、リ・コンフィギュレーションである。それらの能力は相互に矛盾する可能性があり、三点を統合することは至難の業であるとされる。

(1) センシング、シージング

センシングは、時代の変化を察知し経営環境変化を感知する能力であり、シージングは感知された戦略変更の内容を探索し、資源の調達方式を確認して事業計画を立案することである。リ・コンフィギュレーションはシージングの成果を時代に適合するものか否かの再チェックをして、新たな具体的な経営計画を立案することである。しかし、それらの三点の能力は、それぞれに矛盾をもつものでもある。それらを組織のトップが統合して、具体的な対応策を提示することが肝要となる。リーダーも一人だけで三点を充足することはできない。そこでは、チームを組むことが求められている。経営者のグループを編成してチームで具体的な対応策を作成することが肝要である。また、センシングに必要な経営スキルは、シージングやリ・コンフィギュレーションに要する知識とは異なるものである。

(2) リ・コンフィギュレーション

リ・コンフィギュレーションとは、感知した機会をつかむのに必要な戦略形成の能力を提示するのみでなく、市場の変化に対応して、ビジネスの再構築の機会を明確に提示することである。そうした個別能力の統合は、個人では困難であり、チームで推進される。そこで、具体的には、PEO（Principal Executive Officer）の役割が注目される。それは、トップを形成する複数の人物がチームを作り、数人のメンバーを組織して活動することである。そこでは、感

46　第一部　高度経済成長の経済理論、経営理論

知した機会をつかむのに必要な戦略につき鍛練するのみでなく、市場の変化に対応して、ビジネス再構築の機会を明確に提示することが肝要となる[5]。

3. 共特性と産業構造（アーキテクチュア）の意義

　近代においては、企業が誕生して産業活動が活発になるとともに、その役割が企業活動との関連で探求され、産業に関する多くの定義が与えられてきた。ここで紹介しようとする産業構造の定義は、新製品開発などの新規事業の推進に際して予想される利益の専有に向けた資源調達方式に関連した企業間関係グループの有用性を視野においたものである。すなわち、それは、新規の事業活動のための資源調達と活動の連携性の必要からの企業グループ（産業構造）に関する定義であり、企業間の境界を判断するという目的に向けて特殊な理論の成果を活用しようとするものである。それは、ティースにより共特化という概念で提唱されている企業活動を展開するグループ形成（産業構造：アーキテクチュア）の定義に活用するものである。さらに敷衍して解説すれば、それは新製品開発に伴う、資産の共同使用による企業活動の成果を全面的に専有しようとして意図される資源の専有化と資産の共特化という目的のための企業群の活動を観察してその特色から産業構造を捉えようとするものである。関連産業群の誕生とともに、新製品開発に向けた活動による最大の利益獲得を意図した企業間の連携やネット・ワークの在り方が産業活動の範囲を決める大きな指標となる。そうした意味での企業グループとしての産業構造を彼はアーキテクチュアと呼んでいるものとみられる。

(1) 産業構造の別名であるアーキテクチュア

　アーキテクチュアには、従来の産業構造とは異なる意義がある。それは、ある経済システムのもとでの経済行為と、その行為を妥当な範囲でサポートする企業グループ活動で表現される経済主体のことである。それは、また経営資源の配置、相互連結、相互依存を支配する最小の取り揃えの企業グループということでも表現される。また、それは経済主体間の関係性を言い表しているもの

で、その中での行為者が相互作用する輪郭やフレームワークを提供するものである。事業活動の進展とともに徐々にアーキテクチュアが確定するが、経済主体間のインターフェースが登場して、それが経済活動に大きな役割を担う[6]。

従来は、同一タイプの事業活動を行う複数企業グループを産業構造と呼んでいた。しかし、アーキテクチュアは同一事業を目的とする異業種の複数企業グループを指すものである。

(2) アーキテクチュアと産業活動

アーキテクチュアを構成する個別企業の相互関係は、産業が新たな利益を求めて、新規事業や新製品開発活動に従事するときに発生し、強化されるものとみられる。アーキテクチュアの変化は、自社にはない資産特に新製品開発に必要不可欠な資産や知識の他者からの調達に迫られる時に発生する。そこでは、新たな資産の調達に向けて、企業組織は他社との提携がしばしば必要とされている。

①標準化と共特性：モジュール

資産、知識、作業方式の標準化と特殊化とは、産業のアーキテクチュアを形成することに役立つ。そこでなされる作業方式たるモジュールは、管理を一元化して、資源の調達のための経費を削減する役割を果たす。それは、製品の規格化に際してみられる現象でもある。それらは、また、企業活動における規模の経済性にも貢献し、さらに、それは産業の性格を明確にすることを助けるものとなる。

②PFI（共特性による利益の専有性）

技術革新によるその成果の専有は産業活動における収益の大きな源泉となる重要事項である。そこで、PFI（Profiting from Innovation）という考え方をティースは提唱する。そうした考え方は、産業活動を支えた新たな技術革新の推進要因となる。

4. 共特性、補完性と移動性

新製品開発などの新たな事業活動の展開に際して留意すべき基準は共特性と

いわれる経済性である。新規の事業展開には、自社にはない資産や能力などの必要な資産の調達を計る事が求められる。その際には、一般市場からの資源調達か、あるいは他企業からの協力を得て資源調達を計るのかのどちらかの方策の選択が迫られる。自社にはない資源の調達を計る事が新たな事業展開の遂行を可能とする。以下は、新規事業展開に向けた資産特性の点検と共特性に配慮した具体的な事業展開の推進に向けた手続きである。

(1) グループ化の選択肢と小企業の反乱

他企業との間で事業内容の連携関係を築くには多様な方式がある。グループ化には他企業の事業活動に対する単なる商業ベースでの設備や部材提供から緊密な事業協力を前提とした合併、統合（M&A）などが考えられる。

(2) 要注意の垂直的統合と小企業の反乱：移動性

M&Aとか企業の統合などのいわゆる垂直的統合は、資産の補完性を確保する上では、必ずしも望ましくはないものである。垂直的統合が行われた際には、グループ内に編入された小企業が安価な代替品を開発して、新規事業を推進している企業グループに反乱を起こす可能性がないとはいえない。そうしたケースが資産の移動性として、イノベーターによる付加価値の獲得を妨げる要因として指摘されている。垂直的統合による重大情報の提供と緊密な協議が行われる際には、移動性による反乱は新規事業活動の推進者にとり大きなダメージとなる。企業間の協力関係の推進にさいしては、資源の移動性による、新規事業活動の推進者に大きなダメージを受けないような慎重な提携相手の選択に向けた工夫が求められている[7]。

第4節　資産の組合わせと移動性—ジャコビデス

新製品開発などの新規事業の開始に際しては、自社の利用できる資産と自社以外の市場や他企業の資産を活用することの選択肢に関する点検が注目され

表1. 日本の経済成長率

年　代	名目成長率（％）	実質成長率（％）	名目雇用所得増加率（％）	一人当たり GDP（千円）
1955 − 75	15.5	8.4	18.1	340
1975 − 95	6.2	3.9	6.0	2731
1995 − 2014	0.8	0.6	−0.3	3796
10年間の成長率				
1955 − 65	14.7	8.9	17.2	98
1965 − 75	16.3	7.8	18.9	340
1975 − 85	8.0	4.4	7.2	1380
1985 − 95	4.3	3.4	4.8	2731
1995 − 05	1.8	0.9	−0.6	4021
2005 − 2014	−0.2	0.6	0.0	3796

出典：総務省『経済財政白書』、一人当たり GNP は最終年の数値。

る。自社に欠けている資産や能力の活用が、自社の補完財として、市場と他企業の資産が新規事業の遂行にとり重要な役割を果たすからである。また、補完性とは反対に企業活動に対して負の効果とされている資産使用の代替に伴う機能、すなわち移動性に適切に対処することの意義をジャコビデスは指摘している。資産の移動性に関しては、ミクロの企業活動におけるマイナスのみではなく、マクロの経済活動全体に対する効果について詳しく点検しているのがジャコビデスである。新製品開発などの新規事業の遂行者（イノベーター）が他社に対して新規事業活動の補完的役割を演ずることを期待しているのに対して、他社が新たな低価格の関連の類似品（模倣品）を開発して、その製品が市場を支配するようなケースを資産の移動性という言葉で表現している。そうした資産の移動性はイノベーターの期待利益を大幅に低減して、経営の危機を招く可能性が大きいため、新規事業の計画作成に際して十分な配慮が必要であることも指摘する。かれは、他の組織との選択的な統合による資産の補完作用の効果を可能とすることで、革新の成果をフルに活用するための条件を提示したものとみられる。ジャコビデスは、新規の事業活動に関する資産活用、企業グルー

プとアーキテクチュアなどに関する多くの論文を発表しているが、ここでは、紙幅の制約でその趣旨を十分に紹介することはできない。資産の組合わせを詳細に点検して、移動性を高める可能性のある資産の利用に関する注意事項を指摘している論文の一端をここでは紹介するものとする。特に資産の移動性に注意して事業運営を行なうことが指摘されている[8]。

1. 資産の補完性と移動性の調和

事業の展開には、ポーターの指摘する価値連鎖に基づいた上での資産の共特化を意識した資産の組合わせには大きな意味がある。具体的な事業活動の推進に際しては、二つの企業の資産を相互に補完的に対応させることと、さらにはそれらの環境への適応を計ることが肝要となる。特定企業の持つ資産は企業ごとにそれぞれに個性を持つが、その個性が相互に補完し合い、さらに、資源の調達の際に要するコストに対応して、企業間を移動したうえで、現実には、新

図1. イノベーション・プロセスからの成果の分類

	革新者	追随者―模倣者
勝利者	ピルキントン （フロート・グラス） G. D. シアール （ニュートラ・スウィート） デュポン （テフロン）	IBM（パソコン） 松下（VHS） セイコー （クオーツ・ウオッチ）
敗者	RCコーラ （ダイエット・コーラ） EMI（スキャナー） パウマー（電卓） ゼロックス（オフコン） デ・ハビランド（コメット）	コダック （インスタント・カメラ） ノースラップ（F20） DEC（パソコン）

出典：Teece, David, J. ed. 1987, *The Competitive Challenge: Strategies for Industrial Innovation and Renewal.*
石井淳蔵他訳（1988年）『競争への挑戦：革新と再生の戦略』白桃書房。第9章：技術イノベーションからの利益。229頁

規企業の資産として機能することもある。それらの補完さるべき資産がほかの企業に移動して、補完されるべき資産の有効な結びつが失われるものとなることもある。問題となる補完性と移動性との対立と矛盾を解消しようとする意図がジャコビデスの理論には提示されている。そうした資産の具体的な組み合わせが注目される[9]。

図2. ダイナミック・ケイパビリティの基盤と経済成果

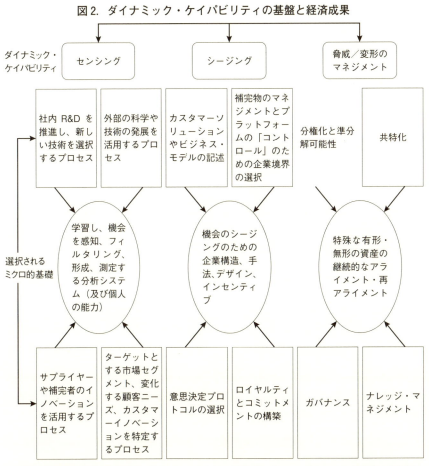

出典：渡部直樹編著、デビッド・J・ティースほか著（2015年）『ケイパビリティの組織論・戦略論』第1章　49頁より抜粋。

2. トヨタ自動車における共特性の管理

　高度成長期の日本企業における企業グループ活動の成功は、そうした補完性と移動性の双方の管理に成功した成果ともみられる。しかし、21世紀の日本では、グローバリゼーションの動きに遅れた日本企業が、そうした資産の補完性、移動性に対する配慮を怠ったことが、日本経済発展の限界をなす一端を形成したものとみられる。低成長期の現代でも成功する企業グループは資産の補完性を強めて、サステナブルな事業活動の成功を継続している。例えば、クルマ産業のトヨタ自動車グループなどにそうした成功例がみられる。補完性と移動性に関する研究は、今後の重要な課題として残されている。そこでは、従来、日本の産業活動で推進されてきた系列制のより効果的な活用方式の再検討と並行して共特性に対する対応が配慮されていることが注目される。

　補完性、移動性という分野からみた系列制度等企業グループ活動の研究は今後における新たな企業研究の重要分野になるものとみられる。トヨタ自動車を中心とする事業活動における資産の取り揃えを点検することが大きな意味を持つ[10]。

第5節　価値連鎖とスマイル・カーブ―ポーター

　商品の誕生から使用、消滅までの一連のプロセスは、一般には、新製品開発、生産設備の調達、製造活動、販売、商品の使用という五段階の活動を経過する。それぞれの段階を多様な産業が担当して付加価値が収得される。一連の価値創造のプロセスが価値連鎖（ヴァリュー・チェイン）とされている。多くのプロセスを担当することがより大きな利益の確保につながる。

　研究開発活動はそれに必要とされる経費を完全には確保できないことが多いといわれる。市場化された新製品開発の技術ではあっても、民間経済体制のもとで、開発に費やした経費の回収が困難であるとされている。仮に、製品化されても、競争で当初予想の数量の売り上げが確保されないこともある。他の企業や産業との競争で、利益を挙げることが難しい事も多い。だからこそ、新製

第一章　産業構造論とアライアンス戦略論　53

図3. 利潤最大化の選択：アーキテクチュアとケイパビリティ

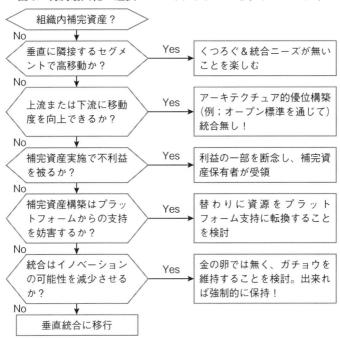

Source: Jacobides Michael G, Thorbjørn Knudsen, Mie Augier: 2006: Benefiting from innovation: Value creation, value appropriation and the role of industry architectures, *Research Policy*, Vol.35. p.1213

図4. 補完性対移動性：依存症と補完性

補完性（利用または生産における補完性）	補完資産の移動度	
	低	高
高	ティースの共特化	管理された補完性 "資産無しルール" 許容（例；インテルとMSFT）
低	補完性の無い双務的依存性（例；地域のプロバイダー）	代替可能な移動性資産（戦略的相互作用無し）

Source: Jacobides et.al. p.1207

品開発に要した経費を企業に対して補助することが、産業政策の中心的な役割であるとする見解もある。

そこで、研究開発と製造活動そのものだけでは、利益はもとより、開発経費そのものの回収を求めることは困難とされてきた。開発活動とその成果の吸収を一連の活動としてとらえることが肝要である。いわば、ヴァリュー・チェーンのすべての回収を期待した開発活動の推進が求められている。SCM（サプライ・チェーン・マネジメント）方式による事業活動の推進は、支出された経費の回収を促進する一つの方式となる。それは、事業活動の成果を共特性により回収する方法の一つとなる。

1. 付加価値の連鎖と回収：スマイル・カーブ

事業活動の見返りとしての付加価値の回収に関連して、スマイル・カーブという考え方がある。人間の下唇が下に下がることが、人間の顔を豊かにして笑顔につながるのである。

人間の顔のなかで下唇の最下位に位置するものが事業活動のなかの製造過程にたとえられる。製造活動には、あまり高い付加価値を期待することができないのだという。活動の過程が変化すると、付加価値はやや高くなる。部品調達、販売活動は製造活動に比較してやや高い付加価値を獲得できるという。さらに一段と付加価値額を高める活動が、新製品の開発活動と完成した製品の使用と活用、ならびにアフター・ケアーであるといわれている。これは人間の顔のスマイルの状況にたとえられる。事業活動のすべてを網羅して、活動推進のイニシアティブを発揮することにサステナブルな企業の発展が期待される。

事業活動のフローチャートは、新製品の開発から開始されて、新規製品の部品調達、製造、販売、製品の使用へと続くものとなる。こうしたプロセスにおける事業活動の中で、多くの付加価値が収得されることとなる。

2. 比較的に付加価値の高いクルマ産業、運送業等

実は、産業により、この一連の付加価値を回収する段階の担当分野が異なる。

事業活動の中の付加価値の高い分野のみをターゲットとする事業展開方式もある。一般の製造業は、開発、調達、製造までのそれぞれの段階を担当して、販売活動を専門の商業分野に委ねることとなる。そこでは、商業活動という付加価値の高い分野を他の産業に移転することになる。そうした事業活動においては、新製品開発に伴う高い付加価値を新製品の開発に従事した産業が収受することが大変に困難となる。こうした事実に配慮すると、日本の完成車企業は、販売の分野までの活動を担当しており、かなり開発の利益を獲得することができた。しかし、まだ、多くの分野の付加価値を獲得してはいないこととなる。

3. 製品の使用と活用段階における高い付加価値

クルマを使用することで多くの利益を得ることのできる産業がある。その代表は、運輸業界である。物流活動を担当するトラック輸送業者やタクシー業界は、クルマ産業の技術革新の成果を吸収して、耐久性に優れて、安い経費支出のクルマを利用する。その成果と輸送業の高い付加価値を確保することができる。そこでは、耐久性、安全性、高速性などで優れた新製品の効用を十分に活用して、利益が上げられる。それに、クルマ業界の低燃費革命により、輸送業は燃料経費を下げることもできる。さらに、国民の税金で敷設され、整備された道路を運輸業界は、わがもの顔に利用できるのである。そうしたクルマ活用の分野に進出して、高い付加価値を獲得して、新製品開発の成果を吸収することが今後の自動車業界の課題とされている。クルマ業界の課題はそうした高い付加価値分野への進出で利益を確保しつつ、活動の範囲を拡大することが求められているという。ティースの指摘する関連する事業活動に展開を計ることでの新たなかたちでの事業活動の発展により付加価値の拡大と技術革新力の強化が期待されている。補完資産の獲得と関連事業活動に着手することが、革新の利益を確保することにつながる。それは、また、共特化に向けた対応を企業に対して強めることともなる。非製造業の活動に事業を拡大することは、経済発展の新たな分野を創生することとなる[11]。

第6節　知識創造の外注戦略（KPO）―ムダンビ

　企業間提携関係の確認は、企業の境界を考える上に大きな役割を果たす。しかも近年においては、知識創造の分野においても、多くの企業間の提携が行われ、企業境界の設定が困難となりつつある。これまでは、一つの企業の中で行われるとみられてきた知識の創造活動が組織を超えて、組織の外部に注文されるケースもある。従来は、特殊性の高い資産であり、しかも、高度な企業秘密でもある資産の形成と強化を企業の外部に委託することは、考えられなかったことである。高度な技術などの超機密資産の創造を組織の外部に注文することで企業の大きな秘密を知られることになるとみられ、それは回避されていた。したがって、新技術開発活動を外部組織に委託すること等は考えられなかった。このことは、従来の常識を疑うことが必要とされる事態でもある。それは、また、組織というものの境界の定義を変更するものともなりかねない。ムダンビなどによると、現在、米国では、100億ドルを超えるKPO（Knowledge Process Outsourcing：知識形成プロセスの外注）が行われているという[12]。

1. 競争優位とアライアンス

　他企業との事業協力やアライアンスを推進する目的は、通常は、競争優位を獲得することにある。KPOにおけるアライアンスの目的も、自分の企業の競争優位を獲得することにある。そのためには、多くの分野に対する配慮が求められる。KPOをめぐる補完財、共同特殊材、特別な資源開発に関する技術、人材、労働力などの企業における調達能力、知識のアライアンス管理能力などに依存している。そこでは、高度な知識に基づく製品や部品の製造を組織内で内製するか、外部調達するのかが大きな課題となる。高度な知識を必要とする部品は、内製するのが常識だが、取引の方式は、経費とか獲得したい知識の水準によるところが大きいとされている。そこでの一つの基準としては、取引経費、資源ベース理論、取引価値などの理論が参考とされている。

2. 知識創造活動の外部委託の意義

　一般には、新製品開発等に必要な高度な知識は自社組織の中で形成されるといわれる。しかし、かなり高度な知識は、自社のなかでは、開発が困難であることも多い。知識の創造は、企業活動の最終目的ではない。競争優位を維持し、向上させて、永続的な利益確保が目的であるから、そこでは、目的に向けた手段としての知識創造活動の外部委託もありうる。企業に固有の知識を外部に注文することは一つの冒険である。だから、その際には慎重な配慮が求められる。外部注文の方法の在り方、獲得した高度な知識の取り扱いにも多くの問題がある。知識の水準、企業間の地理的近接性なども配慮されるべきである。知識形成プロセスの外注（KPO）について、内製するのか、外注かの判断の際には、より複雑な判断基準の選択が迫られることとなる。さきに提示した学説のほかに、さらにいくつかの判断基準があるものとみられる。また、高度化した知識の外部組織からの調達には、委託先の慎重なパートナー選びが求められる。

まとめ　制度改革と産業発展

　企業境界の認定に関しては、ティースの指摘にあるように企業の持つ資産の特性が大きな役割を果たす。そうした特殊な資産を獲得し、利用するために、多様な形態での他企業との協力方式が開発されている。

1. 革新を推進するシステムとネットワーク

　新製品の開発を成功させるには、ティースによると、革新者がその成果を吸収するのみではなく、模倣や補助分野の活動を拡大することにより、その成果を吸収する可能性は拡大することもある。企業統合も単なる経費低減という原理に加えて、革新に伴う成果取得という観点からの企業境界の見直しが迫られるものとなる。

　彼の学説が正しいのであれば、補助手段の調達を踏まえた技術革新の前提をなすシステムやその促進に向けた特別措置が新製品の革新に向けて、大きな役

割を果たすこととなる。そうした補助手段までを配慮した一連の資産を産業の中に用意することで新技術開発の環境が整えられる。それにより、技術革新を拡大して、発展させるシステムが形成されることとなる。補助手段までを踏まえた一連の手段を産業の中に用意することが新技術開発のスタートとなる。

2. 補助手段とネット・ワーク

　企業間におけるネット・ワークの形成は、企業間の信頼関係の強化につながり、技術革新の推進にはプラスのインパクトを持つものである。ネット・ワークの強化により組織間の信頼が強化されて経済の拡大が確保される。

3. 知識拡大に向けた企業統合

　ムダンビの研究は、企業統合の新たな形態にわれわれの関心をひきつけた。新たな知識や技術の開発に向けて、開発プロジェクトを外部企業に委託するという新たな事態が発生している。企業秘密に属するもっとも重要な知識や資産の調達が外部企業に委託されているということである。そうした貴重資産の調達に際しては、外部機関に対する委託ではなく、優良企業との統合もありうることが提示されている。しかし、企業の組織としての最重要な知識や技術まで外注されることとなると、企業や組織の本質が問われることとなろう。また、これまでは、組織の境界を決定するといわれてきた資産の意義やその価値の内容までもが問われることとなる。今後に残された企業境界に関する研究課題は極めて大きいといえよう。現状では、企業境界に関する判断基準は必ずしも、明確なものとはならない。組織境界の決定要因に関する更なる探求が今後の課題となる。

4. 制度と組織の一体化構想と制度変革

　組織と制度を一体のものとみなす青木昌彦の発想は、多くの分野において説得力を持つものといえる。20世紀末まで継続した日本の経済成長も、その後は、停滞に転じ、21世紀の始めまでは低成長を続けており、新たな強い回復力は

みられない。特定の産業が伸びたり、輸出が回復したりということだけでは、高度な成長の基盤としては弱いものである。経済制度の変革と、企業組織の改革とが同時並行的に推進されることがなければ、経済や産業の新たな成長力とはならないものとみられる。

　青木は、一つの具体例として、日本的経営と終身雇用制度、年功序列システムとの関係性を指摘している。両者は、不即不離の関係にあるといえる。年功制度の崩壊とその対極にある成果主義の導入は、日本的経営ではなく外国企業の経営方式との対応と調和が考えられる。日本では、長い間の慣行で成果主義は受け付けないのであろう。それは、アメリカのような自己中心的な制度で初めて力を発揮するものである[13]。KPOというような新しい方式の事業活動がみられる新しい時代に対応して従来の終身雇用制度のような古いシステムの再検討が迫られている[14]。

注釈

(1) ラングロワ・R他著、谷口和弘訳（2004年）『企業制度の理論：ケイパビリティ・取引費用、組織境界』NTT出版。第3章：企業境界の動学理論。
(2) ラングロワ・R他著、谷口和弘訳[[企業制度の理論]]NTT出版。第4章：アメリカ自動車産業の黎明期における垂直統合。
(3) ウイリアムソン・O・E、岡本康雄他訳（1975年）「『現代企業の組織革新と企業行動』」丸善。訳者序文、viiページ。
(4) 金綱基志（2009年）[『暗黙知の移転と多国籍企業：知識の国際移転を可能とする組織メカニズム』] 立教大学出版会。
(5) Teece David, J, 2007, Explicating Dynamic Capabilities: The Nature and Microfoundations of (sustainable) Enterprise Performance, *Strategic Management Journal, Vol.28*.
(6) 渡部直樹編著、ティース・D・J他著（2010年）[ケイパビリティの組織論・戦略論]、中央経済社。序章、第1章。
(7) Pisano. G. P and Teece D. J, 2007, How to Capture Value from Innovation: Shaping Intellectual Property and Industry Architecture. *California Management Review. Vol.50. No.1*, Fall 2007.: pp.278-296.
(8) Jacobides Michael G, Thorbjørn Knudsen, Mie Augier, 2006, Benefiting from innovation:: Value creation, value appropriation and the role of industry architectures, *Research Policy* No35, pp.1200-1221.

＠ジャコビデスは、垂直的企業境界と開発活動にかんして重要な指摘をしている。

　企業の垂直的統合とその境界を認定する上で、取引コストとケイパビリティとが重要な役割を果たすこと、ならびに、取引コストとケイパビリティとが企業の共特化の指標として大きな役割を果たすことである。そこでは、ケイパビリティは企業の垂直的専門化の大きな必要条件であり、ケイパビリティが異質であれば、取引コストの削減がさらに専門化を導くこととなるとしている。

(9) Op.cit. p.1206, pp.1217-1219.

(10) Jacobides Michael G, 2005 Industry Change Through Vertical Disintegration: How and Why Markets emerged in Mortgage Banking, *Academy of Management Journal*, Vol.48, No3, pp.465-498.

　Jacobides Michael G and Winter Sidney G, 2005: The Co-evolution of Capabilities and Transaction Costs: Explaining The Institutional Structure of Production, *Strategic Management Journal*. No.26.

　Hazlett T W and Teece D J and Waverman L 2011, Walled Garden Riverly: The Creation of Mobile Network Ecosystems, *George Mason University Law and Economics*, Research Paper Series, 2011 Nov.22,

　＠本稿では、IT 産業における近年の偏った競争形態の研究成果が紹介されており、それを壁で囲まれた庭園の中の競争とティースは表現している。高度な技術をもつ巨大な少数の IT 企業間における限定された競争という現実を彼は紹介している。さらに、その背景を共特性などのティース固有の概念で解説を試みるという注目すべき見解を提示している。貴重な学説ではあるが紙幅の関係でその解説は別の機会に譲るものとする。

(11) Porter, Michael E, 1985, *The Competitive Advantage: Creating and Sustaining Superior Performance*, The Free Press,

(12) Mudambi, S, M and Tallman S, 2010, Make, Buy or Ally? Theoretical Perspectives on Knowledge Process Outsourcing through Alliances, *The Journal of Management Studies*, 47, 8, Dec, 2010.

　＠ムダンビは、KPO の性格と組織行動に対するインパクトに関して 12 の仮説を設定している。ムダムビ仮説の 1-7 では、KPO の定義と性格に関する特色を指摘しており、仮説 8 以降は、KPO の顧客とベンダーの関係を探求している。

(13) 青木昌彦（2008 年）『比較制度分析序説：経済システムの進化と多元性』講談社、第 8 章参照のこと。

　Aoki Masahiko, 2010, *Corporations in Evolving Diversity: Cognition, Governance, and Institutions*, Oxford University Press.

(14) 影山儘一（2012 年）［組織統合と産業発展戦略の新たな発想：ケイパビリティ論とアライアンス戦略論］千葉商大論叢、第 49 巻第 2 号、2012 年 3 月。

第二章
経営戦略と階層制度

はじめに　階層制と組織に対する忠誠

　組織は、特定の事業活動を遂行するために形成されるが、その事業計画を立案して、それを実行する部門が必要となる。事業計画を立案する司令部とそれを実行する部署の二つのセクターが組織を構成する最小の単位となる。すなわち、組織の活動戦略や計画を決める司令部とその指令を受けて、現実に活動する実行部隊とで組織は構成される。司令部が戦略を立案し決定して、その内容を実行部隊に対して指示を出す。中間にいる管理職が実行部隊に指令を伝達して、司令部の決定が実行されているか否かの監視をする。命令の内容が末端まで徹底されているか否かも点検される。そうした方式で階層制が機能して、日々刻々に組織の活動が展開されている。

　企業組織には、日常業務の遂行を遅滞なく進行するために、以上のような階層制という命令系統が必要不可欠である。組織の命令系統が機能するための必要からトップによる指令が出されて、日常業務の遂行方式が指示される。経営組織では、そうした階層制のもとで、効率の良い命令とその処理機構としての現場組織が機能する。企業内の業績の源泉となるシステムが階層制であるということがいえそうである。

(1) 非階層組織の意義

　組織にとり重要なのは、階層制という命令系統だけではなく、従業員との適切なコミュニケーションの在り方であり、そこでの人間関係が大きな役割を果

す。重要なのは、企業組織における階層組織と非階層組織の双方の良好な関係である。経営者にとっては、株主、従業員、部材提供業者、販売店、銀行などのいわゆるステイク・ホルダーとの緊密な協力関係が重要となる。公式組織と非公式組織の双方が、円滑に協力しているときには、その組織は、重要な事業を遂行できる。しかし、双方が円満な関係にあるケースは決して多くはない。組織が円滑に機能するか否かは、階層組織と非階層組織の双方の良好な関係にある。階層制という権威に頼る組織に対して、他方では非階層組織としての人間集団もある。組織をよりよく機能させるためには、非階層組織の機能も重要となる。それは、組織の団結を保持して、階層組織のより良い機能を支援するためのものである。日本的経営の発展は、階層組織の公的機能を支える人間集団の団結を非公式組織が支援したことにあるものとみられる。ここでは、紙幅の関係で、非階層組織の点検は省略され、階層組織の点検に限定される。特に日本的経営の抱える課題として、階層制と稟議制度、従業員の忠誠心など、人間の集まりとしての会社組織の効用と限界という課題を点検するものとする。それは、組織の団結を保持して、階層組織のより良い機能を支援するものである。日本的経営の発展は、階層組織の公的機能を支える人間集団の団結を非公式組織が支援したことにあるものとみられる。

(2) 階層組織における忠誠心

　組織に対する従業員の強い忠誠心と懸命な働きにより、組織には高い生産性が確保される。そうした組織に対する忠誠心は、国ごとに、また企業組織ごとに区々である。日本の経営は、従業員の組織に対する高い忠誠心が組織の効率を向上させて、長期にわたる企業の社会的評価を高めてきたとされている。日本的経営は、専門経営者、終身雇用制、企業内組合の三点セットからなるとみられる。ここでは、企業組織における階層制度とそこでの従業員との対応の在り方を忠誠心として点検して、日本的経営の特色を確認するものとする[1]。

第1節　階層制と代替機能——ファヨールを超えて

　20世紀における労働過程の基本的方式は、ファヨールの提示した発想で解釈が可能となる。企業活動をとりまく多くの条件を踏まえて、未来の経営環境を予測をした上で、その未来に対応する事業活動が計画され、戦略が形成されて、それが推進される。その事業計画を具体的に推進するために、計画遂行に適合した命令が個別の具体的なセクションに提示される。そうした命令の実行を伝え実効を促すために、管理、統制という方式で、事業が進展する。すなわち、未来予測と計画に沿う事業活動が決定され、実行を支援するために管理と統制が行われている。そうしたファヨールの提示した仕事に対する手順から、現代の階層制の役割と意義が説明される。

(1) 予測、計画・戦略形成、命令と管理

　ファヨールによれば、仕事とは、未来に対する予測とそれに対する対応とからなるという。対応の方式としては、まず、未来の経営環境に関する予測の内容に基づいた計画が立案されて、実行に向けた戦略形成がなされる。そうした戦略を推進するために三段階が準備される。すなわち、戦略を実行するための命令、管理、統制という手続きを経るものである。予測とその未来展望に基づいた組織の編成により、命令実行のための具体的な根拠が与えられる。こうした方式が現代の仕事のながれを形成するための基盤となったものとの解釈も可能となる。

(2) 命令伝達とコミュニケーション

　組織の活動を合理的に展開するためには、トップによる意思決定の内容をメンバーに伝達して、納得をさせることが求められる。そこでは、事業活動の遂行に向けて、階層制が必要不可欠となる。組織にとり不可欠な活動計画の具体的な内容を予測し、その結果から必要な手段を組織のメンバーに対して命令を下すというファヨールの考え方が現代の階層制の基盤を形成してきたものと解

釈される。そうした階層制が不合理とみる人々は階層制に代わる効率的な戦略実行機関の開発が求められている。しかし、現在の階層制を克服することは困難である。当分は、ファヨールの発想を中心とする階層制の下での活動が継続されるものといえよう。

1. 仕事のナガレの基本方向

　実務家としてファヨールの体験の中から形成された彼の職務原則は、大きな特色を持つ。それは、長期にわたる時代と多くの職場に適用の可能な事業活動形式である。多くの組織の業務につながる展開方式の提案こそ、理論としての業務活動のバイブルとなる資格をもつ。だからこそ、その提案は汎用性を持ったのである。しかし、彼の業務処理原則は、理論家としての彼の纏めた原則ではないために、多くの欠陥があり、彼の時代にのみ通用した原則ともみられ、汎用性には大きな制約もあるともいわれる。

2. 専門知識の拡散

　彼は、専門家の少ない時代の職場における命令と伝達の方式に関して配慮してきた。多くの人々が何らかの分野の専門家となった今日、以前と同様にトップダウンの業務形成方式に立脚した仕事のスタイルが業務遂行方式であることが多くの問題を発生させる原因となっている。組織のなかの人間であるから、組織のための組織の原則にしたがう事はもっともなことといえる。しかし、人間には、本来、彼のもつ人格とそれを尊重してもらいたいという願望がある。そうした個人の人権に対する配慮の欠けていることにファヨールによる提案の基本的な問題がある。

3. 人間の尊厳に対する無理解：ファヨールの限界

　現代においても、決まりきったワンパターンで仕事をする職場もあることはある。そうしたところでは、過去に積み重ねられてきた方式での業務遂行には効率性があるとされている。そうした職場に通用するのが彼の提起した仕事の

遂行方式である。そうではない分野で、事務労働や新たな分野の開拓の求められている業務もある。そうしたところでは、多くの方式による仕事の実行方式を開発することにメリットがある。多様な製品を扱い、サービス活動も行う職場では、従業員からの意見吸収の習慣を確立することが求められていた。専門家としての個人や専門家数人が予測の作業を担当することは許されない。事業計画の策定には多くの従業員を関与させることが重要となる。

4. 情報の粘着性に対する配慮：命令の伝え方の課題

　意思決定の内容を従業員に対して伝えることは困難を伴う仕事である。そうしたプロセスにおいては、大きな問題の発生することに配慮しないで、命令を連発して仕事を推進することには問題も多い。決定事項の伝え方は決して一つではなく千差万別の方式が考えられる。

　命令を伝えるなどということはそれ自体、大変に骨の折れる仕事である。自分の考え方は容易には他人に伝わらないものだ。知識、体験の格差で、知識の吸収度は人それぞれに大きく異なるものである。しかも、命令を伝える担当者は、命令の受け手に対して多くのプレッシャーを与える事となる。命令も情報伝達の一つであるが、命令に代えて、全員参加の討論方式こそ、最も効率的な情報伝達方式である。分かりやすい情報の伝え方は、従業員全員に討論に参加させて、各自の意見を表明させて、最後には、討論の結果としての結論に理解を求めることである。

　命令に関して、間違った伝え方は混乱を招くだけではない、情報には粘着性という性格があり、自己の発想を正確に他人に伝えること自体にも大きな困難が伴うものとなる。また、命令という言葉そのものが、それを受ける従業員の反発と管理職の奢りを発生させる原因ともなる。その言葉が差別的用語であることはもちろんだが、科学的な仕事の流れからみて命令というシステムや発想、ならびに言葉自体が適切とはいえない。

5. 合理性の限界

　サイモンのいうとおりに、人間の判断の合理性には限界がつきものであり、間違いが多いものである。予測などは、過誤の累積の原因をなす。後から点検すると、予測の内容には、間違いであるものが多い。過誤の多い予測を活動の前提にして仕事をすることは、無意味である。予測の内容が正しくとも計画に誤りのあることも多い。

　そのような個人の予測に基づく結果を提示して、命令を下してみても従業員の信頼を確保することは出来ない。命令することだけでは、従業員は懸命には働かないのである。予測は、従業員の参加を求め、共同で知恵を出し合う工夫がなければ、的確な業務の遂行にはつながらない。時代は、ファヨールの提示した計画とその遂行に向けた命令方式の転換を求めているものと思われる[2]。

第2節　階層組織成立根拠とその逆機能―バーナード

　階層組織では、多くの従業員が組織のトップからの命令に従うことを強要される。それは、しばしば、自己の能力拡大の機会を奪われるケースとなる。人間の潜在能力の発揮が組織の活性化に大きな意義をもつ現代社会において、命令という意思決定システムが組織発展の大きな欠陥となってきた。現行の階層制組織では、リーダーが上位に位置して、従業員は上からの命令を受けて事業を遂行するという形態をとる。たとえ、命令の内容がナンセンスでも、階層制組織においては、従業員は上からの命令を受けて業務を遂行するという方式を強要される。ここでは、現行の階層制組織を中心とする企業運営の在り方の問題点を提示し、個人の意見を尊重する性格を高めて、リーダーの意思決定の方向に転換を迫ることを提唱するものとする。

　階層制の中心を占める取締役や管理職ではない多くの一般従業員の能力が向上すると、階層制の権威が揺らぐものとなる。そこに従業員との平等なコミュニケーションの必要性が強まることとなる。本節の目標は、意思決定の基盤に上位者の権威をコミュニケーションの基盤として指摘したバーナードの発想と

それについて解説した業績を紹介して、階層制組織の意義と欠陥を明らかにすることとする。

1. 階層組織と非公式組織：バーナードの解釈

　組織や企業は多くの資源を持ち、個人ではなしえない事業活動を行う。そこに、個人が参入し、自己の能力を高める貴重な機会を得る。こうした貴重な役割を果たす半面では、組織には大きな欠陥もある。個人ではとても犯すことのできない不祥事を起こすこともあり、それが組織のもたらす大きな欠陥となる。そうした企業の力の源泉は、経営体のもつ経済的資源、人的資源に加えて、組織力にある。ここでは、バーナードの組織論に基づき階層制の問題点を指摘するものとする。階層性の成立する根拠とその逆機能を箇条書きにして説明しているバーナード研究の権威である眞野脩の簡単な原文をほぼそのまま紹介するものとする。

(1) 個人的要求よりの地位システム

　バーナードは、組織のなかでの地位システムとして個人の役割に格差の発生する要因として、以下諸点を指摘している。すなわち、a.個人の能力の相違、b.多くの仕事の遂行に際しての実力の格差、c.仕事の重要性における格差、d.公式組織に対する欲求を社会的信用とみる考え、e.完全性の欲求、などである。
　こうした諸点の要求に沿うものとして階層制が定着したものとみられる。

(2) 階層組織の基盤と役割

　階層制が成立して機能する基盤として、バーナードは以下のような指摘をしている。組織における個人の要求として、以下の五点があるとする。すなわち、a.差別を求める個人の要求：他人よりも高い地位を求める人間の欲求、b.しっと：集団の間の対立、c.利己心：特定の人間との親密さの確保、d.経済的利己心、e.ものぐさ、惰性：イネィシィア（軽視：怠惰）：新たな方法への転進を嫌う傾向があることである。

(3) 組織機能維持のための地位システム

さらに、バーナードは、組織の活動過程としての伝達システムの重要性に配慮して、以下の諸点を指摘して、階層制の意義を強調している。組織のメンバー間における以下の関係性である。すなわち、a. 組織に対する信頼性、権威の付与、b. 誘因システムとしての階層制の持つ役割の重要性、c. 責任感を維持、育成するためのシステム等である。

(4) 階層制の限界：権威失墜

組織の中で大きな役割を果たしてきた階層制度ではあるが、最近では、大きな限界が表れてきた。取締役、部課長制度の階層制の下での情報交換と命令方式に対する人間の反乱とでもいうべき事態が現われている。命令にのみ従うことのできない人間性の限界でもある。

また、取締役、部課長の能力と権威の低下が起こりつつあるものとみられる。その原因は、人間の知恵を超える大きな事業活動に対する制約、社会の変化、命令のみを嫌う人間の性格、従業員全体の知恵の向上と役職者の能力を超えた知識水準の上昇などである。そうした中で、従来通りの階層制組織の形態を守り、上意下達の封建的な意思決定方式を踏襲する企業に大きな危機が到来しているものとみられる。また、業績の回復を目指して、法律や倫理に反する意思決定や事業慣行を行う企業も少なくない状況となってきた。

そうした指摘と同時に、階層組織の持つその他の問題として、組織の目的、有効性が把握できないこと、ならびに、セクショナリズムの欠陥などが指摘されている。

2. 階層制の逆機能

階層制は先に記したように、上意下達の意思決定と迅速な行動を長所とする工業化時代に極めて適合したシステムとみられる。効率と迅速性の求められる時代が到来して、階層制は、意思決定の迅速性と命令による確実な実行が長所といえる組織形態であった。

しかし、20世紀の末からは、階層制をはじめ従来の組織形態には、多くの欠陥が目立つようになってきた。そうした欠陥を階層制の逆機能としてとらえる考え方もある。

ここでは、バーナードの指摘を踏まえて、階層制の逆機能の意味を解説することとする。組織、特に、階層制組織の逆機能について指摘しているバーナードは、問題点を地位システムの側面から分析し、階層組織の逆機能として、以下の諸点に配慮すべきであるとする。

(1) 地位システムとしての欠陥

地位システムの個人に課している問題として、以下の諸点が挙げられる。
a. 階層制は、地位システムとして個人に対する真実の評価を歪めること。
b. エリートの地位の循環を不当に制約すること。すなわち、特定人物による地位の独占を強めることが問題となること。
c. 公正な地位と機能、責任などの配分システムを歪めること。賃金、名誉、威信は地位により、配分の差異があること。

(2) 階層制度の欠陥

階層制度の欠陥としては、さらに、以下の諸点が指摘されている。
a. 管理機能を誇張してモラルの機能を妨げることに問題がある。
b. 過度の象徴化機能である。時には人間が地位と本来の自己の評価とを混同することが大きな問題となることである。
c. 組織には適応性の制約がある事である。組織には、凝集性が必要とされており、そのための調整は不可欠である。それは、組織の弾力性と適応性とを減ずるものとなる。階層組織の逆機能は組織だけでなく、組織を取り巻く社会環境にも大きなインパクトを強めることが問題とされる。

(3) 階層制に対する具体的な対処策

階層組織の逆機能とそれに対する対策に関してはバーナードの試案は以下の

通りである。
a. 組織人の地位の自由な移動で地位と権力の調和を計ること。
b. 組織における職業人にとり、地位向上のみが活動の目的とならないような雰囲気を形成すること。
c. 職務と人間とがモラルと適合するように監視すること。
d. 下位組織に対する対策が必要であること。
e. 上位管理者に対する監視対策の必要性があること。

3. 階層組織の逆機能に対する対応策

　階層組織には、多くの問題が生ずることが多い。その対策の一つが、企業を取り巻く労働組合などの非階層組織の役割を活用して、組織内に市場組織を導入する事業部制、関連会社と結ぶネットワーク組織の活用を考えることである。換言すれば、組織内部における欠陥を関連組織の協力で防ぐ対策を考えることが一案となる。組織の中に、企業に関連する他の組織、すなわち、間接的な市場原理（競争原理）を導入する事での事業部制を成立させたことが組織の生き延びる大きな要因をなすという考え方もある。

(1) 階層組織と非公式組織：真野脩の見解

　階層組織は常に非公式組織を伴うものである。組織は、ステーク・ホルダーというような非公式組織を外部に持ち、それらとの関連のなかで事業の推進を計ることとなる。
　消費者、原料部品提供者、資本家などの外部組織との関係が問題となるのである。公式組織の外部にあり、社会の一部を構成する組織が非公式組織である。非公式組織の役割を高めて、階層組織を監視することが不祥事対策として重要であるという。

(2) バーナードの進化論

　人間の非合理的側面の意義を眞野脩は以下のように指摘する。道徳性と人間

に与えるインパクトに注目することが肝要なのだという。公式組織としての階層制組織には、組織の維持存続という固有の役割と目標がある。しかし、個人の目標は、組織の未来を漠然としたものととらえる傾向がある。それは、不完全な情報に基づくものであり、明確な意識はない。そこでは、未来の予測も不正確なものとなる。

　公式組織は、未来の発展に向けて、明確な目標を持つものである。未来の組織存続には、人間の支援が必要であり、そこでは、非公式組織の支援が求められている。非公式組織の評価とそれに対する支援が未来の組織発展の基盤となる。

4. 道徳性に関する問題提起

　組織の意思決定と活動にとってリーダーの役割の重大さに関しては、指摘するまでもない。組織論の創始者としてのバーナードは、『経営者の役割』の中で、組織の正常な発展のために、経営トップの役割の重要性を強く指摘している。また、経営活動におけるリーダーによる倫理性を発揮することの重大さを再三再四指摘している。とくに、その結論では、経営者の資質に関して、道徳性をおいて他に重要なものがないとみられるほどその意義を強調している。

　以下、経営者の役割として指摘された倫理性に関してその意義を指摘することとしたい。結論の最後の部分では、バーナードにより、リーダーの役割と倫理性の意義が指摘されている。

（１）　組織は、参加者の協働のシステムであるが、協働体系の均衡の混乱は、誤まった考え方、とくにリーダーの判断ミスから生ずることが多い。それは、組織の活動を推進する際に、破壊要因である個人的なひいき、偏見、利害の偏重を強めることである。公平な判断と活動が組織の健全な発展には必要不可欠なこととなる。

（２）　組織活動の過誤は、以下の誤謬から生ずるのである。
　①　組織生活のなかでは、経済の単純化、非公式組織の事実を無視すること。
　②　権威の客観性と主観性を逆にすること、道徳性と責任を混同すること。

（3） 組織の拡大とメンバー間の協働の程度の増加とともに、組織活動の道徳的複雑性が増加する。それに相応した組織運営に関する技術の高度化が必要とされる。道徳性の高まりに対する深い配慮が求められている。
① 協働の戦略的要因はリーダーシップである。リーダーシップは、技術的熟練と道徳的複雑性に対する高い個人的能力に与えられる名称である。そうした高い権威に個人が従おうとする性格が結び付いたものが真の活動の背景をなす。
② 社会的統治の戦略的要因は、リーダーの育成と選択である。それは、技術の高度化と道徳水準の高度化にバランスをとることである。

以上にみた通り、企業のリーダーの道徳性が、企業不祥事回避の大きな役割となる事をバーナードは指摘する[3]。

第3節　組織原理と階層制──サイモン

　組織の運営には、その進路を決定して、それを下部機関に伝達し、徹底することが重要な役割を果たすものとなる。いわゆる戦略の決定とその下部機関に対する徹底であり、そのために階層制が組織の運営には不可欠となる。それを巧みに運用するうえで不可欠なことは、組織と個人の利害の一体化であるといわれている。一体化の根拠としては、組織の成功に対する個人の関心を高めて、経営原理の徹底を公的任務とする従業員の意識向上が必要となる。そのためには、会社の方針と経営者の意思決定が権威を持つという発想を従業員に徹底することである。メンバーには、組織に対する何らかの忠誠心が求められているのである。

1. 供給責任と専門化、効率：人間組織の在り方

　今日、企業は供給責任を持つ社会性の高い機能を果たしている。同時に仕事の専門化などを通じて効率を高めて、利益を確保することが持続的発展につながる。組織は、業務の専門化を通じて、高度な供給責任を果たすことを社会か

ら求められている。問題は、サイモンの『経営行動』第2章に提示されている業務の専門化等の効率向上に向けた経営原則と人間組織としての従業員の意見尊重とのバランスの確保である。以下の諸点が経営効率との関連で問題となる。経営能率は、集団の中における仕事を専門化することで増大するという。階層制もその一つであるが、専門化と統制という現実的な課題もある。

以下、サイモンの指摘とその課題を提示する。
(1) 経営能率は、メンバーを権限のヒエラルキーに配列することで増大すること。（階層制と命令一元化）。
(2) ヒエラルキーのどの場所でも統制の幅を少人数に限ることで能率が増大する。（統制の幅の縮小）。

ここでは、経営効率の重大要因として、従業員の職務の専門化、階層制と命令一元化、統制の範囲縮小の効用が説かれているが、それは、反対に、組織非効率の原因となるもので、それらの逆作用に留意することも求められる。

再度、確認をすれば、企業活動のなかで効率との関係を有する事項としては専門化、命令の一元化、統制の幅の縮小などが課題となることである。と同時に、組織は、また、非効率と不祥事の温床ともなるもので、従業員の組織に対する過度な忠誠心にも警戒が求められている。上位機関に判断ミスがあっても、従業員からのチェック機能が働かなくなることが問題となる。組織の活動とそこでの意思決定と協働方式である階層制の効果と限界を確認することが必要である。要するに、企業経営においては、社会的常識や消費者のニーズに適合するような観点を尊重したうえで、効率や能率を高める工夫が求められているということである[4]。

2. 階層制度の限界：人間の集まりとしての組織

組織の意義を考える際に重要なことは、効率性という観点からのみ組織を観察してはいけないということである。組織はそこで仕事に従事をする個人の生活の場として大きな役割を果たすものといえる。

組織の意義は公式の社会に対する供給責任を果たすことである。それに加え

て、他方では、組織は個人の生活を保障し、人間関係を形成し、育成する重要な意味を持つ。そうした意味では、組織の人間関係を育成する意義を確認することが肝要である。個別組織に対する忠誠心が、社会全体に対してマイナスをもたらすことも考えられる。一般社会の組織に対する監視が求められている。

第4節　経済学の組織研究―ライベンシュタイン

　ライベンシュタインは、その著書「企業の内側」12章で階層制の意義につき検証し、併せて、日本的経営の特質を論評している。

　企業の中におけるメンバー間の協働関係は、組織人の間の分業を促進するという。組織人のそれぞれに特定分野の専門化を進めて、専門家を作り出すものとなる。生産の連続的組織化において、分割を作り出すのが専門化の機能である。そこでは、多くの活動を小単位に分割する。これらの分割は、専門化された活動ごとの効率を増加させる。しかし、他方では、それに対応する効率上の損失がある。それは、専門化され、分割された機能を調整し、再結合し、統制するための管理と統制の経費である。調整し、統合することで、意思決定の効率を高める機能の一つが階層制である。

1. 階層制と経費

　そうした階層制を作り、組織の各機関の意見を調整して、機能させるために労力と費用が必要となる。専門化は、階層制の必要性を作り出す。分離された専門的な活動の調整が求められるからである。

2. 水平と垂直の関係性

　企業活動は、専門的に区分したときには、全体との調整のために、水平的、垂直的と二つの方向で、他部門との連結と調整が必要とされる。水平的とは、事業部制、職能制などの横の組織構造を意味する。垂直的とは、階層制のことで、取締役、部長、職員という管理職と一般職員との命令のながれるシステム

を指す。それらのあいだの意見調整のために、慎重な配慮と経費が必要なのである。組織の中の意見の調整の仕方が組織全体の効率を決めることとなる。

3. 水平、垂直双方の要因

事業部制などの水平的組織では、相互に負担を回避するという敵対的行動による効率の損失が考えられる。各事業部門の対立による事業部制の欠陥がある。他方、垂直的段階では、動機付けの損失は組織目的に対する統合の欠如、および、上からの圧力を排除しようとする多くの小組織の抵抗に対する防衛の必要性を強めることとなる。

4. 動機付けの処理

組織のメンバー間における動機付けの問題を処理するために以下の三つの方法がある。（ⅰ）官僚制の枠組みで自由裁量性を極小化すること。（ⅱ）承認された行動からの乖離に制裁を課すこと。（ⅲ）下位集団に対する制裁の可能性、統制の脅威などである。階層制の効果は従業員の緊密な人間関係によるところが大きい。

5. 階層制の逆機能の可能性

階層制のなかの各部門が、相互に協力的であれば、水平的にも積極的意義をもつものとなる。それは、効率の源泉となる提携関係（Affiliation：階層制による職員間の意思疎通）となる。階層制を構成する単位それぞれが水平的に敵対的であり、垂直的（上下関係）に、反抗的であれば、非効率性の源泉となる[5]。

第5節　現実の企業経営における統治機構

当初は経営学者の頭脳の中に構想されていた企業統治の理想像が初めて日本に登場し、そこで、約30年間にわたる専門経営者による経営活動の実績がわが国では、積み重ねられてきた。経営活動の実績に関する評価としては、戦後

の約 60 年間においては、以下の実績が残された。すなわち、日本的経営の当初の発展と中間の息切れ、終焉である。1960 年代には、長期に継続すると思われていた日本的経営が意外に短い 30 年間で終焉を迎えたことである。当初は、専門経営者が資金調達難を増資、起債で克服して、設備投資を推進してきた。さらに、投資促進、部材提供業者との連絡調整の推進で、事業拡大が成功して、日本的経営の発展をみた。しかし、1980 年代の石油危機の深刻化を契機に日本の経営が斜陽に転ずることとなる。

1. 石油危機

　1980 年代における石油危機、輸出環境の悪化などによる経営環境の大きな変化のなかで、企業組織運営も成果主義への転換を余儀なくされた。そうした中で、従業員に対する人事評価に大きな問題を抱えて、社長のとり巻きの少人数の職員の利益を計ることで多くの経営者が従業員の信頼を失うこととなる。そうした中での専門経営者による自信のなさ、人脈を形成しての自己防衛の行動で、企業内の混乱が拡大してきた。企業統治の方式に大きな転機が訪れた。

2. 日本的経営組織の持つ欠陥：基本的発想の問題点

　1950 年代に登場した日本的経営は、その特有の時代の環境に制約された課題もある。経営方式の持つ長所を時代と環境がその発現を妨げるというようなことが考えられた。そうした要因をここで指摘してみるものとする。

(1) 特定産業の重視

　わが国では、政策当局が意図的に重点をおいて発展を推進した産業が極めて限定されており、特定産業のみの発展が計られた。機械工業中心の経済発展、旧財閥企業に限定した発展戦略といえよう。情報通信産業、知識産業など非製造業の遅れが大きな欠陥となった。

(2) 他産業との共特性不足と企業境界に関する認識不足

1990年代には他産業との共特性い関する十分な点検なしでの統合と合併が大きな課題を提起してきた。わが国では、貴重資源の確保に向けての企業統合がなされてきたが、統合には企業文化の不整合というような問題も起こる。風土とか文化の大きく異なる企業間の統合がやがて組織内の亀裂を生むこととなる。過去の統合は、こうした異文化の企業間における結合に伴う功罪を十分に勘案したものではない。

(3) 時代転換の見通し過誤：大量生産方式の転換

1990年代より、大量生産方式に転換が起こり、製造方式の多品種少量生産方式への転換がみられた。それにともない経営戦略の転換も求められてきた。そこでは、現場を重要視し従業員の意見を聞くことが大きな課題となる。従来の慣習にとらわれた経営には転機が訪れた。

① 官僚制度の欠陥：規制緩和の遅れ

経営の成功と経済の発展は、官僚の新規起業に対する姿勢によるところが大きいとされてきた。わが国では、財閥解体後の1950年代に許認可行政権の緩和を中心とした官僚改革が実施される予定であった。しかし、朝鮮動乱により、官僚改革が不発に終わる。それにより、新規企業の育成も遅れることとなった。

② 経営内部の統制の欠陥

専門経営者や終身雇用制という特色を有する過去のわが国企業統治方式においては多くの欠陥がみられる。ここでは、その欠陥とみられる諸点を指摘するものとする。

（a） 組織の運営に関する未熟さ：階層制と組織造り

多くの企業における経営手法は、おおむね幼稚である。取締役、管理職と従業員との自由で平等なコミュニケーションを計り、円滑な意思疎通を図ることが困難であった。

こうした企業内の各部門間の円滑な意思疎通ということは大変に困難な課題である。多くの企業が情報交換の困難に直面した。

（b）　人事管理に関する対応の幼稚さ：人材育成のシステムの不備

　企業の人事管理は、極めて困難な課題の一つである。特に、人事評価、後継者選定などは、困難を極める課題となる。有効な研修制度の構築にも問題は多い。人事評価は、基準が多様な上に、本来個人的な好みの多い人間が他人の評価を行う事であるから、それは欠陥の複合体といえなくもない。まして、組織の跡継ぎやリーダー育成システムとなると人間の開発したものは欠陥だらけである。人事評価制度の不備、人材監視制度の欠陥などで、日本的経営も多くの企業経営の問題を克服することができなかった。

まとめ　日本的経営の問題点と日本経済改革

　すでに、先に指摘した通り、日本的経営には多くの問題がある。日本経営の今後の発展には、特に組織の活性化に向けた意思疎通方法の開拓という大きな課題がある。最後に、日本の経営が抱えている大きな課題を提示して結論に代えるものとする。

(1) コミュニケーション方式の浸透：パワーと道徳律確立

　組織の中の従業員の意思疎通の方式を改善して、全員参加の意思決定を試みることが重要である。現在の階層制、命令制の企業経営方式はすでに時代遅れとなってきた。従来の階層制に加えて、現場を重視した従業員の自由で平等な参加を得た形での組織の中のコミュニケーションの方式を改善することが肝要である。人間同志の意思疎通方式における多くの形態の開発が期待されている。従業員の自発的な参加を求めた自由で平等な討論方式の開発が組織の活性化につながる。そのためには階層制の下での意思決定の自由度拡大、小グループの活動奨励が考えられる。

　組織の本格的な改革に向けたギデンズの問題提起が注目されるが、それは、後の第三章の末尾で提示される。

(2) 人事制度の転換

　人間能力の多様な開発システムと評価方式を確認することが肝要である。現在の研修方式を改訂して、従業員の知恵と勇気を引き出す工夫が求められている。そのために、人事制度では、従業員の長所を引き出す工夫が必要とされる。

　年功制度の長所、成果主義の欠陥に関する意識高揚、従来の職務制に対する反省を十分に加えて多くの職場における従業員全員の参加システムの改善や工夫が求められているようである。

(3) 終身雇用制度の再点検

　日本的経営論の中心を占めてきた終身雇用制度の意義が注目される。過去には、日本独特の制度として高い評価を得た制度ではあるが、日本企業の停滞、労働者の技能低下という現実をみると、その役割を否定的に見直す必要が出てきているようである。

(4) 克服されるべき日本的経営

　本章の結論を要約すると、日本的経営は日本経済に対して必ずしも大きな貢献をしたわけではなく、歴史の一場面に登場して、やがては消えてゆく運命にあったものとみられる。太平洋戦争後の1955年から1980年までの約25年間継続した日本の高度成長期にその特色を発揮して、やがて消えてゆく特色ある経営方式という判定が可能である。その根拠は、本書の記述の中で明らかにされる。

(5) 供給者優先、中央集権の経済政策

　経済政策についても、わが国では、機械工業を中心とする製造業を振興するための供給優先政策が採用されたものとみられる。しかし、経済政策が本来は消費者や生活者の福祉を向上するためのものである。わが国では、経済政策の目的が供給者育成と製造業者の強化のみに向けられてきた。そのために、中央集権制度の維持と強化が推進されてきた。そうした経済政策の在り方にも大き

な批判が向けられるべきである。日本の経済政策の在り方も、日本の経営の重点も今後とも大きな反省が求められている。そのような改革がないところでは、新たな日本経済の発展は考えられない[6]。

注釈
(1) アベグレン・J・C著、占部都美監訳（1958年）『日本の経営』ダイヤモンド社。
　　Forrester, Jay, W, 1995-1996, A New Corporate Design, *Sloan Management Review*, Vol.7, pp.6-17.
　　フォレスターの指摘する重要事項は、以下の提言に集約される。すなわち、組織のメンバーに対する権力的強制的なコントロールの排除が新製品の革新と技術革新の機運を強めて、組織のメンバーによる積極的な企業発展に向けた貢献度を高める。
　　影山僖一（2012年）「専門経営者による企業統治の功罪：情報共有としての日本的経営の再点検」千葉商大論叢、第50巻第1号、2012年9月。
(2) ファヨール・H著、佐々木恒男訳（1972年）『産業ならびに一般の管理』未来社。
　　岩井克人（2003年）『会社はこれからどうなるのか』平凡社。
　　宮島英昭（2004年）『産業政策と企業統治の経済史：日本経済発展のミクロ分析』有斐閣。
(3) 眞野脩（1987年）[[バーナードの経営理論]]文眞堂。
　　第5章：バーナードの組織観、99-109頁、第7章：バーナードの進化論的立案.
　　バーナード・C・I著、山本安次郎他訳（1968年）『新訳：経営者の役割』ダイヤモンド社。10-11頁、35-74頁、256頁。
(4) サイモン・H・A著、二上敏子他訳（2009年）『経営行動』ダイヤモンド社。
(5) ライベンシュタイン・H著、村田稔他訳（1992年）『企業の内側：階層制の経済学』中央大学出版部。第12章。
(6) 野中郁次郎（1995年）『The Knowledge Creating Company：知識創造企業』東洋経済新報社。
　　影山僖一（2011年）「階層制組織の欠陥と非階層組織の意義：人間の自由と独立を求めた新たな発想」千葉商大論叢、第49巻第1号、2011年9月。

第三章
組織知育成と組織改革
―― コリス、ギデンズの研究と組織変革 ――

はじめに　経営資源としての組織知と組織革新

　資本主義経済制度を基本理念とする現代社会システムが大きな転換期にあると指摘する有識者は多い。現代社会を構成する基本単位である企業組織の統治者としては、わが国では、株主ではなく専門経営者が登場し、しかも21世紀にはその権威が優位にあることが社会システムの大きな転換といえるのかもしれない。すなわち、太平洋戦争後に日本企業に登場した従業員出身の専門経営者の盛衰は経営組織の歴史的な転換を提示するものともいえる。そこで、本書の第一章では、技術革新と産業構造との関連につき鋭い問題提起を行う新制度派経済学のオピニオン・リーダーであるとされているティースの共特性とそれを補完するジャコビデスなどの学説紹介を行った。本章では、ティースによる共特性に配慮した企業組織の統合行動に関連して、企業境界を提示するコリス、さらには新たな組織間関係を提示するサントスなどの研究者の見解を紹介して境界を中心とする組織の性格の点検を試みるものである。そこでは、ティースの指摘するケイパビリティの発想とは逆のリジディティの考え方も指摘して企業組織の性格に関する点検に移ることとする。そうした発想は組織の活性化に向けて改革を推進する際に、それを妨げる要素を確認するための予備的研究成果である。ここでは、境界を中心とする企業組織の性格の点検と組織改革の問題点に移ることとする。

　さらに、現在はやりの企業統合を効果的に推進する手段としての組織間の統合に際して配慮すべき問題点を指摘したサントスなどの研究者の見解を提示す

る。その上で、本章では組織知の向上を目標とする効率的な企業組織の形成と効果的な組織運営の在り方に関する纏めを行う。組織統合（例 M&A）の推進因は、資産価値増大、効率向上が中心とされ、さらには、トップの権力欲増大にあるとされた。サントスは、それに加えて、組織文化の差異を配慮すべきであるとして、新しい組織統合の推進因を挙げている。組織存続を目的とした統合も考えられる。

(1) 人間の組織知拡大に向けた見解

　本章で取り上げた研究者による問題意識は組織興亡の要因を追求するという点では共通する認識を持っている。ここでは、効率的な組織運営と効果的な組織の改革を提唱する多くの研究者の学説が解説される。やや強引かも知れないがこれらの研究者に共通する観点は以下の諸点にあるようである。まずは，現代社会が大きな転換点を迎えていることとその根拠としては従来指摘されてきたような事とはいささか異なる発想を提示することである。すなわち企業が従業員の集まりであり、その従業員を大切にして彼らの組織知を活用する環境整備の重要性を指摘していることである。いいかえれば、企業に働く従業員の労働条件の改善と彼ら、彼女らのさらなる知恵の向上を求めての学習組織を形成することの意義である。そこで、企業の境界も資金や資源から人間の能力を活用するための分野にシフトしており人間の能力を適切に活用することの重要性を提示している。それがケイパビリティの拡大を促し、組織の衰退を導くリジディティ排除につながることを示している。組織の活性化に向けての組織を挙げた知恵の創造とそのためのコミュニケーションの重要性を有識者が指摘しているものとみられる。さらに、ここでは、組織の境界を画する基準を確認して、組織間の統合を推進する基準を明示するものとする。アクセス（効率）、調和、パワー、そしてケイパビリティという組織統合にさいして配慮すべき四概念を提示するものとする。

(2) 選択肢としての専門経営者による従業員重視と組織知育成

　結論としてはケイパビリティの研究成果を指摘したティースの見解を簡単に紹介してそれを他の研究者の見解をふまえて組織知の意議を再確認することとする。さらに、企業の発展にはマイナスとなるリジディティとその性格を紹介し、それを削減する努力を確認する。今後の企業成長にはケイパビリティとかリジディティに着目した企業の発展戦略の構築が求められている。

第1節　資源調達と企業境界の定義――コリス

　新製品開発の成果を専有するためには企業のもつ資産価値を確認してその戦略的な活用を計ることが重要である。その為には企業の境界を明確にすることが第一歩となる。新たな資源調達に向けて市場か組織なのかという点に注目したうえで、組織を選択するさいには、如何なる組織とのアライアンスが望ましいのかを決めるためである。そこでコリスは、企業の範囲を特定して、組織の境界を一応は限定している。競争優位をもたらす経済資源が企業の内外を区分する大きな要因になるとしている。それは企業のもつ独自資源が、企業の限界を画することとなるとの見解である。また、そこでは自社の資源がその企業独自で競争優位を生み出すことができるか否かも問われている。それは、持てる資源を重視するという意味ではティースの発想にも通ずるものであり、企業組織に対する新たな発想といえそうである。資源を企業境界の特色を提示するメルクマールとする考え方は、以下のような問題を提起して、企業に新たな行動を起こさせる誘因となるものと考えられる。

(1) 経営資源の重要性と組織境界

　まずは、自社のもつ資源の特性が点検されて、競争を勝ち抜くためには必ずしも十分ではないという事になれば、外部から新たな資源を調達することが必要となる。そこでは資源の真の価値点検により企業の境界が明確になる。

　その際に自社資源を補強するための資源を市場から調達するか、それとも、

統合による企業への他企業活動の取り込みが一つの重要な判断材料となる。その成果は調達する資源の性格、価値によるところが大きい。

(2) ネット・ワークかM&Aか

自社にはない資源を市場での調達が困難な時に大きな問題が生ずることとなる。そこでは、自社に不足する経営資源をいかに調達するかという課題が重要である。資源を持つ企業との提携関係が企業生き残りの条件を決定する。そこでも統合か、ネットワーク形成かの判断が求められている。統合の際には、自社が他社に比べて優位にたてるか、従属化かの選択を迫られる。ネットワークのケースではいかなる資源でアライアンスを組むかの選択が迫られる。その際は知識に関する外部調達ということでKPO (Knowledge Process Outsourcing) のケースもありうる。

1. 統合形態の順序と階層性の維持

企業が新たな事業を開始するか、あるいは外国に新規の現地企業を設立するときには、異なる資源の調達に向けて外国市場や他の組織との対応に迫られる。資源調達に関しては、市場での資源調達か否か、すなわち組織間の提携かの選択が必要とされる。そこでは以下のような段階に配慮することである。

ステップ１：産業の価値連鎖を物理的に分離可能な単位活動に分解すること。

ステップ２：自社の資源が主要な価値を創造するケース、つまり、競争優位を実現するのであれば、他社の価値を垂直統合すべきである。（つまり、他社を中間財の供給企業としての協力企業の立場におくべきである。）

ステップ３：たとえ、平均以上の利益を得られなくとも、資産特殊性の強化に向けた投資をしている際には他企業との連携に際しては、階層組織で活動すべきである。また、市場の失敗が生ずるおそれのある時には、階層組織で資源の運用による企業活動を展開すべきである。

ステップ４：資源の継続的調整の必要な時にも階層組織内で活動すべきである。
ステップ５：調整の必要がない場合や効果的なイニシアティブが必要になる場合には、市場取引によって企業活動を行うべきである[1]。

2. 市場と階層組織

　新たな資源の調達に際しては、以下の分野に関する配慮が求められている。市場での調達か、他企業との連携による資源調達かである。市場における資源調達に際しては、企業組織とは異なる広範な分野からの資源の調達が可能となり、市場からの調達には強力なインセンチブと効果的情報処理というメリットがある。

　階層組織の連携による資源調達ではM&Aによる組織統合には、組織内あるいは関連のグループ内の組織の中かどちらかの活動であり、組織間の活動の緊密な調整が出来て、望ましい資源の調達が可能となる。また、自社内に他企業を統合した組織内の活動では、権限で従業員の行動を支配することに大きな意義を見出すことが出来る。そうした活動に伴うマイナスの要因としては、部下などの組織のメンバーが自己の利益を追求するために、それに伴う官僚主義的コストとエイジェンシー・コストが高まる事である。行動の調整が頻繁に必要なときは、階層組織が望ましいといわれる。

3. 相互特殊資産のケース

　市場支配力を高めるという課題については、相互に特殊な資産のあるケースでは、企業行動において深刻な問題が発生する。双方が特殊な投資を行い、市場支配力を持つこととなるが、その際には、各社の間の競争が強まり、コンフリクトの生ずることが懸念される。そうしたケースでは、単独の企業で一元的な統治にメリットが高まることとなる。場合により、企業統合が行なわれるものとなる。あるいは、ジョイント・ベンチャーという形で統合されて、事業協力が行なわれることもある。

4. 階層組織の形態転換

　組織を通しての階層制を用いた取引には以下の利点がある。そこでは、力と権限で関係者の意思と行動を支配できることであり、業務が組織のなかで相互調整されることである。取引当事者間の相互調整が必要な時には、階層組織が有利である。さらには、組織の中では、各部門間の交渉を統合的に調整できることが便利である。しかし、階層組織では、予想した成果を挙げられずに担当者の交代が困難であるためにエイジェンシー・コストが高く、市場での取引に比較して、資源の調達に際しては大きな問題を生じさせることもある。たとえ、相手に問題がある場合でも、解約の不可能なケースが出てくる。

第2節　組織境界と組織統合四概念──サントス

　近年は、企業間の統合や合併が盛んに行われている。年を経るに従い、消費者のニーズや市場の多様化の中で少数の企業だけの協力では、市場の要求に対応した財・サービスの調達が全体組織として困難となりつつある。そこで、企業は多くの関係企業にグループを拡大して企業間の協力の範囲を増やすことが求められている。最近では、そうした企業間協力の一つとして企業統合（M&A）が注目を浴びており、企業統合の背景をなす要因の解明も求められている。そこで、組織の統合要因を確認するとともに、その背景と要因を定義することを目標とするのが本節である。

　これまでは、組織の統合は、それぞれの組織の持つ資源の統合に伴う企業の効率を向上するという目的で語られてきた。しかし、組織の統合は、他の多くの側面から追求することが必要とされる。例えば、資源統合に伴う高い効率だけではなく、組織のリーダーによる権力獲得、統合される組織間の組織文化の近似性というような分野からの定義も可能となる。すなわち、資産統合、能力拡大、権力拡張という三つの要因に加えて、組織文化の差異という四つの視点から組織の境界を区分する概念を提示したのは、サントスとアイゼンハートである。その他にも、崩壊の危機にある組織が統合により規模を拡大し、政治力を強め

てサバイバルを図るというような企業統合も考えられる。

1. 組織メンバーの文化の差異

　組織境界の変化に伴う効率の概念と資源の所有という分野に関しては効率や資源所有以外の分野に目を向けることが多くの発見につながることとなる。そこでは、四分野の境界の組合せに対する配慮が求められる。M&Aや企業統合の要因として四分野が提示される。そこでは、権力者が自己の権力の拡大を計る事（権力拡大欲）、経済的な効率を高めて企業力を拡大すること（共特性）、企業の特殊資産を入手し支配すること（アクセス）、組織文化の拡大と統一（文化的価値観の同一化、ID強化）の四点を指示している。本節は、サントスの提示する組織の境界を決めると思われる四分野を紹介して、それら四分野の連携関係を確認することで新たな知見を導く可能性を指摘するものとする。とくに、組織のメンバーによる文化の差異に着目したことは注目すべき指摘といえる。ここでは、M&Aに関するサントスの発想の要旨を提示するものとする。

2. 企業成長要因としてのアクセス

　企業経営における価値創造の拡大要因の変化とそうした企業発展力の中心を占める資源をめぐる大きな環境変化が起きている。多くの分野での企業の発展要因をめぐる発想の転換が必要とされている。企業の発展を推進する要因や資源は物的資産や資金から、人間の知識に大きく転換している。一昔前には見向きもされなかった人間の知識の重要性に着目して人間の知恵の拡大要因を見出し、それを拡張して活用することに秀でた企業の発展が約束される。そうした人間の知恵の活用法はそれ自体がなかなか困難な課題である。かつては、人間や労働力は、市場でいくらでも調達することができるとみられていた。よほどの才能の持ち主でないと、だれも、見向きもしない資源であったものといえるようである。そうした付加価値を高める事のできる資源を左右し、支配することの出来る能力がアクセスという言葉で表現される。それも、いわば従業員の能力であり、それが急激に注目を浴びるようになっており、大きな時代の変化

がみられる。そこで、当然ながら、新たな経済学と経営学が登場することとなる[2]。

3. 組織境界と組織論：サントス

21世紀も十数年を経たいま、ようやく新たな経営学の理論的なフレームが形成されようとしている。それは、経営学と法律学を合成した形における四分野での新たな概念と理論の開発のなかで誕生しようとしており新たな社会科学発展のトレンドが提示されている[3]。

(1) 四つの理論に注目

近年、企業境界を明確なものとして、統合を推進する四つの推進因が明確となってきた。企業統合に関する四分野への分類が注目されており、以下詳細な解説が行われる。

① メンバー間の調和：同一性（組織分野の差異）

第一は、組織境界を部課ごとに整理してそれを活用することである。組織の境界を四分野から区分する概念を提示したのは、サントス、アイゼンハートである。四分野とは、資源（アクセス）、効率、パワーならびに同一性である。パワーが強まると、短期の効率は高められても、組織メンバーの同一性が損なわれ企業経営にとっての長期的な効率が低下することもある。四分野の境界の組合せに対する配慮が求められる。しかし、組織の境界が問題とされるのは組織の権力やパワーの及ぶ範囲となる上に、組織のメンバーによる同一性の意識も問題とされる。多様な観点から組織の境界が点検されて、企業統合の課題が提示されることが望まれる。

② アクセス：効率

ついで、企業理論における知的資産の活用に向けたアクセスなる概念である。ここでの問題は、従来の階層制により企業組織の活動に大きな問題の発生していることである。要するに、組織全体に指令を発する現実の企業経営の頂点に立つのは、企業によっては、取締役ではなく、組織全体に対しては司令権

のない現場の従業員で付加価値を拡大している部門である。そうした付加価値の源泉がいわゆる従来の取締役会という形式的な権力者とは異なる分野にシフトしている組織で、付加価値の源泉に接近すること、すなわちアクセスという能力が注目される。高付加価値部門を適切に支配することが企業の命運を決定する。アクセスの目標となる分野は、多くの企業外の組織からも注目されて、他企業組織からの統合の標的となる。知的分野の高付加価値生産性が注目されることで、企業境界の変容がある。また、効率の高い分野の中心人物をスカウトすることが企業の命運を左右するものである[4]。

③ 能力：ケイパビリティと共特性

第三は、企業のもつ資源の事業遂行に向けた能力であり、企業の持つ資源の効率性である。それは、資源を調達するという企業の能力でもあり、ケイパビリティとか共特性と表現することも出来る。多くの資源を企業間、産業間で結び付けて拡大し、発展させて、新たな技術革新を推進するなどの能力が重要となる。それは、新製品開発に不可欠な資産と知恵を結合して、新たな産業協力体制を構築するという発想である。

そうした概念の結合で企業間、産業間のアライアンスが実現して、新たな社会科学の発展と企業成長、重層的な産業育成が可能となろう。そこで、経営資源に対するアクセス、企業の発展要因としてのケイパビリティ抑制要因となるリジディティ排除、さらには、産業間企業間の結合を促進する共特性の概念の結合により、新たな産業発展が推進される。

④ 権力欲の拡大

最後に指摘するものは権力欲という権力を指向する組織のメンバーが必ず陥る組織にとっての負の欲望である。企業統合それ自体には価値がなくとも、ともかく、自己の権力を大きく、強力なものとしたいという欲望を権力者はもっている。また、国家権力が統制を簡単なものとするために、民間企業の組織統合を急ぐこともある。とかく、権力者は自己の権力を拡大したがる傾向にある。それは、組織の発展には、極めて危険な考え方である。経済性に対する配慮を欠いた企業統合は、ケイパビリティではなく、リィジディティを強めることと

なる。すでに指摘した企業統合の四つの概念のうちで新たな産業発展と企業成長をもたらすものは、権力欲を除く三種類の統合方式であるものとみられる。

表2. 分野別企業境界の認定と重要事項

(1) 効率との関係性：Boundaries of efficiency
　組織概念：モニタリングの利点とインセンチブの依存した支配のメカニズム
　組織区分：組織内で行われる取引の境界設定
　中心目標：経費最小化
　理論的根拠：法律と制度派経済学
　垂直的統合と水平的境界：交換経費の低減による管理経費の最小化
　境界管理：M&Aによる階層的構造：外注による市場利用
　展望：市場と階層制

(2) 権力の境界：Boundaries of Power
　組織概念：不必要な依存関係の削減に向けた協力関係の促進と権力行使
　境界区分：組織の影響力の及ぶ範囲を区切る事
　中心目標：自律制
　理論的根拠：産業組織論、資源依存論
　分析単位：戦略的依存関係
　統合誘因：依存関係の支配と市場力の統合で戦略的に重要な分野に対する最大限の支配
　　　　　：獲得、雇用による所有関係の形成
　境界管理方式：協力関係、説得などの非所有関係による支配の機構
　未来展望：所有と管理の関係性

(3) 能力の境界：Boundaries of Competence
　組織概念：生産物・市場分野における競争力に関する資源の束
　組織区分：組織により所有されている資源の囲い込み
　中心目標：成長
　理論的根拠：コンティンジェンシイ理論、資源ベース理論
　資源：市場環境に対応して組織の形成する資源の価値を最大化すること。
　対外活動：資源獲得、アライアンスなどの動態的に指向されたケイパビリティの確保
　内部処理方式：製品開発や欠陥の補正による動態的ケイパビリティの確認。
　展望：所有関係と資源の配置

(4) 一体性意識の境界：Boundaries of identity
　組織概念：共同と連帯の意識を強め、その感性を高めるような社会的状況、キズナ
　組織区分：自分達の特色を意識させる有力な一体性の意識
　中心目標：一貫性
　理論的根拠：組織的な同一性を意識させる経営的な意識強化。
　　同一化の属性と特色
　　組織的同一性と関連した組織活動の一貫性
　意識的な活動：組織的なエリートの代替となるような他と区分する明らかなメカニズム
　無意識な活動：イメージに従い、産業の青写真に対応するような構造
　展望：意識的対応、無意識の対応[5]。

第3節　道徳性のリーダー論—バーナード

　組織の意思決定と活動にとってリーダーの役割は重大である。組織論の創始者としてのバーナードは、その主著といわれている『経営者の役割』の中で経営トップの役割の重要性を強く指摘している。経営活動におけるリーダーの倫理性の重大さを再三再四にわたり強調している。特に、その結論では、経営者の資質に関して、道徳性をおいて他に重要なものがないとみられるとその意義を強調する。以下、経営者の役割に指摘された倫理性に関してその意義を紹介することとする。リーダーの育成と選択の重要性を結論として強調する[6]。

1. リーダーと倫理性
　バーナードは、主著の結論において、リーダーの役割と倫理性の意義を指摘している。
（1）　組織の中の従業員間の協働に必要なものとして、三点セット（物的要因、生物的要因、社会的要因）があるという。組織は、参加者の協働のシステムであるが、協働体系の均衡の混乱は、誤った考え方、特にリーダーの判断ミスから生ずることが多い。それは、組織活動の推進に際しては、破壊要因である個人的なひいき、偏見、利害を強めることとなる。公平な判断と活動が組織の健全な発展には必要不可欠なことである。
（2）　組織活動の過誤は、以下の四つの誤謬から生ずるとされる。
　① 組織生活の経済性に関する単純化。
　② 非公式組織の役割を無視すること。
　③ 権威の客観性と主観性を逆にすること。
　④ 道徳性と責任を混同すること。

2. 協働の成功要因としての道徳性
　組織の拡大とメンバー間の協働の増大とともに、組織活動の道徳的複雑性が増加する。それに相応した技術の高度化や道徳性の高まりに対する配慮も求め

られている。
（1）　協働の戦略的要因はリーダーシップにある。リーダーシップは、技術的熟練と道徳的複雑性に対する高い個人的能力に与えられる名称である。リーダーシップとは、そうした高い権威に個人が従おうとする性格が結び付いたものであるとみる。
（2）　リーダーの戦略的要因（重要な役割）は道徳的創造性にある。さらに、リーダーシップは、技術の高度化に依存するが、そうした高度な倫理性をもたらす性格ともなる。
（3）　社会的統治の戦略的要因は、リーダーの育成と選択である。それは、技術の高度化と道徳水準の高度化にバランスをとることである。

3. 機会主義の理論：専門化と倫理性

　組織の反社会性の高まりの要因として、以下の諸点が指摘される。組織を取り巻く環境、意思決定過程、専門化など組織活動を通じた組織運営条件の変化、などである。
　また、倫理を乱す原因として、以下の諸点が指摘されている。
（1）　過去との一体化、伝統主義などによる意思決定
（2）　社会環境の無視による環境の転換
（3）　市場に適合する技術革新と市場開拓の課題などである。

第4節　組織文化論による組織改革—ギデンズ

　人間の組織のなかでの意思疎通の課題を扱う理論は組織文化論である。組織を構成する人間集団の考え方、生き方の最大公約数を代表するものがいわゆる組織文化であり、組織風土とも表現されるものである。組織文化論は、組織の中の重要な主役となるリーダー、ミドル、現場の従業員の間の対応関係を研究対象とするものである。組織の改革には組織の文化とか風土の変革が求められる。組織文化を変えるためには、組織文化論の応用が有力な武器となる。そこ

で、組織文化論の研究を深めて、その成果を踏まえ、より良いコミュニケーションの方向性のヒントを得ることとした。組織文化論は、組織研究の主な武器として、以下の二点が大きな意味を持つ。

1. マクロ・ミクロリンク

　組織文化論は、社会の動きや変化を察知してそれに個別の組織として対応することをサポートする役割がある。社会の大きな変化を組織のなかで確認することと、それを組織のメンバーに伝えて、環境変化の事実を確認させることが重要である。さらに、環境変化に対応して組織の環境対応を推進する準備を整える役割を組織文化論は果たしている。さらに、その変革のプロセスがマクロ（社会的変化）とミクロ（企業間の改革）を連結させる役割を担うものとなることである。

2. パワー・ポリティクス

　組織の変革には、権力の活用が欠かせない。階層制組織の中でのトップの役割を明確にするのが、パワー・ポリティクスである。それは、組織の中での権力の役割を明確にしている。権力の役割の強さを活用することにより組織の変革が可能となる。組織の権力者が組織の規範を提示して、メンバーに討論を要請して、それらのメンバーの間で充分な話し合いを推進することが求められる。そうしたメンバー間で組織改革に関する討論の成果を明確なものとすることが必要不可欠である。具体的には、権力者による道徳律の明示と討論を推進することが合意形成の条件となるものである。そうした前提の上で、組織文化を変革して、組織不祥事を排除しようとした間嶋崇の考え方とギデンズの発想を踏まえた組織改革の方式が参考となる。

　ここでは、日本における組織不祥事の原因を組織文化という発想で観察した業績を紹介する。さらに、組織文化論を根拠に事故や不祥事の原因を解明して、解決策を提案することが求められている。

3. 事例研究：間嶋崇の事例研究対象

間嶋は、以下四つの組織不祥事のケースを研究の対象としている。すなわち、JCO東海村臨界事故、横浜市立大学医学部付属病院事件（患者取違い）、東京女子医科大学病院事故（医療事故隠蔽）、三菱自動車リコール隠し事件、である。

そうした組織で、過去に起きた不祥事の原因と途中経過を確認して、以下のような共通の傾向を指摘している[7]。

4. 常識、慣例に沿う標準化された業務の進め方：慣例、文化、風土など

組織の特定のセクションでは、効率の引き上げに向けた対策で、コンプライアンスを十分に遵守しない方針やそれに違反する方式が提案されて、それが常識となることがある。それが、慣例として定着することもある。倫理や法令に違反することが、一度、組織の慣例となると、従業員は、それに反対することが困難となる。個人は、組織の風土にしたがうことが義務付けられる。組織の中では、利益の拡大に寄与した人間が英雄となり、その英雄の言動が間違っていても、問題の言動がメンバーの行動を支配して不祥事が組織の中に定着する

図5．ギデンズの構造化理論提示（コミュニケーション方式）：構造化の過程

相互行為	コミュニケーション	道徳性	権　力
（様相性）	解釈図式	規　範	便　益
構　造	意味作用	正当化	支　配

ギデンズ（1987年）『社会学の新しい方法規準：理解社会学の共感的批判』而立書房。175頁。筆者が順序を修正。

図6．安全文化モデルを構造化モデルに当てはめてみると…

文　化	つねに更新される意味作用	公正の保たれた正当化秩序	安全志向で柔軟な支配秩序
様相性	マインドフルな解釈図式	マインドフルな規範	マインドフルな便益
相　互行　為	マインドを反映したコミュニケーション	マインドを反映した道徳的行為	マインドを反映した権力行使

注：間嶋崇（2007年）『組織不祥事』文眞堂、161頁。

こととなる。そこで、組織人の行動規範としての組織文化の確認が必要不可欠となる[8]。図5はそうした英雄の言動をメンバーに浸透させるプロセスを提示している。それは逆に、組織の中に正しい言動を定着させるプロセスともなる。

まとめ　組織改革と産業構造──
　　　　ケイパビリティ推進の専門経営者

　本書の第一部では、多くの理論家による日本経済の高度成長を説明するための理論的な材料の提供が試みられた。

　そこで紹介した原著者の提言を筆者が適切に伝えることができたか否かは定かではない。不適切な解説もあるものとみられ、また、筆者の説明力不足であまり有意義な解説とはならなかったことが懸念される。こうした優れた見解を新たな材料として経営組織論の構築と経営の活性化の材料につなげることができるか否かはわれわれ研究者の今後の姿勢にあるようだ。今後の対応ではこれらの見解が経営学に新たな時代の到来を期待させる福音といえそうである。長い間混迷を続けてきた経済学と経営学にもほんの僅かな光明が見え始めているようだ。言葉を代えれば本章で紹介したような研究者の卓見により企業組織の経営を成功させて、産業構造の活性化をもたらす要因の解明が進んでいる。それらは、勿論まだまだ初歩の段階にはとどまるが、それでも経営の成功に向けた組織の性格と組織の変革の有効な方式が解明され始めたのである。以下、本章にて紹介した研究者の重要な提言を整理して今後の経営学の発展の基盤にすることを期待して結論に代えたい。

1. 産業構造の定義としてのティースの指摘する共特性

　産業の発展には新規事業活動の開始と新製品の開発が重要であるが、そこでは、ティースにより指摘された共特性に配慮した企業間と産業間の協力関係が重要な役割を果たしている。新規事業活動の開始や新製品開発に向けた企業間連合に企業組織の発展と産業の活性化、そして産業構造を決定する大きな要因

があるものと理解できそうである。
　また、本書で紹介したが企業間の共特性を体系的に組み合わせることで産業構造の決定要因として新たな定義とされているアーキテクチュアの成立要因が特定化されて新たな社会科学の柱が出来上がる。さらに、企業組織における従業員の組織知の形成が企業の発展を推進することとなる。

2. 人間の知恵を重視する経営学の資源ベース理論

　経営組織の発展には人間の知恵が重要であることがバーニーなどの経営学者による資源ベース理論で明らかにされた。特に、企業組織の発展における能力ある個人の力と知力の意義が解明された。それは、ケイパビリティと命名された組織発展の知恵である。また、それは、アクセス理論での企業組織の効率を高める根源とされているものである。
　しかし、それも行き過ぎれば組織の動脈硬化の材料となる。知識が高度に発展して特定の集団が多くの従業員と対立すればそれはコンフリクトの要因となり組織の崩壊の原因となる。不用意な M&A が問題を拡大するものである。そうした企業衰退要因としてのリジディティの拡大をストップさせて企業組織の動脈硬化を防ぐには社会や市場動向を踏まえてしかも顧客との対話に基づく絶えざる学習活動が基本となる。顧客との対話と顧客の活用が重視される。

3. 専門経営者の企業統治：日本的経営

　前項に紹介した二点は現代の企業経営を成功に導くうえで基本的に重要なポイントである。共特性という組織知の重要性に関連して、それらを経営戦略の決定の基本とすべきとする見解が提示されている。そうした組織知の活用を中心とした理想的な経営戦略の策定は、利益拡大を主たる目的とする株式会社における株主では実現が困難であるという見方もできる。株主は投資した資金と利益の回収にのみ熱心であり経営のおかれた社会性には十分な配慮はできない。彼らはどうしても自分の投資した資本の回収を優先する。そうした意味では株主の立場をより冷静に確保しようとする専門経営者による経営戦略策定に

おける優位性が確保されるものとなる。現在は日本の大企業における従業員よりあまり評判のよくない専門経営者ではあるが、彼らの過去における日本大企業における活躍が再点検されるべきである。経営統治の成功が企業の推進した組織知の成果としての利益確保にあるとすれば専門経営者こそ社会性を備えた企業の統治者として相応しい人物という事になる。そうした観点からの専門経営者による経営戦略に対する役割の評価が期待される。

(1) 専門経営者と裁量権

　株主の利益を過大に配慮することは不必要なことである。多くの分野、そのほかのステイク・ホルダーの要請に応じた経営戦略を採用することが専門経営者のガバナンスによる企業経営の特色である。それは、わが国の1960年代から80年代に活躍した経営者の残した大きな業績といえる。社会情勢の変化に対応しつつ、多くの企業関係者の要望に応える適切な経営戦略を採用する自由度を日本の企業経営者が有するものとみる。そこでは、設備投資は、経営者の裁量で実施することができる。利益率の低い機械工業の製造活動も可能となる事であり、研修活動に経営者の力がそそげることを意味しているようである。

(2) 共特性を発揮した専門経営者

　経営の成功、企業活動の拡大という課題の達成を迫られた専門経営者の企業統治を中心とする日本の経営では、それ以前に比較して、利益拡大のみを迫られた株主中心の企業統治方式に比較してより自由な経営戦略を採用することができたものとみられる。そこでは設備投資の拡大とそのための資金調達と他企業との系列を超えた取引も可能となった。ティースの指摘する投資の成果を専有するということのために共特性が確保できた。さらに、ジャコビデスの指摘する垂直的統合からはやや距離をおいた形態での他企業とのアライアンス戦略も採用できた。そのうえ、垂直統合だけではなく企業間の平等な協力関係の上でのビジネスの展開も可能となる。専門経営者は株主に比較してより広範な経営戦略の採用が可能となったものとみられる。

注釈

(1) Collis, David, J and Montgomery, Cynthia, A., 1998, *Corporate Strategy: A Resource Based Approach*: McGraw-Hill Companies, Inc.
　　根来龍之他訳（2004年）『資源ベースの経営戦略論』東洋経済新報社。第5章（165〜213頁）、210頁。

(2) Santos, Filipe M and Eisenhardt, Kathleen, M., 2005, Organizational Boundaries and Theories of Organization, *Organization Science*, Vol.16. No5, September-October, 2005, p.493., pp.503-504., pp.503-504.
　　影山僖一（2004年）『消え行く企業境界と企業間組織：反チャンドラー革命と企業系列論争』千葉商大論叢、第42巻第3号、2004年12月。

(3) 影山僖一（2013年）『不完備契約論と専門経営者による企業統治—情報共有という観点からの人的資源支援』千葉商大論叢、第51巻第1号。2013年9月。
　　Blair. Margaret, M., ed. 1999, *Firm-specific Human Capital and Theories of Firm in Employee and Corporate Governsuee*, Brookings Institution Press.

(4) 本稿は、組織の中のパワーの研究の始発点となる。一層の研究には二つの方式がある。一つは、階層制とパワーの関係性の研究である。他は、情報収集や処理方式とパワーの関係性を探求することである。双方の研究でより深いパワーとそれに対するアプローチの観察に到達する。
　　谷口和弘（2002年）「企業の性質と不完備契約論」三田商学研究、第45巻第3号、2002年8月。

(5) Santos Filipe, M and Eisenhardt Kathleen, M., 2005, Organizatinal Boundaries and Theories of Organization, *Organization Science*, Vol.16, No.5, September-October, 2005, pp.493-494.

(6) バーナード・C・I著、山本安次郎他訳（1968年）『新訳・経営者の役割』ダイヤモンド社、第18章結論。

(7) 間嶋崇（2007年）『組織不祥事：組織文化論による分析』文眞堂。

(8) ギデンズ・A著、松尾精文他訳（1987年）『社会学の新しい方法規準：理解社会学の共感的批判』而立書房。

第二部

日本経済の発展と停滞要因

第四章
時代の大転換と日本の社会経済

はじめに　日本的経営の復権と経済再生

　日本経済は、1955年より25年余りもの長期間、年率約9％の高度な経済成長を遂げて、国民総生産は4兆ドル余を記録した。そうした高度な経済発展という光り輝いた貴重な時代をもたらした背景と要因を点検して、同時に、その際に出現したとされているいわゆる［日本的経営］といわれるものの実像の一端を再点検しようとするのが第四章の目標である。それは、わが国が再度、経済成長を取り戻すための政策を考える際の出発点をなすものとなる。過去の経済発展の背景をなす要因を研究することなしには未来は語れない。本章は日本の高度経済成長の原因を関連する歴史観、理論、政策観から解明して、経済再生の参考とすることにある。

(1) ウォーラステイン［近代世界システム］からの近世の日本理解

　近世を観察するために有効な歴史観は、ウォーラステインに代表される近代世界システムの観察にある。その発想は、パックス・ブリタニカ、パックス・アメリカーナ等に代表される海の時代としての16世紀から20世紀の近世に関する独特の捉え方である。16世紀よりの大航海時代には経済発展により資本主義経済の近代化と組織化が急速に進展した。複雑となった資本主義における経済取引に関する理論は、ポーター、ウィリアムソン、ティースなどの研究者により解明されることとなった。

　経済理論の焦点は、自由市場から組織化された経済取引の意義を解明したウ

イリアムソン、企業間協力の共特性とネット・ワークの意義を指摘したティースの発想にある。さらには、企業経営の発展に寄与することとそれを政策の具体的な目標とすることを推奨して特殊な産業政策を強調したポーターの理論が現実を忠実に説明している。また、企業経営における経営者のイニシアティブに代表される階層制の効用を指摘したバーナード、サイモン、ファヨールなど第一章から第三章までに紹介された理論により、高度経済成長の要因が解明される。

そこで、最初に、ウォーラステインの指摘にある海の時代の最終局面に位置する時代背景を担うものとして、日本的経営の最盛期である 1955 年よりの 25 年間を日本史の第三の黄金期として記述する。黄金期とは、国民の人権回復に向けた改革が行われ、社会の近代化が推進された時期のことである。

ここでは、近代社会の発展要因として、海洋航海の発展と経済交流の推進を近代社会の発展要因として解説したウォーラステインの発想に基づき、日本の近代史を解説する。その上で、人権の回復と両立する経済運営を目指すことを意図した日本的経営の意義を確認するものとする。今後、再び、日本に高度経済成長を取り戻すための政策を考えるうえでの材料を提供することも意図されている[1]。

(2) 人権論からの戦後日本の解説

そこで、第四章は、近代歴史観、人権論、共特性のネット・ワーク組織論、企業と産業支援の経済政策論を統合したうえでの太平洋戦争前後の日本経済環境を解明して、20 世紀後半における日本経済発展の意義を説明する。ここでは、当初に、太平洋戦争敗戦後の財閥解体直後に登場した従業員出身の日本の大企業における専門経営者の推進した日本経済の高度成長の意義を確認する。その後に光り輝いて、日本的経営をもたらした企業統治の意義を点検するために、その世界的な環境の変化を背景とした日本の歴史を観察する。これにより、戦後の日本企業における株主権を超えた専門経営者登場の役割をそれ以前の状況と比較して、その意義を歴史的に確認するものとする。20 世紀の時代背景を

確認した上で、1930年代の日本の軍事経済体制の意義を提示し、その背景となる日本社会の利権構造を確認する。そうした手続きを経て、日本経済の高度成長の意義を確認し、さらには、日本的経営発展の背景を探るものとする。

第1節　20世紀という時代—海時代から陸時代

　近世は、1492年のアメリカ大陸発見を契機とする大航海時代から始まるとされている。西欧の狭い土地に閉じ込められて、キリスト教の教義に従い、過去の慣習を守り、静かに生活することを求められた中世時代の人間に対しては、16世紀以降の大航海時代の到来とともに新世界に飛び出して新大陸での活躍の機会が訪れる。そこでは、従来の静かで単調な生活を一転して大陸に渡り、新たな経済活動を中心とする人生が展開される激動の時代が開始された。そうした時期が近世の特色である。まさに海の時代の到来となり、そこから、イギリスの産業革命を経てアメリカの時代の最後となる20世紀末のグローバリゼーション時代の到来に繋がる事となる。

(1) 大航海時代と英国中心の近代社会

　海の時代を制覇した覇権国は、16世紀に軍艦を建造し、大砲を装備して七つの海を制覇したイギリスである。この大艦巨砲主義の推進は、ヘンリー八世からエリザベス一世に引き継がれ、世界随一のイギリス海軍が活躍する。その上で、18世紀には産業革命が推進されて、世界の工場としてイギリスの世界覇権が確立する。イギリスの覇権は19世紀にはアメリカに引き継がれて、やがてアメリカは20世紀にはモータリゼーションで世界の先頭を走る事となる。かくて、20世紀の末までイギリスとアメリカが世界のリーダーシップを握る。英米両国による世界秩序が19世紀、20世紀の世界を支配してきた。そうした大きな歴史の流れに逆らう試みは、失敗をすることとなる。

(2) パックス・アメリカーナを無視した日本の悲劇

　こうした世界の大きな流れを無視して、日本は歴史から消えた旧ドイツであるプロシャ帝国の憲法とシステムを模倣し国造りを進めて、20世紀の前半には太平洋戦争を引き起こし、日本国民に対して大きな悲劇をもたらした。特に、見逃してならないことは、海の時代を支配した英米両国の人権思想である。近代資本主義国家の建設と運営は、人権尊重での国造りを特色とするが、20世紀には、そうした人権尊重の思想をアメリカが強く推進してきた。特に、植民地拡大活動にアメリカは強く反対して、人権尊重の先駆けとなる。19世紀にはアメリカは外交分野で不干渉主義を貫いたが、20世紀には一転して、植民地主義に反対し、人権尊重の姿勢に転換し、外国にもそれを強制してきた。こうした世界の覇権国であるアメリカの世界戦略を無視して軍事化とアジアの植民地化を推進してきたことに日本の悲劇がある。近世の歴史的背景を考えることで、太平洋戦争の敗戦とその後のアメリカによる日本の民主化措置の意味が判明する。近世の海時代の末期にアメリカの人権尊重政策を背景に登場してきた日本の高度経済成長の意義が解明される[(2)]。

1. 経済活動のグローバル化

　大航海時代は、人間が世界の海を航行して各国々民の間の国際交流が進展したが、その動機は交易と利益の拡大を求めた経済財の交流拡大にある。こうした経済的な利益の追求が契機となり、人間の世界全体への移動が促進されて、人材のグローバル化が進展する。人間の交流を通じて、経済制度とそれを基盤とする資本主義経済活動が世界をつなぐこととなる。こうして経済活動と利益の拡大を目指した資本主義制度が世界に浸透した。

(1) 英米覇権の世界秩序と後発国日本

　海の時代の継続した約500年の世界史をみると、リーダーとなったアメリカ、イギリスの英米両国の意図が実現し、彼らの理想と相反する方向を指向した勢力はその意図を打ち砕かれることとなった。経済活動においても、海上輸送を

通じた国際化が進展し、英米方式の経済取引が進展した。近代資本主義社会では、英米の先進国に対抗して、19世紀から20世紀にかけて、ロシア、ドイツ、日本などの新たなパワーが登場して、英米と覇権争いを行う。しかし、20世紀末まで、海の時代の覇者である英米方式に対抗して覇権を争うシステムは全て敗北するものとなる。

　16世紀以降の近世の歴史においては、覇権国である英米のリーダーシップに配慮することなしに、歴史的な出来事を語る事は出来ない。また、多くの歴史的出来事を理解するためには、英米両国の意図の解明なくしては困難である。日本の歴史に関する評価も例外ではない。明治維新、軍国主義体制、昭和恐慌と軍事化、植民地経営、太平洋戦争後等の日本の秩序形成と行動のすべてが失敗した事実とその背景を解明するには、近代世界の覇権国であった英米の戦略を解明することがなければ、困難である。

(2) 16世紀イギリスの海軍力と17世紀のフランスの資本主義革命

　日本社会が封建制度に後退していた時期に欧州は、近代化を進めて、軍事大国となり、アジアの植民地化を推進する。16世紀末に、イギリスでは、ヘンリー八世が大砲を開発し、それを船に搭載して、スペインの無敵艦隊と対決する準備を始めており、商業と外国貿易を中心とする国造りが開始されていた。18世紀末には、フランスでは市民革命がおこり、封建制度から資本家による資本主義革命が行われていた。すでに、欧州諸国は、200年も前に近代資本主義革命を遂行し、軍備拡大を推進してアジアの植民地化を進めてきた。日本の植民地化を意図して来航したアメリカの軍艦である黒船の到来により日本の開国がはかられて、明治維新が遂行されることとなる。

2. 第二の黄金期：明治維新

　人権尊重という観点からみた近代日本の第一の黄金期は織田信長による楽市楽座を中心とする自由な市場経済体制のもとで実現する。

　日本の第二の黄金期は、1868年の明治維新以降の10年間とみられる。明治

初期の短い10年間に、国民の人権の回復が期待されていた。しかし、それも中途半端な改革に終わることとなる。農業にこだわり、封建制を維持しようとした徳川幕府を武力で倒した天皇を頂点に据えた薩摩、長州、土佐の連合政権による新たな国造りが、19世紀末にようやく日本でも行われた。農業国からの貿易立国としての新たな国造りの試みがなされた時期である。しかし、これも、中途半端な結果に終わり、農業地主の特権を残し封建制度の慣行を残存させた間接民主制で、国民の自由裁量権は極めて僅かなものに制限されてきた。日本の改革は、直接民主制による近代資本主義化に向けた欧米諸国の改革とはほど遠いものであった。

3. 第三の黄金期：日本的経営の開花する時代

　第三の黄金期は、明治維新の約80年後の1950年代に訪れる。日露戦争に勝利して、奇跡の発展を続けた日本では国民の人権を強めるための改革はなされないままに太平洋戦争に突入した。敗れた日本軍の敗戦処理を実行した米国中心の占領軍は、日本の民主化に向けて、軍閥解体、財閥解体、教育改革を断行した。日本人が二度と戦争を起こさないように配慮した民主主義的改革である。

　軍閥を解体し、武器を没収し、さらに軍国思想とは反対の主権在民の憲法を制定し、労働組合運動を奨励して、日本人の民主的活動を支援した。また、間接民主主義のままに国会を開設した。さらに、財閥解体を行い財閥の当主を追放し、幹部も公職から排除した。

　そこで、太平洋戦争後の民主化措置の多くは、占領軍による上からの押し付けではある。旧来の封建制度に対する太平洋戦争後の民主化措置の多くは、占領軍により推進されたものではあるが、半封建制国家であった日本に国民主権を定着させた米軍の功績は大きい。日本国民のなしえなかった人権の回復を占領軍が実施した功績は大きいものと評価される。自国の人権回復を国民の力で実現出来なかったことは、日本人の大きな反省材料となる。かの明治維新の英雄である坂本龍馬も西郷隆盛も、国民主権の政治システムを目指したが、その志半ばで倒れている。日本の民主化に向けた措置という面では、アメリカ占領

軍の功績は大きい。ただ、太平洋戦争後のアメリカ占領軍の政策も、道徳教育の排除、官僚改革に対する見過ごしなどで、改革は不徹底なものにとどまることとなる。歴史をたどると、日本国民はアメリカに対しては、多くのことを負っているようだ。

第2節　株主から専門経営者への企業統治転換

　太平洋戦争後のアメリカ軍の民主化措置で、日本経済は新たな船出となった。そこで、見逃せないのは米国占領軍による財閥解体の成果としての日本の大企業の中に登場した従業員出身の専門経営者の活躍である。彼らは、株主ではなく、企業内部の従業員から昇進した経営者であるが、終戦後の資金調達難の中で、従来の間接金融方式から直接金融方式に転換し、旧式設備の更新に向けた設備投資を行い、日本の経営を成功に導いた。財閥の当主も、その番頭格の有名な財界人もなしえない偉業であったものとみられる。

(1) 直接金融方式の推進
　専門経営者は、従来の間接金融による資金調達方式から増資と社債の発行による直接金融方式で資金調達を計り、大株主の発言権を封ずることに成功した。会社の取引先である部品企業、販売業者などに株を持たせて、株主の小口化を実現して、専門経営者の権威を確立する一助とした。

(2) 石油危機と日本的経営の崩壊
　その後の石油危機、バブル崩壊などで、日本企業が危機におちいる中で、徐々に外資の力に屈することが重なるなどして、専門経営者の力が減退してきた。問題は、株主の復権であるが、それは、高い利益と高配当にこだわる株主の意向に配慮する必要のない専門経営者の経営戦略に一つの大きな制約を課したことである。外資や株主の意向に対する配慮は、経営者の自主権を奪い、高い利益やときには、反社会性の事業活動を強いられることとなり、組織の反社会的

活動を強める。内部昇進の経営者の自由裁量権を高めることは、従業員の立場に対する経営者による配慮を強め、従業員による組織防衛の意識を高めて、企業不祥事の防止にもつながることである。株主ではない、またその代理人でもない、従業員出身の専門経営者の登場と活躍は、資本主義社会の新たな発展の可能性を切り開くものとして大いに注目されたのである。その活躍が日本経済の未来の発展を約束する。第三の日本の黎明期に登場した専門経営者の活躍を高く評価し、その活躍を強く願うものである。

21世紀には、海時代の前世紀とは異なる時代が到来している。それは、陸の時代とされている。本書の記述が、陸時代への移転に際して経済と経営の実態に関する理解の参考となる事が期待される。

1. 海時代の終り：その象徴としての日本的経営

中世を終わらせて近代世界を切り開いたのは、アメリカ大陸の発見と、新天地を求めた大航海時代である。イギリスのヘンリー八世から引き継がれた大艦巨砲主義でエリザベス一世が世界制覇の基礎を形成する。そのイギリスの覇権で明確となった海の時代が、20世紀末まで世界を支配する。その時代には経済活動が世界の全体に浸透して資本主義経済が花開き、高度な発展を遂げる。1970年代まで継続する海の時代の覇者、イギリスとアメリカの覇権が継続した。20世紀の前半は、海の時代の代表であるアメリカの世界覇権が続き、それを基盤に20世紀の後半には日本経済の発展がみられた。

2. 陸時代の方向性：日本的経営

1980年代からは、石油価格の高騰で、大量生産が衰退しアメリカの海の時代が事実上終わり、日本の時代にも黄色信号がともり、中国を中心とする陸の時代に突入するものと解釈されている。燃料、原料としての石油が安価で大量に使用することができた時代が終焉して大量生産の時代が終わるものとなる。1980年代からは、石油の高騰で、大量生産が衰退しアメリカの海の時代が終わる。中国を中心とする陸の時代に突入して21世紀は中国中心の陸の時代が

訪れる。日本的経営は、海の時代の最後に出現した、経済的な覇権者の姿といえるであろう。

第3節　1930年代体制―軍事社会システムと日本社会の宿命

　昭和初期に、日本が世界大戦を引き起こして、世界の平和を攪乱した原因は、人権と平和指向という明確な国家目標を欠き、明治中期の戦時体制へ傾斜したことにある。さらに、海時代のアメリカの覇権国としての力を過少評価して、アメリカを敵国としたことも被害を拡大した。アメリカの力の源泉を人権尊重にある事を見逃したことも日本指導部の大きな欠陥である。米国工業力の過小評価のみではなく、アメリカの人権思想の意義を無視したことに大きな誤りがある。19世紀に海外に対しては不干渉主義を貫徹したアメリカ外交が20世紀になり、大きな転換を遂げた事実にも注意を向けなかった。日本の軍事化と植民地拡大、その基盤となる人権軽視の日本帝国主義に対するアメリカの憎悪とそれを制裁するためにアメリカ人が使命感に燃えていたという事実に注目することが肝要である。

(1) 人権思想軽視の欠陥
　さらには、明治維新の目標が中途半端で、国民の権利意識が希薄であり、官僚である役人の指導部の陰謀に、国民が騙されたことを指摘し、今後とも、そうした傾向の復活する可能性が高い事を警告したい。人権尊重という明確な目標を持つ明治維新の功労者である坂本龍馬、西郷隆盛などの傑出したリーダーの理想がその後継者に受け継がれなかったことも日本国が迷走した大きな原因をなすものとみられる。ともかく、日本が明治の中期に迷走して、戦争体制に突入して、世界に迷惑を掛けた日本社会の背景が注目される。

(2) 維新理想の忘却

　また、明治維新の目標があいまいであったことも問題となる。ついで、日本国民が、その権利、人権重視という近代民主主義の理念に目覚めていなかったことも大きな問題である。さらに、人権思想が社会制度に反映されているフランスの社会経済体制を模倣することなく軍事大国を目指したプロシャの社会体制の発想が日本の憲法に謳われたことである。いわば人権思想も制度も日本社会に定着していなかったことに注目すべきである。国民の権利を最大限に活用した国民生活を重視する政策も実施されることが日本では未だかってみられない。人権と生活重視の思想と制度の未発達が日本の軍事社会化の大きな背景をなす。ここでは、日本国迷走の背景を細かく観察するものとする[3]。

1. 失敗の元凶：国家百年の計を欠き平和と人権の意識なし

　明治期の後半には、明治維新の明確な国家目標の薄れたことが近代平和国家としての理想と権威を失い軍事経済体制に転身する契機をなした。国家の目標と理念を失ったことで、現実の世界情勢に対する妥協策が多く、平和と人権擁護に向けた一貫した国策を維持することを困難とした。

　明治維新の本来の目標は、国家としての日本の真の独立と関税自主権の回復にある。明治政府の大きな国策は、黒船来航の直後に幕府が結んだ先進国列強との不平等条約の改定にあった。幕府の結んだ外国との不平等条約の改定を科学技術の振興と国防力の強化による独立の確保が目標とされた。科学技術の振興と殖産興業による富国強兵という手段は、日本の独立を推進するための不可欠の手段であった。しかし、独立という目標は、明治30年頃にはほぼ達成されている。日本の目標は不平等条約の改定、独立した近代国家建設である。明治政府は、それ以外の目標が明確ではなく、日本国百年の計が立てられずに迷走したものである。こうした、明治30年代以降の国家目標が不明確であったために、20世紀に入ると、日本社会は戦争経済体制に突入して、植民地拡大という迷路に突き進むこととなる。

(1) 半封建制度のプロシャ憲法摸倣の失策

　日本の明治維新における国策の誤りの根本的原因は、明治5年の遣欧使節団の訪欧と日本の政治体制を確立するための政治体制を模倣した国家選択の誤りにある。半封建国、軍事大国で欧州の覇権を目指したプロシャ（旧ドイツ帝国）の政治と憲法の摸倣である。国民の権利の拡大と生活重視という観点からは、人権の確立したアメリカやフランスなどの国民の権利拡大を尊重する国々のシステムを重視すべきであった。国民の権利拡大が行き過ぎて、血なまぐさい革命を経験したフランス革命の出来事を嫌う大久保利通は、フランスの政治体制や憲法を軽視し、プロシャの社会体制と憲法を日本に導入して、天皇を日本支配の中心とすることを考えた。国民の権利を抑圧した社会体制の下で、国民の権利拡大に向けた運動は盛り上がりを欠くこととなるのは当然のことである。自由民権運動も明治23年の国会開設と同時に衰退して、次第に政党政治に引き継がれる。しかし、その政党も国民の権利を拡大することを目標とする活動が弱く、経済界などの権利拡大を意図した政党が伸びることとなり、さらには平和や国民の権利拡大を目標とする政党の力が弱いままに放置されて、とうとう、昭和初期の経済恐慌と同時に消滅する。プロシャの政治制度模倣は大久保利通の決断によるとされている。彼は10年後には日本の政治制度をより近代的な英米方式に転換する計画であったと伝えられている。西南戦争終結直後に、大久保が暗殺されて、日本の人権回復は太平洋戦争敗戦による米軍の改革まで実現しなかった。

(2) 官僚国家として国策の過誤連続

　拝官主義、中央集権制度、官僚国家が日本の徳川政権では強化されたが、そうした三つの制度は明治期にも継続している。天皇主権の憲法、国民の権利の基盤に立たない議会開設、軍国主義拡大が日本では推進されていた。徳川幕府を軍事力で倒して、四民平等を勝ち取っても、拝官主義と官僚国家としての特色は、その後も一貫して継続してきた。21世紀に至っても、依然として日本国の指導権は、官僚が握っている。官僚が日本のリーダーとして国策を決定し

てきた事実は明治中期の軍事体制、さらに敗戦後も一貫して継続している。日本の軍国体制は官僚と官僚でもある軍人により推進されており、日本のリーダーが官僚であることには変わりはない。官僚主義の国民に対する弊害は数え切れるものではない。

(3) 帝国議会開設後の軍国主義、天皇支配

わが国は、明治25年（1893年）頃より、対アジアの戦争、植民地経営へののめり込み、その後の植民地拡大政策が推進される。その後、明治末期、大正の後半、昭和恐慌克服策に向けて軍事化が一層推進されて、それが1930年代体制を強化する。

(4) 本格的な日本のリーダー育成なし

江戸時代のような武士階級という本格的な国家リーダー（武士という不労所得階級）が消滅した事実を踏まえて、明治時代には、国家運営の本格的なリーダー育成が急務であった。しかるに、日本ではそれを怠ることとなり、戦争体制にのめり込むこととなる。主権在民、人権尊重、自由、平等、世界平和、生活大国という国家目標を確認することが肝要である。また、本格的な国家リーダー不在が悲劇を招いたことを深く反省することも日本人にはいま、強く求められている。

2. 多面的な要因による日本の迷走

明治時代の初期は徳川封建制度の改革ということでわが国では、多くの改革が行われた。特に、身分制度の払拭を目指して、立身出世主義が風潮として蔓延した。当初は、明治維新のリーダー役をになった薩摩、長州の出身者が社会のリーダーとなった。そうした郷土閥に対抗して、多くの人材が高い位置を目指すこととなる。なかでも、薩長閥に対抗する東京六大学の出身者が、立身出世の先頭を切る。郷土閥の衰退した後は、学閥が日本社会における人材の自由競争を妨げる弊害となる。学閥の排除と官僚や財界人ではない本格的な国家の

リーダー育成が、国民的な大事業となってきた。

3. 昭和初期の軍事化の急激な進展：国家建設理念の間違い

　本来は、資本主義の進展に向けて、市民革命（営業自由、労働者権利拡大の方向）を推進すべきところを明治政府は、市民権抑圧、軍事化、植民地経営権拡大という間違いを起こす。国家権力者にとり麻薬同然の植民地拡大、他民族支配、抑圧、軍事化という大きな過誤に陥った事が国の腐敗を生み出す。その元凶は以下の要因によるものである。

（1）　本来、わが国では人権意識は希薄であり、植民地拡大に向けて軍備拡大の誘惑がきわめて強かった。また、市民の人権尊重すなわち営業の自由、平等などの市場取引拡大のシステムが未整備であった。

（2）　配慮すべき事実としては、江戸時代の株仲間（同業組合）因習の伝統、カルテル規制が強い事である。それは供給業者の利益構造として定着した。

（3）　外国情報に対する無頓着であり、外務省の日本国のための情報収集力弱体化による権威低下が日本国の大きな暴走の一つの契機をなした。

（4）　1930年代体制という軍国主義社会の構築に向けた軍事官僚のよこしまな意図を見抜けない一般国民の軍国体制に対する無神経さが問題となる[4]。

まとめ　日本経済の再建策提案—ケイパビリティ論と経営再建

　前世期末から停滞を続けている日本経済は、新たな世紀に入ってさらに低迷の度を加えている。経済活動の基本をなす企業組織の活動が弱く、そこで産業活動にも活気がみられない。企業活動の低迷を打破する手段として、企業間のアライアンスと企業統合とが盛んに行なわれている。また、日本経済再建の手法として多くの戦略が提示されているが、ほとんど意味のない提案に止まってきた。問題は、20世紀後半に日本の高度成長をもたらした経済環境が失われており、工場建設や設備投資が外国に移転していることである。

わが国にける高度経済成長の要因を正確に分析したうえで、その挫折を招いた要因を解明して、再度の経済成長政策の提案を行なうものとする。

1. 太平洋戦争後の日本経済の推移と成長要因

日本における高度経済成長の推進因は、その末期である 1980 年代に登場したポーターとその後継者とみられるティースなどにより提唱された学説により、より良く説明される。ポーターの価値連鎖による生産活動、販売活動などの事業推進におけるタテの連携性、ティースによる事業活動を推進するための経済資産の利用によるヨコの企業グループ間の提携である。それらの理論は、ネットワークを賢く活用した理論的な成果と解釈される。

(1) 日本企業の事業活動、企業グループ化

高度経済成長は、多くの企業が彼らの事業活動に沿うパートナーを国内で選定して、同一の目標に向けて緊密な協力を行なったことにより推進された。ティースの指摘する事業活動における共特性、補完性を十分に活用し事業参加者がともに栄えることができた。高度成長期の経済環境を取り戻し同様の企業間ネット・ワークを駆使することが肝要だ。

(2) ネット・ワーク重視のティース説

企業組織間、産業間統合の背景をなす要因を解明しているティースの提唱するケイパビリティ論を重視し、そのうえで、価値連鎖の意義を解説したポーターによる産業構造仮説の意義を SCM 説（Supply Chain Management）と関連させて活用したことが、太平洋戦争後の経済成長の推進要因とみられる。ポーターによる価値連鎖論こそ競争する産業間の競争戦略の優劣の背景をなすものだ。それは、研究開発から販売活動までの一貫した事業活動を把握し推進して、日本の自動車業界の発展要因を説明するものである。

(3) 企業の持つ資源の相互補完性と企業境界

　企業の組織としての特色や存在理由は、企業の持つ資源の価値にある。そこでは、企業の持つ経済資源の活用とか、企業間の情報交換による経費節約が企業統合の背景をなす。

2. 高度経済成長要因とネット・ワーク

　1955年より約25年間、日本では、年率約9％もの高い経済成長を実現した。結果として日本の国民総生産（GNP）は4兆ドルを超える水準までの急速な経済の発展が記録された。そうした高度成長の主たる要因は、製造業を中心に多くの企業で設備投資が行なわれて、産業相互に需要を造り出したことにある。そこでは、事業活動に深く関連する企業グループが緊密に連携して情報共有を計り、相互にネット・ワークを強化して事業活動を推進したことにある。事業活動（設備投資）は、ポーターの提案する価値連鎖に沿い、多くの関連事業活動を推進して、事業活動の共特性を維持してその成果を付加価値として収受した成果とみられる。その代表例がクルマ産業のトヨタ自動車であり、設備投資を推進する中心の企業であるトヨタに対する関連企業の協力で、関連企業間の共特性が築かれた。投資計画に際しては、開発、投資、部材調達、製造、販売のほとんど全ての活動をトヨタなどの事業活動を推進するグループの中心をなす企業とその企業と関連企業が収益を共有してきた。正に、事業活動における共特性を関連企業が収受して企業の発展で高度成長を実現してきたといえる。

3. 経済停滞期

　1990年以降における日本経済の停滞は、高度成長期とは反対の事業活動を遂行した結果として、悪循環の累積で経済の停滞を招いたものとみられる。1990年代以降は、共特性に配慮した企業活動、産業活動が失われたことが経済停滞の要因である。まずは高度成長の末期には対外輸出が拡大して、その結果、大幅な円高が到来した。結果として、日本企業がわが国労働者の高い賃金

を嫌い海外における設備投資を拡大して、国内の産業の空洞化が生じた。さらには、国内の労働者が厳しい労働条件を嫌ったことも、産業の海外投資に拍車をかけた。円高と海外投資拡大、国内産業の空洞化（円高のみでなく、賃金高騰、従業員能力不足）が深刻な問題となり、国内の経済停滞が継続した。そうした状況に加えて、日本の経営においては、経営戦略眼を備えた経営者が退任して、職場の改革を嫌う従業員とのなれ合いを好む管理職が増殖し、能力の低い管理職の取締役への昇進が行なわれてきた。その結果、日本の経営は、大きな事業戦略の転換を図る経営者が減少して、ますます衰退の度を加えてきた。

4. 経済成長政策提案：ポーターの価値連鎖、ティース共特性

経済成長の復活には、高度成長期の要因を再確認して、同時代の経済運営を踏襲することが求められている。そこでは、ポーターの『競争優位の戦略』に提示された価値連鎖、ならびに『国の競争優位』で提案された企業経営の成功を目指す経済政策の推進が参考とされるべきである。さらには、ティースにより示唆されたケイパビリティに基づく共特性を尊重した産業連関の経済運営が求められているようである。

企業活動では、産業間におけるタテ、ヨコ、ナナメの企業間連携、産業間連携と政策目標のシステム整備が求められている。タテの系列では価値連鎖、すなわち開発、調達、製造、販売、使用等の事業活動の特定企業によるすべての活動把握が求められている。ヨコでは、製造業に加え非製造業育成が必要とされている。すなわち、IT（情報通信産業）、金融、観光業、人材育成（世界一の大学構築提案）などの全ての産業の均等な発展が必要とされているようである。さらに、ナナメ方向の対応としては、適正な産業政策の推進が求められる。単なる機械工業中心のターゲット産業の育成を重視してきた産業政策に大胆な改革を加えて、企業活動の好成績を意図した大きな支援活動を行なうとともに、関連する市場、供給力、クラスター産業（中小企業、地方経済）の整備を進めることが急務となる。

これに関連して、事業活動全体を網羅的に推進するイベント・コーディネ

ター（シンボリック・アナリスト）を数多く育成することが日本経済の復活と再建には急務となってきた。企業経営の成功には、こうした事業活動を全般的に、しかも長期にわたり見通して、最後まで責任を負うリーダーの育成が急務となってきているといえそうだ。

わが国では過去にはフランスのように、国を挙げてのリーダーの育成を行なったことはない。次世代リーダーの育成は日本にとって喫緊の課題である。

注釈

(1) ウォーラーステイン・I・M 著、北川稔訳（1981 年）『近代世界システム：農業資本主義と［ヨーロッパ世界経済］の成立』岩波書店。

(2) 岡崎哲二（2002 年）『経済史の教訓：危機克服のカギは歴史の中にあり』ダイヤモンド社。

ピオリ・M・J、セーブル・C・F 著、山之内靖他訳（1993 年）『第二の産業分水嶺』筑摩書房。

ドーア・R・P 著、山之内靖・長易浩一訳（1987 年）『イギリスの工場・日本の工場：労使関係の比較社会学』筑摩書房、初版、xii 頁。

官島英昭（2004 年）『産業政策と企業統治の経済史：日本経済発展のミクロ分析』有斐閣。

(3) 影山僖一（2004 年）「消え行く企業境界と企業間組織：反チャンドラー革命と企業系列論争」千葉商大論叢、第 42 巻第 3 号、2004 年 12 月。

Lamoreaux, N R, Raff, D M A. and Temin, P., 2003, Beyond Markets and Hierarchies, *The American Historical Review*, Vol.108, No.2. April.

Chandler, Alfred, D, Jr, 1964, *Giant Enterprise. Ford, General Motors and the automobile industry*, Harcourt, Brace & World.

Langlois, Richard, N., 2001, The Vanishing Hand, *Industrial and Corporate Change*, Volume12, No,2.

(4) 青木昌彦（2008 年）『比較制度分析序説：経済システムの進化と多元性』講談社。

鈴木竜太（2007 年）『自律する組織人：組織コミットメントとキャリア論からの展望』生産性出版。

影山僖一（2015 年）「創業経営者によるダイナミック・ケイパビリティ：日本的経営論に対する経済学理論による検証」千葉商大論叢、第 53 巻第 1 号（2015 年 9 月）。

影山僖一（2012 年）「専門経営者による企業統治の功罪：情報共有としての日本的経営の再点検」千葉商大論叢、第 50 巻第 1 号　2012 年 9 月。

16 世紀の大航海時代から 20 世紀までを海の時代とする発想に対して、21 世紀を陸の

時代とみる見解が提示されている。同時に、そこでは、資本主義の機能する形態の大きな変化を予告する。それは、中国の台頭と米中による世界経済覇権の可能性を示唆するものである。以下の著作を参照して頂きたい。

水野和夫（2011年）『終わりなき危機．君はグローバリゼーションの真実を見たか』日本経済新聞出版社。

榊原英資・水野和夫（2015年）『資本主義の終焉、その先の世界：「長い二十一世紀」が資本主義を終わらせる』詩想社。

影山僖一（2014年）「中国の経済発展と日本の進路：中国社会からみた日本の社会経済体制変革提案」現代社会研究（東洋大学現代社会総合研究所刊）第12号。

第五章
日本の法人資本主義構造

はじめに　経営支配権の構造と産業発展

　第二次世界大戦後においては、経済の発展は国ごとに多様であった。戦勝国の経済成長が緩やかであったことに比べて、敗戦国である西ドイツと日本の経済復興は急速であり、さらに、1960年代には、日本は高度な経済成長を達成した。特に、日本においては、50年代後半からの数量的な高度経済成長と70年代以降の石油危機後における質的な経済発展とがみられた。その要因と背景とをめぐっては、多くの解釈が提示されている。しかし、いずれも充分な説明とはなっていない。

　日本の経済発展には、企業活動における他企業との緊密な提携関係がみられる。いわゆる企業間の事業活動をめぐる共特性が事業の効率を高めて経済活動の効率的な運用がみられる。いわゆる事業活動をめぐるネット・ワークが機能的に有効な役割を果たしてきた。企業系列が有効に機能して、それが経済の発展を促進したものともみられる。

(1) 事業活動における企業活動の組織化

　わが国においては、欧米諸国とは若干異なる経済運営がなされてきた。完全に自由な市場経済取引というよりは、それが組織化されてきており、産業間企業間の事業活動の補完関係と事業の産業間協力が緊密になされてきた。その手段は、欧米資本主義のように経済的に公正運営の競争などといった経済運営とはやや異なるものである。経済取引においては、関連企業間での提携と組織化

が進展しており、組織化された経済取引が進行している。個々の取引における短期的な損得を超越した長期的な観点での取引の実行がなされた。さらに、そうした取引を側面から支援するように、経済政策も、機械工業という特定の産業分野を支援するような政策が推進されてきている。

(2) ネット・ワーク取引と共特性

本章は、わが国における経済政策の目標とそれを達成するための最適な戦略産業(ターゲット産業)の選択と育成という観点から、日本経済の発展過程を解明しようと試みるものである。また、本章では、組織化された経済取引とそれを支援する特殊な産業政策を確認した上で、日本製造業の特殊な取引関係の実態を明らかにする。法人資本主義、ネット・ワークと共特性の意義をより具体的に説明しようとするものである。

第1節　企業集団形成原理と新産業—中間組織

市場の自由な財サービス取引は、種々の形態により修正されて現実には多様な方法での経済取引が行われている。そこでは、取引の集団化と組織化が推進されて、純粋の市場組織には修正が加えられている。企業活動の組織化に伴い、市場(M：Market)の取引に対しては大きな修正が施されることとなる。市場における企業の一般的な活動に対して、組織(O：Organization)という強弱双方の規制の経済制度と政策による要素が加えられて、取引の形態に大きな転換が生ずる。自由度の高い状況を1とし、組織化と規制の強い状況を2として、種々の取引の組み合わせが実現する事となる。

1. 市場と組織政策の組み合わせ

市場における取引方法は、組織の動きによって二つのケースが考えられる。第一の $M_1 + O_1$ という組み合わせは、価格が市場(M1)において一応は決定されるが、しかし、その決定に際しては、大企業などのインパクトや長期取引

に若干は配慮した対応、ゆるやかな政策など（O1）のみられる場合である。自由な市場を基盤として、それに対する政府による若干の対応とゆるやかな政策の影響のみられるケースである。現代においては、多くの財サービスの取引においてこうした傾向が認められる。

次いで、財サービスの性格が高度化してくると、その取引に際しては継続性が求められる。M2という形での組織化された市場の形成は、一般市場での取引を利用するものにとっては、極めて便宜的な方法である。そこでは、市場参加者は企業集団とかネット・ワークを通しての取引を指向することとなる。継続的取引（M2）とネット・ワークのような組織化された市場と特定の企業集団やその中の特定企業とその事業部を利用したかたちでの取引により、取引の主体は大きな経済性を享受することとなる。M2＋O2という取引は、強力に管理された国家統制のもとでの企業の組織化による市場取引として極めて重要な意義を持っている。日本における一般的取引は$M_2＋O_2$という形態で行われているものもみられる[1]。その他の取引形態には、$M_1＋O_2$、$M_2＋O_1$という組合せもある。

2. 企業の地位と情報収集力

集団の中に編成された企業は、当然、新たな事業の発展と拡大に向けた努力を強いられる。企業集団などの形態での企業の組織化が行われる場合には、企

図7. 経済取引の自由度

市場＼組織	O_1	O_2
M_1	$M_1＋O_1$ 自由な市場経済	$M_1＋O_2$ 国家管理下の自由市場
M_2	$M_2＋O_1$ 自律的市場経済	$M_2＋O_2$ 統制された国家管理の自律的市場経済

M_1　完全に自由な市場経済、M_2　組織化された市場経済
O_1　自由な国家経済、O_2　管理された国家経済

業はそうした集団化された中での地位を模索することとなる。そこでの企業の役割と地位とは、企業集団の方針により当然大きな制約を受ける。そうした立場を決定する要因は、当然、企業の資本力、売上高、収益力などの事業展開能力などとなる。企業ネット・ワークの中における地位の決定要因は、それだけではない。近年においては、企業集団の事業目的に沿った情報の収集力が大きな役割を果たすものとなる。事業活動の展開にとって最も重要な情報収集力の有無、あるいは、その重要性によって、それら企業の地位が決定される事となる。事業展開にとっての重要情報の提供、それを有効活用した業績の向上が、企業集団の中における地位の決定に大きな役割を果たす。情報収集力とその利用能力という観点から、企業の立場と役割、地位を判定することが求められている。

第2節　ネット・ワークと長期取引

　現代の経済活動では、取引は多くの形態で組織化されており、完全に自由とみられる取引は希である。事業活動が完全に自由な市場原理に沿う方式で展開されるものではなく、企業間の緊密な連携の下で推進されるいわゆる組織化された形態での経済取引が行われている。取引は売り手と買手の間で事前に対応が進められており、取引量も決められている。場合によると、取引量が長期にわたり、契約されていることが多い。

(1) 労働売買市場

　長期にわたる取引条件が契約されているのは、財貨だけではない。人間の労働力に関する長期取引も行われている。すなわち、労働市場においても、労働力の個別の取引が自由な市場で売買される方式とは異なる形態で成立しているとされてきた。労働条件の決定も企業ごとにその事情を反映して様々な形態がとられており事前に労使双方の取り決めが行われてきた。例えば、労働組合の経営に対する協力も産業の発展を支える大きな要因の一つとして機能してい

る。そこでは、企業間の事業活動に関する連関関係並びに企業と労働組合という内部組織の有機的機能が日本産業発展には、大きな推進力ともなってきたといわれている。労働力という商品の取引も経営戦略への協力も、特定企業との終身雇用方式での契約が採用されており、組織化が進展している。

(2) 労働力調達の長期安定化

そうした形でサービス活動、労働力などの多くの商品の取引が組織化されている。それらは、わが国の労務管理方式の成功を導き、技術革新に成果をもたらす主要な基盤を形成した。また、それは、従来重視されてきた市場経済における取引慣行とは異なる企業間並びに企業と労働者の緊密な内部取引関係とされている特殊な取引形態である。

それらの取引方法の下では、自由競争の行われる市場取引に比較してかなり取引に関する経費の大幅な節約が可能となるものである。その経済性は、ウィリアムソンにより提示された取引経費理論で説明されてきた。長期取引により、取引内容に関する協議が節約されて、取引の経費が低減される。

本節は、企業間の有機的協調関係、ならびに、労働組合の経営との協調関係などの内部組織の形成の基盤となった経済的社会的根拠について解説するものとする。それは、現代における複雑な産業活動、特に、生産性向上、技術革新などの説明に不可欠の意義を有するものとみられる。(図7を参照して頂きたい)。

1. 内部組織の経済性：資産特性と効率性

現代の工業社会において国民生活の基盤を形成する経済活動は、経済主体間の自由な取引を原則とする市場機構のなかで展開されている。市場では、企業と個人が参加し、それらの経済主体間で財・サービスの自由な取引がなされてきた。しかし、自由な経済活動が保証されているという大きな枠組みの下では、現実には個々の経済取引の組織化が進展している。

(1) 自由競争から統制された競争への転換

　自由競争に基づく市場経済の下では、製品の販路を確保するための保証がえられない。そこで、市場における自由な経済活動のなかから、商品の品質、数量の取り引きに関して売り手、買手の間の契約が成立する。事前に取引量が確保されることが、市場での自由な取引に比べて、買手と売り手にとり取引に安心感を高めるものとなる。特に、売り手にとり、顧客が特定化されることは大きな安心と経費の低減に繋がる。そこで、市場取引においても、売り手、買手の間での事前の契約により直接取引がふえ、徐々に経済主体間における事業関係の組織化が進展してきた。

　公開市場における一回限りのスポット取引に代えて、企業間、個人間における直接の、しかも継続的取引もふえている。取引の継続性が高まるにつれて、交渉の相手を取引の度に決めることが経済的にも多大な経費を伴うものとなる。企業間の直接取引、あるいは、内部取引は、取引相手選定のための経費を低減し、時間の節約につながり、管理経費の大幅な低減に寄与する。取引の具体的条件設定のための交渉にも、多くの経済資源の浪費が生じる。経済主体間の直接取引による経済性は高まってきた。迂回生産の程度が高まると、取引が複雑になり、買手から売り手に対して詳細な注文が行われるようになった。しかし、買手の細かな要求は必ずしも充分に満たされるとは限らない。特殊な財ならびにサービス、すなわち資産特性の高い商品の調達には、パートナーの限定が求められる。取引相手を特定化して、買手の意思を絶えず売り手に伝達することのメリットも高まる。

(2) 買手、売り手の双方が共同で事業活動

　事業活動は関連の深い企業間の緊密な情報交換などの事業活動の連携により成功が確保される。品質向上、経費低減、新製品開発を目的とする需要、供給両当事者間の緊密な情報交換は、技術革新、市場開拓などの事業活動に重要な役割を果たしている。今日、事業活動の成功にとって、内部取引は不可欠の手段となってきた。市場経済機構という大きな枠組みの中での一層の合理性を求

めた経済主体の行動の結果として、内部取引、企業系列の動きが強まった。取引経費低減という視点から内部組織の経済性を明らかにした卓見として、先に指摘したウィリアムソンの業績を挙げることが出来る。彼は、管理経費（Governance Cost）の低下という観点から、財ならびにサービスに関する企業間の直接取引、労働力の売買をめぐる労使関係の解説を試み、内部組織の経済性を立証しようとした。

2. 内部取引の成立条件

公開市場での自由な取引に代えて企業間の直接取引を成立せしめる条件は、取引の継続性と取引の対象となる財並びにサービスの特殊性にある。特殊な資産や特別な財並びにサービスの取引に際しては、供給者側に対する特別な配慮と対応が求められる。財ならびにサービスの性格、経済性に応じて、それらを調達するための経費に格差が生じ、特殊性の程度が高まる程、それらを調達するための経費は増加する。取引の対象となる資産の特性によって、そのための調達経費が変化し、調達経費との連関関係のなかから取引の在り方が決定される。換言すれば、特殊な財ならびにサービスの取引は、市場における取引に較べると内部調達による経費負担が小さい。管理経費の低下は、組織化された内部取引の経済性を大幅に高めてきた。

(1) 資産特性と関連の事業活動

財並びにサービスの特殊性、さらには資産特性と経費との関係については、ウィリアムソンによって、公式と図表を用いた説明が行われている。

図7においては、縦軸の高さは、生産経費並びに内部調達経費を示す。横軸には資産特性（A）が表示され、内部取引の成立根拠が提示されている。そこでは、通常の生産経費（C）のほかに情報収集、管理などの管理経費（G）が描かれ、双方を加えた総経費（CプラスG）が提示された。内部調達経費より市場調達経費を差し引いた残差がデルタCであり、デルタGである。資産特性の低い財・サービスの調達に際しては、一般市場における財・サービスの調

図8. 管理経費と生産経費

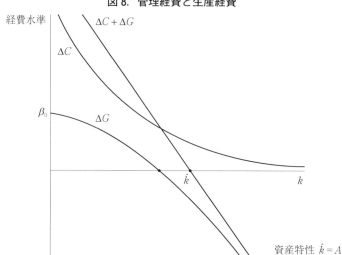

出典：Williamson, O., (1985) *The Economic Institutions of Capitalism Firms, Markets, Relational Contracting*, The Free Press, p.93.

達経費は安く、内部取引による調達経費は高価である[2]。

(2) 資産特性と取引コスト

　資産特性が高まると、それに対応して、一般市場での取引経費が上昇し、逆に、内部取引による経費は低下する。資産特性がA点となった段階において、総経費（デルタCプラスデルタG）はゼロとなる。資産特性の上昇につれて、内部取引による経費は大幅に低減し、市場取引による経費が急速に増加するため総経費はマイナスとなる。そうした段階においては、内部取引による経済性は大幅に上昇する。A点より左側では、市場取引にメリットがあり、右側においては、内部取引に長所が生ずる。製造経費、管理経費ともに、資産特性により影響を受け、資産特性の高い特殊な財・サービスの取引においては、内部取引が有利となる。

(3) 経済制度と取引条件：日本経済の内部組織

　戦略産業としての機械工業の発展に向けて効率的なシステム作りを進めてきたわが国経済の特徴を内部組織論に基づいて、整理してみる事が肝要である。以下、ウィリアムソンの指摘をもとに日本経済の効率的なシステム作りの特徴に関する紹介が試みられる。

3. 取引コストと内部組織の理論

　特定企業と他の企業との間において長期に亘る直接取引を成立させる現実の前提条件は、経済活動に際して不確実性に対する対応方法にある。一般の公開市場においては、取引に確実性を期待することが出来ない。不確実な一般公開市場の取引に安全性を加える努力が求められる。そこでは、いわばサイモンのいう"bounded rationality"（制約された合理性）が重要な意義を有する。すべての経済活動が合理的に遂行されるときには、自己の判断も合理性を持ち、提供する商品にも合理的な市場と販路を見出すことが可能となる。しかし、経済活動の合理性には制約があるために、現実の取引に際しては、長期の取引が可能となるような経済的に一層有利な確固たる保証が求められる。長期の継続的取引を成立させる前提条件として、以下の諸点が指摘される。しかし．それらの条件は市場において必ずしも充分には満たされているわけではない。

　第一は、市場での公開された自由な取引では、契約の獲得、顧客の確保が確実ではない。しかも、生産、販売活動に際しては、当事者間で長期の取引が求められている。

　第二は、市場における取引の参加者は自分の利益を追求した合理的な行動をとるという前提条件がある。

　第三は、商品取引に関連した情報とデータの公表がなされていることである。これによって取引の当事者は対等の立場において経済取引を行うことが可能となる。しかし、情報公開に制限のある時は、内部取引が有利となる。

(1) 財・サービスの特殊性

　経済活動を分析する際の単位としては、幾つかの段階がある。ここでは、三つの段階を想定して、経済活動の単位を確定してみた。

　第一の段階は、設備投資である。事業活動においては、産業により、企業によりその事業活動の特殊性により、特殊な製造設備が求められる。事業活動の性格により、投資の種類と性格により設備の内容が決められ、それが、経済活動の内容を決定するものとなる。

　第二段階は、資産の特性である。資産特性（assets specificity）といわれる財ならびにサービスの性格が経済活動の性格を決定する上に大きな役割を演じている。資産特性の高い財・サービス、すなわち特殊性の強い資産に関しては、内部取引に経済性がある。

　第三の段階は、取引の回数である。頻度の高い経済取引には、取引主体の間において特別な関係を結ぶことが出来る。そこでも内部取引の経済性は高まる。

(2) 中間的な契約の方法

　市場における自由な公開の取引に関しては多くの問題がある。取引の度に価格の変化があり、必ずしも需要側の欲する製品の数量が充分に調達されるとは限らない。問題は、製品の品質、形状、機能などに関する細かい注文が満たされるとは限らないことである。

　一般的な大量生産品は、市場における財並びにサービスの調達によって充分に賄えるであろうが、しかし、特殊な財並びにサービスの調達には多くの問題が発生する。いわゆる資産特性の大きい財とサービスの調達は、一般市場における調達には多額の経費と時間とを要する。しかし、主要な原料部品の供給会社を子会社として、自社の中に取り入れることにも問題が多い。いわゆる合併にも多くの難点がある。労働者の待遇をより良い条件に統一することも求められるし、さらに、市場が縮小した場合における対応の方法が問題とされる。そこで、一般市場における調達と企業合併との中間をなす準垂直的統合方式が取引の重要な役割を果たすこととなる。いわば、企業間において直接の長期的な

取引がなされ、製品の機能、品質、形状、納期などに関する詳細な注文が発注者から受注者に寄せられて、細かい多様なニーズに対応する製品の製造が可能となる。そうした市場と完全統合との中間領域における企業間における直接取引によってハイブリッドな契約が締結され、それが資産特性の大きい特殊な財・サービスの供給に際しての主流を形成する取引形態となる。

そうしたハイブリッド取引契約における財サービスの取引経費は、一般市場での調達に比べて内部取引では大幅に低下する。具体的な内容としては、情報収集経費の節約、細かい注文を相手方に依頼し、それを実現するための経費の低下とが考えられる。内部取引においては特殊な注文が事業提携を通して、ほとんど経費を要する事なく調達可能となる。

(3) 日本産業における企業間関係の緊密化

日本産業は、経済性追求ならびに効率性の実現という目的において近年には大きな成果を収めてきた。その成功の背景として、企業間の系列関係の深化が指摘されている。企業間の事業活動における協力関係、すなわち共特性が高まってきた。

米国では財並びにサービスの取引は、主として一般市場における公開取引が原則とされてきた。そうした公開市場における取引という観点からは、日本の経済取引は不公正という印象を与える可能性もある。しかし、日本経済の成功は、企業活動を取り巻く多くの主役の間の強い信頼関係によって形成されてきたといえよう。企業経営者、労働組合、銀行の三者間における強い相互信頼関係（共特性、補完性）が今日における企業活動の生産性向上と品質向上という高い企業業績の背景を形成している。日本における経済取引の成功は、さらに、良好な労使関係にも依存しており、そこでは、終身雇用制度の適切な運用が大きな役割を果たしてきた。勿論、こうした企業間の共特性や労使間の信頼関係にも、1990年代より、亀裂が拡大するものとなる。こうしたところに、近年、企業の持つ資産の特性、すなわちケイパビリテイの機能が注目される背景がある。高度成長の終わった1990年代には、終身雇用制度は労使双方にその行動

を拡散して、従来とは異なるリジディティに転換した[3]。

(4) 契約の進展を阻害する要因

　企業間の契約関係の進展は多くの要因によって阻害されることとなる。その主たる事項は以下の四点である。即ち、Adversity（災難）、Shirking（回避）、Breach（契約不履行）、Equal tardiness（遅延）などである。1990年代以降、日本経済の内部に経済取引の緊密性を阻害する条件が強まる事となる。

第3節　法人資本主義と企業統治

　わが国法人企業の性格と機能とは、雇用拡大ならびに物価安定という政策目標とそのための戦略産業の育成とに寄与する方向に再編成されてきた。日本企業の経済的機能を検証するために、わが国法人企業における支配権と意思決定権をめぐる論争を紹介しつつ問題点を整理して、企業集団の機能を検出してみたい。論争の中心テーマは、企業における最終的な意思決定を行う主体の所在とそれをもたらした経営の支配権の根拠をめぐるものである。

　資本家というものは、巨額の資本を所有して、株式会社を支配することが常識とされてきた。しかし、株式の大衆化とともに、零細な株主が増え、また企業間で相互に株式を持ち合いを行うケースが増えている。わが国においても、企業が相互に株式を持ち合って、互いに企業の株主として権利を主張しあっているケースが多い。いわば法人資本主義という形態をとって、法人格を有する法人が相互に会社の主体となって、企業を支配している。そこでは、会社は、株主のものというよりは、会社の幹部、経営者の所有物といった発想が支配している。経営者に権力が集中して、経営者支配の企業社会が出現している。自然人を排除しつつ、会社とその代理人である経営者中心の組織に転換していくこととなる。自然人としての株主や、個人を排除した本来の所有者の不在という企業組織は大きな矛盾を抱えることとなる。こうした傾向は、高度成長期に強まることとなる。しかし、最近の研究は、経営権がなんらかの形で所有権と

結び付いているという考え方が強まり、経営支配を目的とする株式所有という観点が力を得ている。法人が関連企業相互の株式を所有して、経営支配を行う傾向もある。企業集団の機能とわが国法人資本主義の性格を検定し、日本における株式会社形態の特色と問題点を探る。

1. わが国法人資本主義の構造：経営支配権の源泉

日本における株式会社の性格に関しては、その特色をめぐって多くの学説が提示されてきた。外国とは異なり、企業における専門経営者の絶大な権力と従業員による会社信仰、企業依存体質、企業間の株式相互所有による緊密な事業提携関係、下請け企業との不公正取引などの多くの特徴が指摘されている。それら多くの特徴を捉えて、わが国株式会社制度は法人資本主義と表現されている。

(1) 株式持合いの意義：株式持ち合いで権力の相殺

わが国企業社会においては、株式を相互に持ち合って経営者が自分の企業に対する支配を強めているとされている。その意味をめぐって多くの学説が提示されてきた。西山は、企業が相互に株式を持ち合うことによって、他企業の支配権を放棄させて、自分の会社の支配権を確保するという学説を提示した。自己の支配権を確立するために、他企業の株式所有を容認して、それを自己の権力の確立に利用しているというものである。ここでは、会社そのものが主役として大きな意義を有する事となる。しかし、これには、奥村による反論が行われ、他の企業も株主としての権利を放棄しているわけではないとの発想が提示されている[4]。

(2) 財閥解体と安定株主工作

わが国において法人資本主義が根付いた原因の一つとして、第二次大戦後における財閥の解体を指摘できる。持ち株会社の禁止、株式自己所有の制限が、他人資本の導入を不可避なものとしてきた。そうした状況を背景として、経営

者が大株主の権力を避けて、取引業者からの資金調達を計り、そこでの専門経営者の企業支配の権力を拡大したものとみられる。取締役が会社の支配権を行使しない株主を選定するのが、安定株主工作であり、取締役の支配権を確保する上に極めて大きな役割を果たしてきた。そこでは、取引関係のあるほとんどの法人が株主として選定されてきた。

　企業集団においては、こうした株式持合いが典型的に進展している。1950年以降、占領軍による財閥解体に対抗するための株式持合いにより、企業系列が再編成された。その後、資本自由化に備えて、1960年代後半より、株式持合いが急速に進展した。70年代以後は、株価の吊り上げにより高値による株式の時価発行を行ったり、転換社債などを発行するための安定株主工作が行われた。こうした背景のもとで、株式持合いはさらに進展した企業系列の下で、系列を形成する企業がそれぞれの分野において、関連の事業を外部の企業、特に中小企業に委託し、経費低減が計られていった。そうした形で安上がりの企業グループの系列化が進展した。

2. 責任回避のシステム

　強力な支配力をもった専門経営者ではあるが、しかし、企業統治や経営戦略に対する責任の所在となると、その確定は困難となる。わが国企業では、現実には大きな権力を有し、法人実在説の通用するようなシステムを持っていながら、その責任は株主に負わせて、経営者個人としては責任を負わないという無責任なシステムが出来上がっている。法律上は、法人擬制説が成り立ち、個人としての取締役には責任を取ることの不可能なシステムが形成されている。

まとめ　企業経営支配―法人支配権の構造

　日本における株式会社の性格に関しては、その特色をめぐって多くの学説が提示されてきた。太平洋戦争後には、大企業を中心とする財閥の解体がなされて、従業員出身の経営者が登場し、外国とは異なる会社運営が行われてきた。

従業員出身の専門経経営者が企業のリーダーとなり、従来の企業運営方式とは異なる会社運営と企業統治方式が採用されてきた。そこでは、外国とは異なり、経営者は株主の配当拡大を必ずしも優先せずに、事業の存続と従業員の雇用安定を重視し、取引業者との共存を指向する経営が推進されてきた。また、そこでは、企業における専門経営者の絶大な権力と従業員による会社信仰、企業依存体質、企業間の株式相互所有による緊密な事業提携関係、下請企業との不公正取引などの多くの特徴が指摘されている。それら多くの特徴を捉えて、わが国株式会社制度は法人資本主義と表現されている、奥村　宏、西山忠範の提示した所説を中心にわが国株式会社の性格に関する検討を試みた。

1. 支配理論の説明

今日における株式会社の地位に関連して、従業員出身の専門経営者の役割が各方面より注目されている。わが国株式会社における経営者支配の実態とその性格は、企業の経済活動に占める地位の向上とともに、特に関心の的となっている。

(1) 管理主義への移行

日本の株式会社は、経費の安い他人資本に依存して資本の調達を行い、資本の蓄積を進めてきたとされる。そうした構造のもとでは、外国のような資本の論理は貫徹されない。企業は、経営者を含む労働者による巨大な生活共同体となり、そこでは、資本の論理に代わって、組織の論理と管理の論理が優先することとなる。

現代日本のような管理主義社会においては、企業の目的は組織自体の維持と管理であり、利潤の追求はそのための手段に過ぎなくなるとみられる。責任をともなわないたんなる管理は管理主義社会の問題点であり、あらゆる腐敗の可能性をもつものともなる。

(2) 支配権と所有権との対立

　企業における支配の構造を確認することも肝要である。一般には、所有は支配の基礎であり、支配を伴わない所有はないともいわれている。しかし、支配の基礎は、所有のみではなく、占有、契約、地位、信仰など所有以外にも多くの分野での支配権の浸透が考えられる。

　所有に基づく支配とその地位に比較して占有に基づく支配はその性格を異にしている。所有者は経営者の地位を失っても支配権を失うことはない。だが、労働者としての経営者がその地位と占有を失えばただちに支配権をも失う。

　そうした発想に基づいて、西山は、現代日本を代表する大企業における所有と支配の実態を確認するため、株主の業態を探求している。その結果、株主の多くが銀行や生命保険会社になっていると指摘している。銀行の大株主は生命保険会社と企業集団であることが多い。企業集団の大株主は生命保険会社であるが、それは、支配者として大きな力を有する訳ではない。その結果、階級の崩壊と労働者による企業支配という結論を引き出す準備がなされている[5]。

2. 経営者管理の無制約性

　株主に経営者を解雇し、その言動に制約をするものがない以上は、経営者の権力は絶大なものとなる可能性が大きい。これがわが国社会に大きな問題を投じることとなる。

　同じ経営者であっても、資本家が経営者としての支配権を持つ場合と本来は従業員にすぎない経営者とでは、その言動に顕著な違いが生ずる。所有権のない経営者による企業経営では、しばしば、権力の乱用が生じるものとみられる。21世紀となり、多くの従業員から経営者が信頼を失う事態はこうした一部経営者の権力の乱用から起こるものである。所有と占有による経営方式の格差は高度成長期の最終段階で大きな問題を投じることとなった。

　21世紀における日本の大企業における専門経営者の権力乱用と後にみる労働者からの不信感の強まりの根拠は、西山説の中にそのヒントがある。法人資本主義の在り方は、今後の一層の検討が求められている。

注釈

(1) 今井賢一（1983年）『日本の産業社会：進化と変革の道程』筑摩書房。
Galbraith, John, K, 1973, *Economics and the Public Purpose*, Houghton Mifflin Co..

(2) Williamson Oliver E, 1985, *The Economic Institutions of Capitalism; Firms, Markets, Relational Contracting*, The Free Press.

(3) 日本産業発展要因と戦略性：日本産業の競争力を強めた要因として、終身雇用制度、下請制度並びに金融制度の三点が指摘される。また、雇用制度に関しては、日本の雇用制度を支える制度的な基盤がある。問題は、企業内における人事部の地位の高さである。また、労働組合の姿勢も無視出来ない。人事は、機能中心になされ、労働者相互の信頼関係の上で教育訓練も行われた。米国のそれに比べて日本の訓練は機能的に組織され、制度的な技術革新の推進要因ともいえよう。労働組合は、人事部の独走に若干のチェックを掛ける働きをしてきた。しかし、高度成長の末期には、終身雇用制と人事部の権威に大きな欠陥が表面化した。

(4) 岩井克人．奥村宏「転機に立つ会社本位主義」『季刊・窓』窓社刊、第12号。1992、Summer。
奥村宏「法人資本主義の原理とその解体」『季刊・窓』窓社刊、第12号。1992、Summer。
西山忠範（1980年）『支配構造論：日本資本主義の崩壊』文眞堂、13頁。

(5) 西山忠範（1980年）『支配構造論』16、33頁：日本の大企業の殆んどが他人資本の活用で事業活動を推進しており、経営者が事実上労働者の代表となっているとの指摘がある。そこでは、経営というよりはいかに管理するかが大きな問題となる。

第六章
終身雇用制度と産業政策

はじめに　請負制から直接雇用への転換

　終身雇用制度の原点は、1910年代における日本の重工業の発展にあるものとみられる。従来、熟練を要する製造工程を担当する職人の多くを請負制の人入れ稼業の親方に依存してきた機械工業が、従業員を自社の社員として雇い入れる直接の雇用方式に転換して、熟練労働者を内部従業員として囲い込んだことが終身雇用制度の発端となる。熟練労働者を企業の内部で雇い入れて、熟練労働の内部化を計り、労働者に一生涯の雇用を保証したことにあるとされている。これで、彼らは、定年まで、職場、仕事、給与を保証された。そうした慣行は、多くの職種の労働者に拡大し、昭和期に至ると、従業員を学校卒業と同時に採用し、訓練して、定年まで会社で面倒をみることとなる。利幅が小さいとされる機械工業を中心に多くの経費が必要とされる終身雇用制が推進された理由は、わが国経済政策の中心として機械工業優位の産業政策の推進されたことが背景をなす。大企業の寡占形態が許容されて激しい競争のもとでは困難な利益を確保できたことが終身雇用制度を支えてきた。すなわち、本章では、機械工業中心の終身雇用制と産業政策の意義が検証される。本章は、日本の雇用制度の発端と意義を紹介したうえで、雇用制度と密接な関連を有するものとみられる産業政策の特色を紹介し、日本的経営との関連性を探る。

第1節　日本の労働慣行の特殊性―機械工業と終身雇用

間は、1910年代における日本の重化学工業成立期における熟練労働力の形成と終身雇用の確立のプロセスを確認して、日本的経営成立の柱とみている。

明治30年代には、労働者の権利獲得運動が労働争議という形で尖鋭化したという。そこでは、待遇改善の要求が高まる。こうした要求に対応するために多くの企業が苦労した。そうした中で、1910年前後の機械工業の台頭に伴い、雇用形態が多様化したとされる。機械化が進行していた紡績、化学などの工業では、雑役等の労働部門を除き、すべて、企業が直接に労働者を雇用し始めていた。しかし、手工業的熟練の重視された重工業では、基幹労働部門も請負制であつた。高度な熟練労働を要する工程も、職人の紹介を専門とする親方に熟練工の調達を委任する請負制が採用されてきた。

しかし、20世紀初頭より、機械工業を中心として、多くの企業が請負制から従業員の直接雇用に転換している。請負制の崩壊は機械化の進展に比例していたともいえよう。

機械化に伴い、機械の操作につき熟練工の養成が大きな課題となる。その際、熟練労働力の確保と育成に際しては、日本では、科学的管理方式が敬遠された。代わりに、家族主義的な経営者の温情が、従業員の待遇と研修に活用されたという。わが国企業では、経営家族主義が形成された。日本では、アメリカで流行していた科学的管理方式が職場における正式の労働慣行としては排除されたのである。それは、国鉄における一家主義のような形態に提示されている[1]。

(1) 近代における日本の温情主義

日本の労働慣行においては、欧米風でなく日本の温情主義の浸透した理由を確認することが必要である。そこでは、機械化の推進の際に熟練が尊重されて、企業に人間をとどめておくことがなされた。それが熟練労働者の終身雇用制度を導入した契機となる。熟練工の不足、IT化、機械化等の近年の労働需給の変化により、20世紀末には、終身雇用制度を存続させることの意味が薄れて

きた。

(2) 終身雇用、年功序列制度の従業員に与えたインパクト

終身雇用制度は、企業の成果主義に直接には結びつかない。しかし、効率重視や成果主義ではなく、企業内に働く従業員の仲間の団結の強化も重要である。従業員間の協力は、経営成果を向上させる効果があり、集団にとり大変に重要なことである。従業員間の結束の強化は、効率の改善につながることである。他方では、それがなれ合いで企業不祥事の原因となる事が考えられる。終身雇用制のもたらす会社に対する奉仕の考え方の根拠と発想は以下の諸点にある。

① 自分も会社の一員であるという考え方を強めて、会社に協力的となること。
② 会社の発展は自分の利益となる事であり、自分に力のある時には会社の発展に協力すること。
③ 会社の権威に従うことは、自己の保身にもつながること。

(3) 産業合理化運動の台頭

対中国戦が始まる昭和年代より、日本の産業は軍事経済化の制約を大きく受ける。そこで、経済規模の拡大と軍事化という制約を受けるものとなる。さらに、そこでは、従来の経営家族主義の動揺が起こり、効率が優先されて軍事経済化が強まることとなる。

戦争経済化が強まった頃に国家総動員法が制定されて、国民全体が戦争に対する協力を迫られる。国の目標達成に向けた企業の努力が要請された。そこからは、製造工程の生産性向上が目標とされて、事務部門よりは製造現場と工員の熟練が重視された。なかでも、臨時職員である徴用工が優れた実績を示した。国が保証した事業一家思想が普及して労働争議が激減することとなる。

1. 経営戦略の制約条件：機械工業、終身雇用制、企業研修

敗戦後の日本経営を制約した要因としては、従業員対策と労働組合への対応

の特殊性と特定産業に焦点を絞った政策の展開が注目される。そこで、機械工業の発展、低水準の研修制度、労使双方のなれあいなどのわが国雇用制度の功罪を点検するものとする。それらは、経営戦略策定に際しての制約要因となるものである。

(1) 機械工業の発展

　機械化の進展に伴い、機械操作を担当する熟練工の養成が大きな課題となる。その際、熟練労働力の確保と育成に際しては、日本では、科学的管理方式（アメリカのテイラー方式：労働者を怠惰とみる考え方）が敬遠された。代わりに、家族主義的な、経営者の温情が、従業員の待遇と研修に活用されたという。そこで、企業では、経営家族主義が形成された。日本では、アメリカで流行していた科学的管理方式が職場における正式の労働慣行としては採用されなかった。それは、国鉄における家族主義のような形態に提示されている。

(2) 企業内の訓練不足、企業内福祉の後退が諸悪の根源

　大量生産方式の経済性が大きな企業発展を支えていた高度成長期には、大企業経営も熟練形成には大きな問題はなかった。企業内研修も、従業員が企業内に止まるような研修を行うことでその役目を果たすことができた。しかし、1990年代になると、新たな知的産業やサービス産業が外国に登場し、そうした新興産業との競争が激化すると、外国企業との競争に対応して、わが国では企業内での高度な技術の研修が求められていた。しかし、企業研修担当の経営者が研修方法の改善に取り組むことなく、しかも、国内の大学などに研修を委託するという簡便な方法に依存して、新たな技術革新を担う人材育成を怠る事となる。その上、売り上げの停滞、利益の減少する中で、企業の担ってきた企業内福祉が徐々に減少して、さらに、リストラを行うことで社内の人間関係も大きな摩擦を伴うものとなる。かつては、日本の技術基盤を強めて、勤労者の職業能力を高水準に保つための中心的役割を果たしてきた企業内研修が質的な低下をきたした。これも日本の労働力の技能水準を引き下げて、日本企業の発

展を抑制した大きな要因となる。その間、海外企業は、日本企業を退職した熟練技術者を雇用して、高度な技術の吸収に努めたことで日本企業の技能が、海外諸国の技術に追い抜かれるケースもみられた。

2. 経営のアメリカ的民主化：経営家族主義の崩壊

　太平洋戦争後は、財閥解体と指導者の交替があり、経営地図が大きく変わるものとなる。日本では、労働成果の配分に関しては、アメリカ的な能率給は普及せずに、終身雇用、年功序列に代えられた形で、日本の温情主義が残ることとなる。戦後のわが国の労働組合は合理化反対、差別反対を唱えてきた。しかし、経営者の力が強くなり、組合の力が衰えると、労組の要求が通らなくなった。労使間の共特性が失われて、生産性向上の源泉といわれてきた労使協力にも亀裂が生ずることとなる。

(1) 終身雇用制度の点検：上昇指向とそれを満足させる組織の工夫

　従業員の勤労意欲を高めるために、日本企業では、ひとたび採用された労働者をできるだけ長期間にわたり、企業で雇用することを目指してきた。こうした終身雇用制度の継続に向けて、わが国では、多くの試みがなされた。

① 新卒の採用と企業内訓練

　熟練労働者の企業内採用に対応するように、企業内で労働者を訓練して、日本企業では、勤続期間の長い者に年功制での賃金を保証してきたとされている。企業では、新規の学卒者を採用して、彼らを企業内部で訓練して、企業の幹部として育成することとなる。

② 慣例重視の労働者訓練

　企業に雇用された労働者は企業内で訓練がなされた。企業内の研修では必ずしも熟練を高めることができたわけではないが、一応は、従業員を会社内に確保する努力が従業員に理解されて、何とか、彼ら、彼女らを企業内に引きとめることに成功したとされている。そこでは昇進制度などの多くの工夫がなされたともいわれている。

(2) 低水準の研修活動

　高い技能の研修の提供は、他社からの引き抜きで従業員を失うこととなるために、高度な技能研修は、従業員個人に委ねられてきた。企業内研修は、企業の用意した訓練方式に加えて、自己の努力で外国の大学に留学することの支援も行われた。研修活動では、自社に従業員がとどまるような低いレベルの教育内容もみられた。企業としての高度な労働力の確保に向けた対応策としては、従業員を新規事業の推進に従事させることと新製品開発のチームに所属させることなどの配慮がなされた。

(3) 貧困な段階の労働者訓練

　わが国では、勤労者に対する職業訓練には、企業が力を入れてきたとされるが、その成果は大きなものではない。むしろ現在では、欧米諸国に比較して、低い水準に止まるともいえる。他方、欧州各国では、職業再訓練に向けて多様な方式が採用されている。さらに、日本では、低所得の非正規労働者に対する職業訓練は、就労支援を中心とするものであり初歩的な段階に止まる。欧州の職業訓練のモデルに比べて、勤労者に対する支援方式が資金の支出を節約する施策を行い効果の少ない政策に終始しているのが日本政府の施策である。わが国では、高齢者に対する厳しい経済環境が続くだけではなく、若者の就職や就労が困難となり、所得の格差も顕著なものとなり、社会的な混乱が進行している。企業で働く現役の中堅職員にも、高度な技術に対応した新たな知識を獲得することが困難となる事態が進行している[2]。

3. 終身雇用制と企業研修の課題

　すでに紹介したように、終身雇用制度の問題点の一つに企業内訓練という活動がある。本来は、人間の知性とか技術というものは、企業内部で固定されるものではない。その技術の習得は、広い社会一般から吸収されるものであり、しかも、その用途も企業内部で独占されるものでもない。そうした知識、技能、知恵というものを企業内部で囲い込み、自己流で訓練して自己の企業内で独占

的に使用しようとしたことに日本企業の研修制度における大きな問題があった。技術と知性の用途は広範であり、しかも、その技能の習得は、多くの組織、人材との交流から生まれるものである。日本の経営者は、そうした知性というものの性格を熟知することなく、狭い企業内での訓練を指向したことに大きな問題がある。時代を経て、科学技術が進歩するとともに、技能に関する企業内訓練の限界は明らかとなる。教育訓練と熟練の成果は、ある種の公共財であり、それは国が公費をかけて育成するものである。そうした現実が理解できずに、企業内訓練も限界に直面するものとなる。

敗戦後の日本経営を制約した要因としては、従業員対策と労働組合への対応の特殊性と特定産業に焦点を絞った政策の展開が注目される。

(1) 職業再訓練計画と戦略策定能力

高度な技術やサービス産業を担う能力である企業経営の経営戦略を確立することが日本産業発展の推進力となる。また、そうした新たな産業を担う特殊な技術を有する勤労者を育成することも日本経済の発展を促進するカギとなるはずである。企業経営を担う本格的な経営戦略の策定と勤労者の職業再訓練が今後の経済発展の重要な要因となる。

(2) 貧困な段階の労働者訓練

わが国では、低所得の非正規労働者に対する国家の職業訓練は、就労支援を中心とするものであり、極めて幼稚な段階に止まる。しかし、手厚い勤労者に対する支援が行われてきた北欧諸国、特にスウェーデンでは行き届いた職業再訓練が行われてきた。

(3) 手厚い職業再訓練の欧州諸国：ALMP

ヨーロッパ諸国では、日本とは比較にならないような国家による手厚い職業訓練が行われてきた。学校や企業とは異なる場所で職業訓練が行われている。職業訓練を希望する全ての者に対しては、住宅手当、生活費を支給したうえで

の研修活動が行われている。ALMP（Active Labour Market Policies）といわれる国家中心の職業再訓練活動が積極的に力強く推進されてきた。

(4) 経済政策と雇用福祉政策

経済の発展において、経済政策は重要なカギとなるが、その際には産業発展を支える企業活動が重要な意味を持つ。従来は、経済政策が有効性、公平性などを目標として推進され、かつその効果の検証がなされてきた。しかし、最近では、企業経営の成功に寄与する貢献策が経済政策に大きな意義を持つものとなった。そこで、今後の経済政策の中心分野は、企業経営の発展とそれを支える職業再訓練活動ということになる。

第2節　ターゲット産業政策―機械工業の寡占的競争

日本の産業政策は、特殊な方式を採用して推進されてきたとされている。それは、ターゲット政策ともいわれるものであり、特定の産業（日本の重点的な産業政策対象としては、製造業、機械工業）に重点を絞り、国内産業を保護して、その特定産業の発展を一意専心的に指向してきたものである。機械工業は、労働者の雇用比率も大きく、しかも、輸出産業として、日本の経済成長に不可欠な外貨獲得のための中心的な産業であった。それは、日本の経済界の代表としての経団連とその利益を代弁してきた経済産業省（元通商産業省）の支援のもとに、特定の産業の競争活動におけるカルテル行為や寡占的な競争を容認する形態の産業支援のもとに推進されてきた。言葉を代えれば、それは、独占禁止法、過度・経済力集中排除法にもとづき、敗戦後に開設された公正取引委員会の規制の権限外に機械工業をおいて、寡占的な大企業間の限定された競争を許した特別な産業育成策であったといえる。

日本の産業政策が優れていることの具体的内容は、こうした機械工業をターゲットとした寡占企業間の有効競争政策であったといえよう。他方では、それは、機械工業を中心に製造業の強化に中心をおいた結果として、非製造業の生

産性、効率性が低水準に止まり、その後の経済成長を阻害する原因となった。それは、やがては、日本経済全体の効率性を下げる結果となる。これは、日本人研究者の多くが見落としている事実であり、特殊な産業政策の欠陥として注目されるものである。

1. 寡占的な有効競争

　日本の産業政策の特色は、特定産業すなわち機械工業における寡占構造、競争制限の寡占的な構造の中での競争、すなわち、寡占的な有効競争が認められてそれを支援する政府の対応がなされたことである。そこでは、機械工業に中心をおいた産業支援に向けた税制上の優遇措置、金融支援等の手厚い支援の行われいわゆる護送船団方式が採用されている。そうした政府支援のもとでの寡占的な大企業間での有効競争が展開されてきた。産業組織論の明示するコンテスタブルな競争戦略と称することもできる。

2. 護送船団方式による中小企業育成策

　日本の産業政策の成功を官民協調方式の産業政策の展開であると特徴付けることもできる。民間の製造業、特に機械工業の寡占間競争を支援することで機械工業の急速な発展がみられた。

　具体的には、日本産業の発展は、製造業、特に機械工業における寡占企業間の有効競争の展開、寡占企業の個別の経営戦略の成功（開発、部材調達、製造、販売、市場管理で成功）によりもたらされたものである。そうした分野での企業行動の成果として大企業による中小企業に対する指導、誘導で中小企業が市場を確保してきた。そこでは、技術革新が軌道に乗り、中小企業の大企業への進化もみられて、企業金融、減税などの補助的政策に止まる中小企業政策の成功が保証されたものとみられる。そのために、外国資本の活動を抑制しても日本独自の民間経済の発展がみられたといえよう。外資を活用した中国の発展とは異なる形態での日本産業の発展がみられたことにもわが国産業政策における一つの特色がある。

3. 中小企業に対する間接支援

　大企業に対する支援は、間接的には、中小企業に対する支援を結果として推進してきたこととなる。機械工業の寡占間の有効競争、それに伴う大企業に対する支援は、間接的には、中小企業に対する大きな支えとなった。大企業の中小企業支援（系列制度）とそうした活動を日本の経産省が許したことがその背景をなすものである。繁栄した大企業は、系列下の中小企業に対して、市場を確保し販路の拡大を支援して、中小企業の発展を促進してきた。さらに、大企業は、関連の系列企業に対して、情報交換を促進し営業活動や技術革新を支えて、中小企業の発展を側面から支援している。こうした護送船団方式は、間接的に中小企業政策をサポートしてきた。日本政府が推進した大企業支援を中小企業に対する政策効果とみることもできる。

4. 不均衡発展と非製造業：低い生産性

　日本産業の国際競争力には、産業別に極めて大きな不均衡がある。競争力の強いのは一部の製造業であり、機械工業を中心とする労働集約的な産業に過ぎないものとみられる。産業そのものの業態は、本来は多様なものである。国際的な競争力からみると、生産性の高い産業といわれる製造業の中でも日本の化学工業は、特許権を外国企業に抑えられており、日本企業の上げる収益の多くが外国に吸い上げられている。そうした意味では日本の化学工業は特殊な地位にある。

5. 非製造業の役割

　日本の産業では、機械工業を中心とする製造業の競争力が強い。他方、産業全体のなかで比重の大きな建設、物流、金融産業などの非製造業の役割は極めて大きい。ところが、そうした非製造業の国際的な競争力は極めて低いとされている。それら企業は、外国との競争は行わずに、国内で既存市場が確保されてきたために、競争力の強化という問題意識自体が低かった。そのうえ、官僚統制が強いために、あらたな市場開拓や技術革新という問題意識に弱かった。

建設業にみられるように、市場の多くを官公需などに依存してきたことも、国際競争力の強化を怠った原因である。そこで、長い間、生産性は極めて低い水準に止まることとなった。外国との競争という意識もなく、国内では有力な顧客を獲得する努力もしない産業には、その発展を期待はできないのは当然である。

また、IT産業、知識集約産業も極めて生産性が低かった。非製造業や新たに登場してきたIT産業、通信産業などの発展は、官僚統制の緩和のもとで、外資との競争を意識した上で、生産性向上と競争力強化の努力が求められていた。

産業の発展が日本経済成長の主たる要因となることからみれば、1955年からの約20数年間の高度成長期は一部機械工業のみの歪んだ経済成長の時期であったともいえるものである。官僚統制を緩めて外資の活動を活発化させた上での日本産業の発展は、日本経済の未来における重要な課題となろう、非製造業の発展は、新たな高度経済成長の機会を日本経済にもたらすものである[3]。

第3節　経済政策の転換―日本的経営の欠陥と課題

現代の経済政策においては、経済発展の中心的な推進力である企業経営の発展を計る事が前提条件になるというのが、経営学の泰斗であるマイケル・ポーターの教えである。企業組織の発展を推進することが産業発展の推進力となり、それが経済の発展を導いて、経済成長のスムースな進展があるとの提言である。そうした企業経営を順調に拡大させるための方法としていくつかの重要な手段が指摘されている。

まずは、企業組織の発展を推進するものが企業による供給力の拡充であり、その為に、関連の部材提供企業の発展が望まれる。中小企業や地方経済の発展がクラスター産業（経済活動の支援部門）の強化につながる事となる。そうした供給力の拡大に対応するように、市場の発展が期待されるが、それが企業の供給する財・サービス供給活動での発展をもたらす。また、中小企業や地方経

済の発展がクラスター産業の強化につながる事となる。政策運用に際しては、企業の成長をもたらすシステムを重視すべしというポーターの警告は、現代の日本政府に対する適切な提案になるものとみられる。また、政策の重点のおき方は時代により大きな転換が考えられる。従来は、供給力拡大に重点がおかれてきたが、21世紀には、消費者、国民生活に密着した政策が肝要である。市場における消費者、国民のニーズに重点をおく政策が求められている。今後の政策運営の重点は市場を通した国民のニーズを把握することである。

1. 政策プライオリティの転換：国民の生活向上に向けた諸政策

　過去の日本における経済政策の中心分野は一部製造業の発展のみに向けられており、国民生活向上のための政策はほとんどみるべきものがない。具体的には、一部の製造業、すなわち機械工業の育成のみに力が注がれて、機械工業が飛躍的な発展を遂げた。逆にいえば、産業政策が国民生活の向上、国民の福祉には活用されていないことが日本の経済政策の大きな欠陥となる。国産の機械工業育成のために外資導入も抑制された。産業政策は機械工業の発展に向けて強化されたことに伴い、多くの産業に対する官僚統制の欠陥が明らかとなる。そこでは低い経済効率、国際競争力の低水準、国民生活環境の停滞が目立つものとなる。その過程で、官僚主導、中央官庁優位、地方行政の軽視と停滞が発生した。1990年代には、公共事業の中止により、地方経済の一層の停滞、地方の地盤沈下が顕著となる。安倍内閣の提唱する地方創生はそうした過去の日本の経済政策の大きな反省に立つことが肝要である。

　日本の産業政策の問題点とは、国民生活向上に向けた産業政策が軽視されていることである。国民生活向上の施策にそれなりの配慮をすべき時がきている。

2. 供給責任と専門化、効率：人間組織の在り方

　今日、企業は国民に対する供給責任を持つ社会性の高い機能を果たしている。企業はその活動の専門化などを通じて効率を高めて、利益を確保することが持続的発展につながる。業務の専門化を通じて、高度な供給責任を果たすこ

とを社会から求められている。問題は、サイモンの『経営行動』第2章に提示されている業務の専門化等による効率向上の経営原則の徹底と人間組織としての従業員の意見尊重とのバランスの確保である。以下の諸点が経営効率との関連で問題となる。経営能率は、集団の中における仕事を専門化することで増大するという。階層制もその一つであるが、専門化と統制という現実的な課題もある。しかし、科学技術が進歩して、IT化により専門家の知能の権威が失われ、多くのシロウトの能力向上がみられる際には、階層制には従来とは異なる対応が求められているようである。以下、サイモンの指摘する専門家や地位の高い権力者の知識と戦略提示の権威が低下してきた現代における対応策が注目される。

(1) 供給責任と効率向上に向けた公正な判断

　今日、企業は社会に対して大きな供給責任という重大な使命がある、経営としての効率の追求と同時に供給者としての世間の信頼性を保つ社会的責任を有する。それらの両立を計るべき使命を持つ。階層制と専門化の機械的運用が経営効率を一時的に上げることはできる。しかし、持続的発展の可能な供給責任を果たすために多くの人材の意見を吸収したうえで、彼らの専門知識の活用に努力することが求められている。

　企業は、社会の一部であり、人間の集団組織としての社会的な役割を果たしてきた。効率と並んで、人間集団である非階層組織としての大きな役割を果たす義務も負っている。企業組織には階層制にみられる公式組織やその活動目標としての効率、成果とそれとは関係の薄い人間の居場所としての非階層組織の双方の調和が求められている。経営のリーダーに課された責務は企業の供給責任と非階層組織としての企業の運営との両立である。そうした意味では、今後の企業組織のトップには極めて大きな社会的責任が求められている。

(2) ターゲット産業政策：機械工業の寡占的競争

　日本の産業政策は、特殊な方式を採用して推進されてきたとされている。そ

れは、ターゲット政策ともいわれるものであり、特定の産業（日本の重点的な産業政策対象としては、製造業、機械工業）に重点を絞り、国内産業を保護して、その特定産業の発展を一意専心的に指向してきたものである。機械工業は、労働者の雇用比率も高く、しかも、輸出産業として、日本の経済成長に不可欠な外貨獲得のための中心的な産業であった。それは、日本の経済界の代表としての経団連とその利益を代弁してきた経済産業省（元通商産業省）の支援のもとに、特定の産業の競争活動におけるカルテル行為や寡占的な競争を容認する形態の産業支援のもとに推進されてきた。言葉を代えれば、それは、独占禁止法、過度・経済力集中排除法にもとづき、敗戦後に開設された公正取引委員会によるカルテル規制の権限外に機械工業をおいて、寡占的な大企業間の限定された競争を許した特別な産業育成策であったといえる。

　日本の産業政策が優れていることの具体的内容は、こうした機械工業をターゲットとした寡占企業間の有効競争政策であったといえよう。これは、日本人研究者の多くが見落としている事実であり、特殊な産業政策として注目されるものである[4]。

まとめ　組織と制度の関連性

　制度と組織の関係性に関する具体例としては、高度成長期の日本社会と組織の人間関係が挙げられている。すなわち、高度成長期には、企業の雇用は終身雇用制度という大きな柱が形成されていたことと、それが契機となって、組織に所属する会社人間の組織への強い忠誠心の形成されることが指摘されている。日本の社会制度に適合する企業運営の基本をなす従業員確保の手段として終身雇用制度が採用されて、そうした方式が日本の雇用制度はもとより教育制度、福祉制度、社会保障制度の基盤を形成してきた。そこには、中心としての企業組織の発展が優先されて、供給者優位の経済政策が展開されてきた。

第六章　終身雇用制度と産業政策　　151

1. 供給者から消費者優位に向けた政策転換

　こうした供給者優位の経済政策のもとで、子育てと保育園、青年とその未来を担う職業教育、高齢者と介護施設などという国民にとり重要なシステムの拡充が軽視されてきた。現在の経済政策に手詰りがあり、新たな政策が求められている。こうした三分野の拡充に経済政策の重点がおかれるべきものと考えられる。今後は、高齢者福祉の拡充を中心とする消費者としての国民が優位となる経済政策が優先されるべきである。

2. 情報共有型のアーキテクチュア

　関係者の緊密な人間関係が基盤となり、日本の経済制度と社会組織が構成されてきた。それは、情報共有型の組織アーキテクチュアとして紹介される。供給責任の基盤のもとで、企業の経営戦略と経済の発展システムが形成されている。そこで、新たな日本の経済成長には、従来とは抜本的に異なる制度と組織の形成が求められているようである。その具体的なあり方は、必ずしも、明確ではないが、国民の生活を豊かにするという観点から、高齢者中心の福祉政策、若年者の雇用拡大、教育訓練に重点をおいた従来とは異なる消費者生活を優先する経済政策への転換が急務となっている[5]。

注釈

(1)　間　宏（1989年）『日本的経営の系譜』文眞堂、123頁。
　　影山僖一編著（2006年）『消費者主権の産業政策：市民中心の行政改革』中央経済社。
　　影山僖一（2012年）『専門経営者による企業統治の功罪：情報共有としての日本的経営の再点検』千葉商大論叢、第50巻第1号、2012年9月。
(2)　日本の企業内訓練と比較した欧州の職業訓練方式に関しては、以下の文献に詳しい解説がある。要するに、欧州のALMP（Active Labor Market Policies）に関する解説が中心となる。
　　宮本太郎（2009年）『生活保障：排除しない社会へ』岩波新書。第3章：スウェーデン型生活保障のゆくえ。
　　小玉徹（2010年）『福祉レジームの変容と都市再生：雇用と住宅の再構築を目指して』ミネルヴァ書房。序章：ポスト工業化時代における都市の変容と労働・住宅政策、1-

38頁。

OECD、濱口桂一郎（2010年）『日本の若者と雇用：OECD若年者雇用レビユー：日本』明石書店。

影山僖一（2014年）「職業再訓練計画とアクティベーション：企業内訓練から国家主導の職業再訓練への転進」千葉商大論叢、第52巻第1号、2014年9月。

EU, Green Paper. (2006, 11, 22), Modernising Labour Law to meet the challenges of the 21st century: Commission of The European Communities.

(3)　ポーター・M著、竹内弘高他編（2000年）『日本の競争戦略』ダイヤモンド社。

ウォーマック・W著、澤田博他訳（1990年）『リーン生産方式が世界の自動車産業をこう変える』経済界。

国際協調のための経済構造調整研究会報告書（1986年4月7日）（経構研報告＝前川リポート）。

経済構造調整特別部会報告：構造調整の指針（1987年4月23日）（新・前川リポート）。

(4)　岡崎哲二（2002年）『経済史の教訓：危機克服のカギは歴史の中にあり』ダイヤモンド社。

宮島英昭（2004年）『産業政策と企業統治の経済史：日本経済発展のミクロ分析』有斐閣。

内田公三（1996年）『経団連と日本経済の50年：もうひとつの産業政策』日本経済新聞社。

通商産業省・通商産業政策史編纂委員会編（1989-1994年）『通商産業政策史』。

特に、第6巻—弟11巻：高度成長期(1)-(4)を参照されたし。

影山僖一編著（2006年）『消費者主権の産業政策：市民中心の行政改革』中央経済社。

影山僖一（2014年）［職業再訓練計画とアクティベーション：企業内訓練から国家主導の職業再訓練への転進］千葉商大論叢、第52巻第1号、2014年9月。

(5)　青木昌彦（2008年）『比較制度分析序説：経済システムの進化と多元性』講談社。

@制度と組織の一体化提唱：その意味：AとBの均衡：a'a'':b'b''。

そこでは、組織と制度の意義と役割とが組み合わせとして解説されている。例えば、a'という制度の均衡状況は、Bにおいては、b'という均衡が成立しているときにのみ可能であるという限定されたものであることが指摘される。高度成長期には組織に忠誠心を持たない能力ある人間の活躍の機会は、限られていたことがその規範的な具体例となる。制度と組織のランダムな組み合せには意味のないこととなる可能性が高いのだという。また、政治、社会、経済における組織が区別されていたとする。しかし、これらは、一定の方式での組み合わせを持つこととなる。日本の終身雇用制度と保守的な経済システムの連携関係によりそれは説明される。

一つの解釈は、機械工業においては、終身雇用制と機械工業中心の産業育成とが一つのセットとして形成されていたのが従来の日本の高度成長のシステムであったというこ

とである。今後は、非製造業の発展を指向する政策に転換することが肝要である。国家主導で労働力の質的向上をはかり、外資導入により産業を発展させることが考えられる。そのうえで、子育て環境の改善と高齢者福祉の拡充が指向されるべきである。

第七章
トヨタ自動車の共特性と組織改革

はじめに　解明困難な組織成功要因

　世の中には多数の企業が活動しており長期に繁栄を謳歌するところもあるが、しかし、経営が長期間成功している企業はごく僅かに過ぎない。成功する企業においても、企業組織として成功するシステムを意図的に構築している企業はわずかにすぎない。その背景には、経営組織を成功させる知恵を発見する事が困難であることに加えて、そうした企業の成功要因を組織のメンバーが共有する事が不可能であるという事情もある。たとえ、組織の成功要因が判明しても、メンバー間の合意を得る事が不可能なためにそうした成功要因を共有する事が困難であるケースも少なくない。さらに、成功要因そのものが、関係者により意図的に公表されずに隠されてきたという事実もある。高度な知識というものは、関係者以外にはなかなか知りえないものである。成功した企業はその理由を意図的に隠して、企業内部の暗黙知（個人や企業のもつ特有の知恵）にとどめておくという対応がその背景をなすものと考えられる。成功要因を開示すれば、多くの犠牲を重ねて獲得した知恵をライバルに奪われかねないからである。事情は経営学研究の分野においても同様である。多数の専門書は刊行されているが、経営組織の成功要因を提示しているとみられる経営学専門書には経営の成功要因に関して真実に近いものと判断される学説がほとんど見当たらない。そこで、組織形成と組織運営に関連した重要な組織の成功要因が企業の中に暗黙知として蓄積されているとするモーガン、ライカーの説を簡単に紹介し、トヨタ自動車の成功要因とみられる事実の一部を解説するものとする。

(1) 活動原理としての平準化と共特性

　先に紹介したように、本章の目標は、世間が注目しない著作のサーベイ調査によりトヨタの成功を導いた暗黙知の解明を試みることである。すなわち、トヨタ自動車の成功要因としての暗黙知とおぼしき要因に着目して、多くの研究者の指摘を整理しつつ筆者の解釈を提示する。特に、合理化、標準化、在庫減などの現場活動の原理となり、外部企業の系列化などを推進する原理をなす資本回転率の上昇という理念と新製品開発、新事業成功に向けた組織の弾力的運営という観点に着目して、従来注目されてこなかったトヨタ自動車の成功要因を指摘した研究者の見解を紹介する。それは、いいかえれば、共特性と補完性からなるケイパビリティという概念の本質をなす特色をクルマ生産の場で実現したものといえる。

(2) 献身的リーダーの組織運営

　当初、成功要因を暗黙知として世間に封印するというトヨタ自動車の姿勢を指摘した見解を紹介し、さらに、トヨタシステムの特色を指摘した組織論に関する研究者の卓見を解説する。さらに、組織の改革や活性化の困難な実態を指摘し、組織改革を推進する上での重要な意義をもつリーダーシップの在り方にも言及する。事業活動に対する献身と謙虚さという第五段階のリーダーという指導者の理想像を経済学原理と弾力的組織運営と結び付けて提唱し、リーダーの理想的姿勢を組織の成功要因として指摘する。

第1節　暗黙知の成功要因

　これまでに、企業経営を成功させる要因として経営戦略に注目した多くの分野が指摘されてきた。現在流行のハーバード・ビジネス・スクールによる成功企業の要因分析、それに対するミンツバークの反論と10スクール提唱、IMPM校の提案、バーニーのケイパビリティ論、さらには、立地を重視する経営戦略論などの分野が注目されている。また、組織論、学習理論からの経営

の成功要因に関するサーベイ論文もある[1]。

　このように企業経営の成功要因に関する研究の中心は、競争優位をもたらす経営戦略とか、資源とか、人間の能力とかという分野がこれまでは主として注目されてきた。しかし、そうした分野の研究を深めるだけでは、企業の真実の成功はおぼつかない。経営を成功させる最も重要な要因は、組織運営の弾力化、学習する組織としての従業員間における意思疎通と合意の在り方、人間のこころざしのもち方という分野の改善によるところが大きい。いかに優れた技術や設備があっても、それを動かすのは人間である。人間の使い方や組織人としての人間と人間との間のコミュニケーションが成立していなければ、組織はたんなる烏合の衆であって、その目標を十分に達成する事はおぼつかない。組織を動かすのは人間であり、人間の組織発展に向けたこころざしと忠誠心が重要である。これまでの研究の中心を占めてきた経営戦略ではなく、経営活動の原理の確認と組織運営の方法、組織学習に向けたコミュニケーションの在り方などの人間の意識の在り方が経営の成功をもたらす大きな要因となる[2]。

1. トヨタ自動車の暗黙知

　現在、注目されているトヨタ自動車の成功要因に関する解説書にも、同社の真の成功要因は提示されていない。かりに成功をもたらす本当の要因が開示されたとしても、それが組織の形成、運営に関する事柄であれば、他企業が容易に模倣のできることではない。したがって、多くの優れた経営学者が経営の成功要因を解説しても、それを企業で実行する事は困難である。こうした中で、モーガン、ライカーによる指摘が注目される。

　彼らによると、トヨタ自動車の成功要因に関する神髄は、同社の関係者によっては一切開示されてはおらず、それは意図的に暗黙知として隠されているというものである。競争優位を確保するために、有利な地位にある当事者はその成功要因を意図的に開示しないという[3]。

2. 弾力的組織形成

　モーガンは、企業が経営に成功した際には、その成功要因を容易に模倣されないように工夫を凝らす事が肝要であるとしている。成功要因をなす知識が多くの人々に理解しやすいように形式化されると、他企業の模倣が容易となる。いいかえれば、形式化された知識は他の企業にコピーされやすいため、なんらかの操作により企業の成功要因を他企業に模倣されないような工夫を加えるものとしている。そこで、トヨタ自動車による優位の要因の一つは、その成功要因が正確に形式化されていない知恵として世間に公表されているためであるとみることもできる。企業経営の成功を継続するためには、真の成功要因は形式化することのない暗黙知として社内にとどめておくことが必要とされている。だれでも模倣のしやすい形式化された知識は、それを模倣しても、競争力を高めたり、成功を約束する事のできないものとも考えられる。モルガン、ライカーの所見によると、トヨタ自動車は創業当初より暗黙知を集めて他に転用できない知識として社内に蓄積していたという事となる。

3. 共通価値観の形成 10 項目

　トヨタ自動車の成功要因の一つは自社のシステムを学習組織として形成してきたことにあるとされる。暗黙知の意義を理解するためには、組織の中の同僚の深い理解が求められていることと、知識移転に向けた共通の価値観の形成が必要とされている。トヨタ自動車の成功要因として大きな役割を果たしたとされている新製品開発における効果的な学習方式として以下の諸点がモーガンにより指摘されている。しかし、それらは、トヨタ成功要因の極く一部に過ぎない。

① 部品メーカーの技術デモ：トヨタの技術者と部品メーカーとの面談、部品メーカーによる技術の解説。
② 競争相手のティアダウン分析：細かい技術をしっかりと把握すること。
③ チェックリストと品質マトリックス：情報をファイルしておくこと。
④ 学習に力点をおいた問題解決：問題解決は早い段階で開始され、データ

中心に、学習がなされること。
⑤ ノウハウデータ・ベース：設計データとツールの集合体である。
⑥ 反省会議：参加者が製品開発の経験、教訓、プロジェクトの欠陥を披露して、その対策を協議すること。
⑦ プロジェクトマネジャー（PM）会議：PMは年1回会合を開き、学びの体験を話し合い、新たな設計標準を設定すること。
⑧ 事業改革チーム：機能横断型チームの形成、6か月から1年の間、特定事業の為に職員の横断組織が編成されていること。
⑨ OJTスキルマトリックスと学習中心のキャリアパス：技術者にリーダーシップを教えて、彼らのキャリアパスを設定すること。
⑩ 常駐技術者：社内、関連会社との間でのローテーションを行なうこと。技術者の学習の機会を提供していること[4]。

第2節　新車開発とミドルリーダー

　新製品開発は人間生活を豊かにし、経済発展を推進する上で重要な役割を果たしてきた。しかし、新車開発や技術革新の過程では技術に関する難解な情報の理解と人間の間の情報伝達が求められており、知識の洗練化に際して多くの困難を伴う。また、そうした新製品開発を推進する組織のスタッフ間における円滑な意見交換も必要とされ、研究開発に向けた組織造りにも多くの課題がある。現実の新製品開発、技術革新のプロセスは部外者に対しては完全に秘密にされており、関係者以外の一般人が現場の見学はできない。新車開発方式の確認には多くの苦労が伴う。ここでは、MIT（マサチューセッツ工科大学）のIMVP（国際自動車研究計画）による実態調査の観察結果を中心に、新車開発方式に関する紹介がなされる。

1．継続的新車開発：データ管理

　わが国自動車メーカーでは、先行して発売されたクルマのユーザーによる感

触と要求がデータベースで記録されて新車開発の課題として恒常的に指示され、新たなクルマ造りの課題が定期的に提示される。そうした課題に対応して1年後をメドに新車開発が推進されるといわれている。定期的なより良い新車開発がなされる恒常的なシステムが構築されている。常時、新車開発の課題がデータの処理により提供されている。

　また、実行力のある人望の厚い部長級以上の有能な管理職が開発の担当者として指名され、創造力ある若手と現実的なベテラン職員との有機的な意見交換のシステムが整えられている。新規のデザイン形成に際しては、生産過程のエンジニィアのみでなく、ディーラーやユーザーの意見が反映されるだけでなく、部品提供業者の意見も配慮される仕組みが整備されている。日本の新車開発システムは、データによる課題管理のみでなく、力のある中堅管理職である開発担当の主査とアイディア・クリエーターも、部品提供業者の意見も配慮される仕組みも整備されている。革新的な発想の若手クリエーターに対抗するベテランのアイディア・キラーも配属され、双方の真剣な討論が行われている。

(1) 関係企業との連絡調整

　自動的に収集されたデータは蓄積されて、データ・ベースの中で加工された上で、新車開発に向けた課題、すなわち、現在のクルマ開発に結び付けられている。そこでは、新車開発に向けた課題が恒常的に提示されることとなり、さらに、新車開発の目標も示される。その時々の供給要因、改善の可能性、経費の制約といった条件のもとでユーザー・ニーズに最大限に答えられるものが開発の対象となる。そこで、対応できないものは次期のあるいは他の車種に関する新車開発の際のニーズを充足させるものとなる。さらに、データ・ベースにより、そうした目標を達成するための手段の開発が具体的に進められる。そのために、部品企業、材料提供企業、ディーラーとの協議がなされて、それらが新車開発のための手段管理の方式として確立され、新車開発が円滑に推進される一助となっている。

(2) サプライヤーとの同時開発

新車の開発に際しては、金型の設計など多くの分野に関する開発も同時並行的に行われている。新車の設計者と協力して、クルマの販売店や機械製造業、材料、部品製造業が同時に開発に着手し、新車開発のデザインを作成して、試作品の製作などに協力することが開発を円滑に進展させる前提となる。わが国完成車企業においては、新製品の開発に際して系列のディラーや部材提供企業も新車開発に協力している。ディラー、サプライヤーの協力の下にそれら関係者の意見を踏まえた新製品開発が推進されてきた[5]。

2. 担当主査の裁量権とシステム体制造り

新製品開発は、未知の分野に包囲された未開拓な事業活動とされてきた。開発の標的とされている新製品のコンセプトの多様性、開発手法、材料・部品などの資源における制約など、未知と不確実性と制約条件による障壁の多い事業活動である。新製品を開発するための科学的成果には、多くを期待出来ない状況にもある。そうした困難な状況に対応するために、企業組織としても力のあるミドルを開発の主査に据えた強力な組織作りが推進されている。

(1) リーダーシップと主査制度

わが国の自動車産業では、1990年代に至って新車開発が自動的かつ組織的に推進されるシステムが確立したとされている。そうした組織的対応は、他の産業と比較したわが国自動車産業の大きな特色の一つであり自動車産業の優位性を確立する一つの要因とされている。すなわち、自動車メーカーは、新製品開発の担当に部長クラスの実力者を選定して恒常的な新車開発プロジェクトを推進する組織が整備されている。主査には、新車開発に向けた大きな裁量権が与えられ、自己の判断で新車開発が推進出来るシステムを形成している。スタッフを統括する権限のみではなく、継続的な新車開発に向けたデータ処理など情報処理と管理が行われてきた。

(2) 権限と責任の明確化、権限委譲

　日本の自動車メーカーでは新車開発の推進に向けて主査が小チームを編成し、その小チームが開発計画に専心することとなる。一つのプロジェクトが使命を終えるまで、これらのメンバーが協力して事業計画を完遂する。メンバーは、以前に所属していたセクションには一応は籍をおいてはいるが、新規プロジェクトの完成までは、開発担当の主査のリーダーシップのもとでその仕事に専心する。そこでは、メンバーは、チームリーダーたる主査に対して忠誠を誓いつつ、業務に専心している。そうしたプロジェクトへの努力、貢献と主査と同僚とのチームワークによりメンバーの業績が評価される[6]。

第3節　無在庫方式と資本回転率

　トヨタ生産方式は、単に節約合理化を徹底したという評価だけでは捉えられない特色を持っている。そこでは、節約、合理化、経費低減といったことを含めた大きな目標を意図した経営戦略が実行されてきた。それは、単なる原価低減という目的に比較するとより上位の目標であり、生産販売活動などのビジネスにおいてより一層の効率化を目指し事業活動の平準化を計ろうとするものであった。鮎瀬によると、トヨタ自動車の事業展開方式は活動の平準化に特色があり、それは資本回転率の向上を計る事を一つの手段として、利益率の上昇を意図したことが伺えるとしている。

1．ジャスト・イン・タイムと資本回転率

　トヨタ自動車における事業活動の目的は、資本の回転率上昇による利益の拡大である。その手法は、生産活動の平準化、効率化、迅速化による投下した資本運用効率の向上にあり、早期に売り上げを増やして資本の回転率を高めることにある。そこに、単なるJIT（ジャスト・イン・タイム）のシステムとは異なる新しい原理がある。フォード主義（F主義）は、単価を下げて売り上げを増やすために大量生産を行ってきた。そこでは、単なるコストの削減を目標と

した大量生産と大量販売方式が追求された。それに対比すると、一般にいわれているトヨタシステムは、異なる環境の中で、単なる原価の低減のみではなく、多様な製品を製造販売して早期に売り上げを増やすことを考えてきた。SCM（サプライ・チェイン・マネジメント）といわれる顧客と市場の動向を見据えた製造方式を工夫改善したところにある。そこでは、単なる原価低減ではなく、資本回転率の上昇を意図した巧妙な対応がみられる。トヨタシステムの特色は、その他に、以下に説明するところにその神髄が提示されている。

2. 事業活動の平準化と原価低減

　原価低減は、材料費節減、工数低減、生産技術の革新などの手段により推進されるもので、その効果は限定的である。さらに、景気低迷とともに、原価を低減しても、販売が停滞するとその意味がない。そこで、売れるものを効率よく造り、市場に提供し、早期に販売して資本回転率を高めるという企業側の努力は、利益の拡大にとって大きな役割を果たすものとなる。トヨタ自動車の成功要因は資本の回転率向上を第一に心掛けた事にあるといえよう。そのために、クルマ産業では、販売活動も統括してきた。

3. 市場観察と多品種少量生産

　トヨタ自動車の生産活動や販売活動は、市場のニーズに対応するもので社会環境と市場の変化に対応して、多くの種類の製品を製造し、販売してきた。しかも、そうした製造販売活動の平準化と迅速化を計り、斑（ムラ）と無理、無駄のない事業活動がトヨタでは推進されてきた。同社によるそうしたキメの細かい対応は、以下のような事業活動方式の中に提示されている。

(1) 需要の個別化と少量生産

　製品の製造過程において、製品の差別化の優先される時代が到来している。個別製品の格差の尊重される時代の到来である。そうした社会的なニーズの変化に対応しつつ、しかも製造経費の低減を目的とした大量生産方式の成果を拡

大する目的でトヨタ自動車は、双方を調和して利益を拡大する工夫を行ってきた。それは、社会の需要条件の変化に対応する形で単一の生産設備において類似性の低い多種類の製品製造、また、一種類については少量の製品製造によって利益を増やすという対応である。そこでは、需要変動に対するマーケティングに努力が傾注されている。大量生産方式のみの追求ではなく、顧客ニーズに対応した設備の利用、材料や部品の規格化、共通化等を通して節約合理化が徹底されている。

(2) 販売促進の活動：販売活動の指導

製造工程の合理化と同時に、製品の販売促進により売り上げの増加をはかり、かつ、資本の回転率を高める努力がトヨタでは実行されている。そこでは、造り過ぎの無駄を排除して合理化、省力化を徹底して、しかも、製品の販売を促進して回転率を高める努力がなされている。製造工程の経費節減に加えて、資本回転率を高めることで利益率の上昇が計られている。

(3) 販売、開発活動と資本回転率上昇

トヨタシステムの原点を資本の回転率を高めることで利益拡大を計るという観点からその行動を観察すると、これまで不明であった事実の多くが解明される。販売活動に力を入れて、組織的な商業活動を推進することで、クルマのユーザーの反応を早期に把握して次のモデルチェンジに繋げてきた。また、クルマ事業活動に関係する事業者の意見を聞き、関係者の意思を統合した新車開発を進めること、さらには、部品企業との新車の共同開発の推進などがトヨタ自動車の事業活動における特色とされている。そうした活動は、クルマの販売を促進して資本効率を高める上での努力の一環として把握することが可能となる。さらには、製造工程における合理化推進の際にも、経費節減のみではなく製造活動の平準化を計り、造り過ぎの無駄を排除して在庫の削減を心掛けている。こうした活動こそ、共特性の代表的な行動といえるものである。

4. 無在庫、省人化に向けた対応

　トヨタ自動車による事業展開方式は、単なる合理化や経費低減だけではなく、生産活動の平準化を図り、資本投下の無駄を省き時間的なロスを削減する目的で推進されてきた。以下、鮎瀬の主張する資本回転率の上昇というトヨタ自動車の意図は次の具体的な指標に提示されている。

(1) 無在庫、無停滞

　無駄な在庫を持たないという発想が重要である。販売部門との密接な連携で生産と販売活動の標準化、平準化を計ることは、造り過ぎて余計な在庫を持たないという発想の基本的な手段となる。

　ジャスト・イン・タイム（JIT）は平準化や在庫の削減には有効であるが、もし製品が売れなければ製造の意味が無い。余計な製品を作ったり、売れ残りの在庫は持たないという発想が重要である。売り上げを増やすという活動を強め、短時間での売り上げの拡大を図り、資本の回転率を高めるための工夫が必要とされている。

(2) 少人化を目的とすること

　原価の低減を実現する工数低減のためには、従事する人数を減らすことである。合理化の目的は、ただ工程を減らすことではなく、人件費節減を徹底するために同一の作業に従事する人間の節約を図る事も肝要である。

(3) 生産期間短縮の二つの方法

　合理的な生産活動は、製造リードタイムの短縮化と生産工程の同期化による無在庫生産化という方式から成り立つ。
① リードタイムの短縮化：停滞の排除
　製造の数量が大きければ大きいほど単位生産費は低下する。生産活動のリードタイムの短縮化により固定費圧縮に成功すれば、コストダウンにつながることとなる。

② 工程同期化と無在庫状況

　問題は工程別の能力差と製品系列間の同期化の推進が求められることである。流通期間の短縮により生産と流通の同期化を進めることと限り無く受注生産への接近をはかることが資本の回転率の上昇に大きな役割を果たしてきた[7]。

5. グループ系列企業の組織化

　極めて多数の企業との取引関係を持つ巨大企業であるトヨタ自動車では、多数のグループ企業との事業活動に関する厳密で効果的な意見交換に向けた工夫がなされている。それはグループ化された企業の組織化と系列化である。トヨタ自動車と事業活動を共有する企業群は階層化されており、第一次から第三次までの企業群としてグループ化されている。関連企業の所属グループは、企業の事業タイプ、提供する部材の特性、技術革新力、さらには、資産の付加価値額などに対応した、トヨタにとっての重要性から所属するグループ階層が決められている。その企業の重要性から第一次から第三次までのグループに対する戦略が決定される。それらのグループは、独立の事務局を持ち、緊密な意見交換を行い、それぞれの意思がトヨタ自動車に伝えられる。場合により、トヨタ自動車と直接の対話も行われる。こうした系列化された組織的な方式での意見交換がトヨタと関連企業との間で推進されており、相互のコミュニケーションの強化と効率化とが図られている。

第4節　組織的学習システム

　組織の変革は極めて困難な事業である。企業活動の成功に向けた組織改革に関する議論を展開するための基盤の形成から組織機能の活性化、さらには、組織の運用に至るまでの多段階における多様な対応が必要とされている。企業のトップが、いかに組織の危機を訴え、しっかりとした業務改革に取り組むように説得しても、組織における意思決定の転換と業務方式の改革を推進出来る仕組みを工夫しなければ、改革は進展しない。組織改革の目標は学習の活発化に

よる事業活動の多角化や新製品開発にあり、顧客のために生活基盤拡充とユーザーによる満足度の向上にある。学習の活発化による組織の発展には組織に対するリーダーとメンバーによる発想の転換、組織文化の変革、活動方式転換など、現在一般にみられる組織のシステムやメンバーの基本的発想とは大きな乖離がある。ゆるやかな学習システムをめざしたトヨタの組織変革を参考としながら、成功する学習組織の作り方について必要事項の幾つかを指摘するものとする。

発想法としての未来指向、機能重視の職務編成、組織におけるルーティン・ワークの削減と企画部門拡充、弾力的な人員配置、臨時部門のスクラップ・アンド・ビルドなどの措置が注目されている。こうした分野に関する重点事項を個別に解説することとする。

1. 機能重視の組織編成と職務重視：ポストの無視

組織の目的を遂行するためには、メンバーには懸命な努力が求められ、自己の努力を組織に没入させるこころざしが必要不可欠である。組織に所属することは、そうした厳しい努力が必要とされる。他方では、そうした個人の努力を効果的に実現するために一定のシステムの形成が前提条件となる。また、組織全体を自発的な学習活動に取り組ませるために幾つかの条件が必要とされる。

組織学習を推進するシステム造りの前提としては、以下のような条件の設定が不可欠である。まず、組織全体で人間を大切にする雰囲気造りをすることが求められる。リーダーの温情と謙虚さ、ミドルの努力は当然としても、組織全体は役職よりは仕事重視でその仕事も全員の協力関係を強める工夫が必要となる。そこで、なによりも重要なことは、ポストを機能と考えることである。大切な仕事とより良い仕事に取り組む姿勢はすべてのメンバーの協力が必要とされている。そこで、役職やポストを権力とか名誉とは考えない組織造りが大きな役割を果たす。そうした組織でこそ、メンバーは仕事に向けて努力を傾注することができる。逆に、ポストを地位とか名誉、はては権限の象徴と考えさせるようなことは大きな問題を投げ掛ける事となる。やがては、組織の崩壊につ

ながりかねない重大問題となる。ポストを地位ではなく、役割や機能と考えさせるシステム造りが肝要である。そこで、ポストにつくことにはほとんど特典がなくポスト不足というようなことをメンバーが意識しなくなるような組織造りが不可欠なのである。ともかく、ポストを機能と重い責任と考えることが組織の活性化に向けた第一歩となる。

(1) 機能追求の責任者とポスト

　ポストを一つの機能と役割とみなせば、ポスト削減やその不足は他の役職者にその機能が移転して、担当者の負担になるというだけのこととなる。さらに、役職者の責務を重くしてそれに耐えることのできない人物を降格させることで事は足りる。多くの職員が責任感の重さを痛感してポストの昇進を嫌い、昇格を敬遠するような雰囲気を作り出すことも重要となる。ポストのない制度を意識させない組織こそ発展の第一の条件となる。それは、企業にとっては役職手当てという無駄な経費の削減につながるもので、一石三鳥の効果がある。手当てゼロ、無能で役立たない管理職がいないこと、そうした条件のもとで、職員が緊密なコミュニケーションを行い、全員が職場に愛着をもつこととなる。このような単純なことがなかなか実行出来ないのである。

(2) 職務重視の組織改革

　重要な職務を遂行することを担当者の義務とする発想の確立により、組織は大きく活性化する。そこでは、職務の懸命な追求のみがメンバーによってより強く意識されることとなる。責務を果たすことの困難な中で、職員は自己研修に専心する。組織活性化の第一歩は、意味のないポストに対する意識の変革である。ポストを担当分野の一つであり、権力や名誉のシンボルとは決して意識させないことが従業員の意識変革の前提となる。すなわち、ポストをステータスや権限の象徴とは評価しないように組織の文化を変革することが組織改革の前提をなすということである。あえていえば、役職をすべて廃止するというような雰囲気や気構えが組織の発展には、重要となるのである。

さらに、年功序列の廃止と「さん」付け運動の推進がそうした発想のキメ手となる。役職名をいわずに、さん付けでの個人の固有名詞の呼称を習慣付けることが組織メンバーの平等化とより良いコミュニケーションに大きな意味をもつ。

(3) 創造効果と組織フラット化

組織のシステムはできるだけ単純なものが望ましい。一般の社員からトップである社長にいたるまでに多くの段階のある組織は機能的ではない。そこでは、情報伝達と意思疎通に多くの時間が掛かる上に伝達されるべき情報そのものがゆがめられる事となる。そこで、組織の構造は単純でシンプルなものが好ましい。組織のフラット化に伴い、職務の性格と効率化の方式が判明して機能の効率化と省力化の可能性が拡大する。

① 新組織と創造活動

組織は通常業務と並行して創造的タスクの業務をも遂行するものが望ましい。従来のマトリックス組織は単なる通常業務である。そうではなく、創造的仕事を遂行する組織が必要とされている。

（ａ） マネジメント層においては、その担当業務範囲にはその広さに対応した広い視野からの大きな創造課題の発見が期待される。

（ｂ） 新たな課題の探求に成功した時、創造チームと実行チームの間の異なる仕事が発生する。そうした時にのみ組織の階層性の成果が発生するものとなる。

② 平等な人間関係性。

（ａ） 組織内におけるグループの中のメンバーの対等性が発生していること。

（ｂ） 集団の中におけるメンバーの対等化。

（ｃ） 「さん」付け運動の発展、ある程度のステータス意識の排除。

(4) 創造活動チーム化

業務の活性化には、組織の細分化とは反対に、業務において関連性の強い多くの部署を統合して、役職者を削減し、機能の分割と再統合を推進することも

求められている。それは、フラット化とも対応する発想法である。具体的には、ポスト削減、役職者排除、機能別の小集団形成、機能の向上、効率化となる。
① 創造視野の拡大効果

　視野の拡大は管理スパン（管理者の担当する業務の範囲）の拡大により発生する事となる。室長制によりトヨタの室長の業務範囲はその他企業より数倍に拡大している。従来の課長より彼らは数倍もの広い視野を持つこととなる。具体例は採用職と教育職の統合である。より下層の管理職の視野を拡大し、創造の機会の拡大を実現した事も重要な措置である。それこそが、部署の「大括り」を目指すトヨタの戦略といえよう。

② 創造時間創出の可能性

　人数の拡大とともに、組織構成を定常業務と創造事業に従事する業務分野とに分割することが可能となる。人間の余剰とともに、創造的業務に従事し得るスタッフの拡大により、各部署においては、従業員に時間の余裕を生み出すことができるようになる。余剰人員を研究活動に従事させる事が組織発展の要となる。組織の革新、メンバー削減は単に人件費削減のみでなく、研究開発に向けた多数のメンバーの配置換えに向けた準備にある。

③ 創造課題発見のシーズ

　顧客のニーズに対応し得るシーズの発見が大きな課題となる。エンジニアリングと販売、補修などの多くの分野を担当することで、スタッフが新たな発見に向けた視野を拡大することとなる[8]。

2. 弾力的組織で企画部隊

　組織の統合と拡大は、その機能を高めることと併行して推進されないとさしたる意味がなくなる。機能を高めるためには、単なる実務に全員を従事させることではない。ルーティン・ワークをできるだけ削減して、より多くのスタッフを他の分野に充当して、企業の使命を達成するための企画部門の拡充を計ることが重要である。多くのスタッフを企画部門や他部門に対する応援に充当できるシステムを形成することが必要とされる。これにより、他部門を充実した

り、未来の仕事に備えるスタッフ人員に多くの余裕が出来て、他部門とのローテーションも容易になる。組織の運営も弾力的で、よりフレキシブルな組織目的を実行するための準備となる。そこでは、多くのメンバーが実務に精通しているだけではなく、より高度な企画部門の業務にも従事し、そうした分野でもしっかりとした企画案を提案できるようなシステムが形成される。平素の職員の訓練により、実務、企画、営業などのあらゆる部門に職員を配置できるような工夫と改善が必要不可欠となる。学習組織としての組織の成功にはそうした組織運営の工夫と改善が必要とされている。組織目的を強く意識し、組織の使命を確認した上で、組織の目標を推進している組織理念の達成に向けて戦略的な企画を考える機動チームを編成して、そこに大きな役割を託すことである。さらに、そうした企画チームと併行して強力な実行部隊を編成することも肝要である。

3. 恒常部門と臨時部門：内部流動化

　生産活動などの定常業務は最小単位を構成するものとする。恒常的な仕事に関する担当組織は通常組織となる。創造活動は、一定の使命を果たしたあとは必要性がなくなるためにプロジェクトチームとして編成されることとなる。しかし、メンバーの仕事は流動的なものとすべきである。

　某製薬会社の組織革新においては、一つの部の中に、三つのグループ（定常業務、創造チーム、新製品研究開発班）が成立していた。日常業務を遂行する組織、新規事業開発、新製品開発向けの業務担当班、ならびに他部門のサポートの出来る組織という三つの小組織形態である。トヨタにおいても同様の組織革新が行われているものとみられる。

　そうした多数の小組織を一つの「おお括り」組織の中に形成する事の意義は以下の諸点にある。

(1) メンバーの視野拡大

　先に指摘した「おお括り」組織が大きな意味をもつものとなるのは、組織に

おけるメンバーによる視野の拡大と業務に専心した活動による余剰人員の発生である。余剰人員は新しい部門に配属される、その際の受け皿となる組織としての役割が「おお括り」組織には期待される。

(2) 創造に必要な意欲と場の課題

　タテ型組織では、「部」の活動を全体として視野に入れた対応のできるのは部長一人であった。フラット化による部内部の職員と業務の流動化により、そうした部のスタッフ全員が幅広い視野で業務の遂行ができるようになった。そこでは、部全体の問題へのチャレンジを方向付けることも出来る。さらに、そのチャレンジを助けるためのシステム構築が重要となる。

4. 現場と管理機能の変革

　従来は、組織の変革はきわめて困難とされている。組織改革が困難であることの根拠としては、多くの要因がある。しかし、最も重要な理由は、組織の多くのメンバーが現状を変えることに抵抗する雰囲気が強いということと、変化しなくても困らないことにあるとされている。また、リーダーがいかに変革を希求しても変化を推進する仕組みが分からない事が大きな理由となる。未だに組織を変革するためのテキストがないことと、個別組織に対応する個性的な処方箋やシナリオのないことがその背景をなす。もともと、組織は変化を好まない風土である事に加えて、新たな仕組みとシナリオがなければ、いかに組織のトップが変革に向けた号令をかけても組織に変化のみられないことは当然のことである。

　多くの文献が出版されており、トヨタ自動車の成功要因についても多様な文書が刊行されている。しかし、トヨタ方式導入に成功した企業は世界でも皆無であるといわれる。その背景には、改善の本質を工場の生産方式やツールと錯覚することが多いとされている。変化すべきパラダイムが分らないことにあるという。そうした中で、トヨタ自動車の関連企業における現場改革に従事してきた金田秀治による組織変革に向けた提案は多くの示唆を与えている。そこで

も多くの提案がなされているが、基本的発想は先に指摘したモーガン、ライカーのそれに近い。また、その指摘には、数百年以前からの伝統芸能における一子相伝による暗黙知の伝承というシステムを連想させる教育法が提示されている。ここでは、筆者の判断で、重要なポイントのみを指摘して変革に向けた組織造りの問題点を指摘するものとする[9]。

(1) 管理者養成方式の変革

知識は形式化することができれば、比較的簡単に他人に移転することができる。しかし、暗黙知の形式化は不可能な事が多い。簡単な定型化された知識は他人に移転することはできるが、個人の努力の求められる知識を他人に移転することは不可能に近いのである。人間は困らなければ知恵は出せないし、新たな知恵はでないとされる。困ることで知恵を働かせるために、徹底的な思考の訓練システムを構築することが求められている。

企業における組織学習にも、また、研修活動においても同様の事がいえる。暗黙知を学び取る個人に対する個性的教育を目指す塾の教育方式の形成が必要とされているのだ。

そこで、OJT（実務を通した研修）による現場における研修活動が重要な役割を果たすものとなる。トヨタでは、講義はしないでOJTによる養成講座を設定して、参加者に対して熟練者の技を盗ませる方式も試みられた。昔の徒弟制度方式での研修生に対する知識移転方式が大きな役割を果たす。そうした方式による知識移転は知恵の吸収に格別に大きな役割を果たすものとされる。

(2) 現役職員の鍛練

一般職員の企業経営における戦略の重視と環境変化に対応する組織変革の推進に向けた強い対応が求められている。具体的には、ベンチ・マーキング方式（P、D、C、A）を推進して、戦略的な提案を行うことが不可欠である。それは、P（プラン）、D（ドゥ）、C（チェック）、A（アクト）というプロセスでの意思決定とそれを実行をする手順である。さらに、たえず環境に対応した変革を

することに向けてじっくりと現状の欠陥の原因を探求させる雰囲気を形成する事も重要である。具体的には、研修活動において、なぜを五回繰り返すことにより変革を推進することが求められているという。企業の戦略と組織に関する変革の要因を確認することやみえる人材を育てることなどが要請されている。

(3) チャレンジテーマ

組織の変革に際しては、組織の中に変化しなければ困るような仕組みを作ることが肝要である。具体的には、変革に向けたシナリオが画けないことが問題となる。特に組織の幹部に対しては、組織の変革に向けたシナリオを画くという努力か今強く求められている。

(4) 企業三つの戦略ゾーン

企業における重要な戦略形成の分野としては、以下の三ゾーンがある。経営戦略、現場戦略、部門戦略であるという。さらに、本社四部門における変革を推進することも肝要である。本社部門とは、開発、販売、事務と工場管理部門をさす。それぞれのゾーンにおける経営戦略や部門、現場戦略と四部門との組み合わせにより勝負が決まる事となる。

因みにトヨタ自動車においては、四部門のリーダーが部門戦略をバランス良く展開して、変化しつづける企業を作り上げてきたという[10]。

第5節　組織文化論と変革プロセス

現状維持を指向する大多数の職員の中で組織の変革を提唱することは困難を極めるものである。そこでは、組織の変革に向けた大きな戦略の策定が必要不可欠であり、一定の計画を作成して、そうした基盤にたって長期にわたり適切なプロセスによる改革の推進が必要とされる。ここでは、欧米諸国における行政組織の変革に向けて採用されたニュー・パブリック・マネジメント（NPM）の体験を踏まえた組織変革の提案の要旨を紹介することとする。そうした組織

第七章　トヨタ自動車の共特性と組織改革　175

変革の提唱は1980年代に流行した新制度派経済学並びに経営学の組織文化論の研究成果に立脚している。ここで簡単な紹介を試みる行政組織変革に向けた提案は、アメリカの行政組織変革を推進してきたNPM理論の行政組織改革に向けた応用の事例と組織文化論の専門家であるシャイン並びにコッターの理論に沿って組織改革の方式を提案する日本の研究者による見解である。

1. 行政組織変革の戦略

行政組織は一度成立すると、その改革が極めて困難とされてきた。そうした組織の変革には以下のようなプロセスが必要とされている。

(1) 変革のフローチャート

組織の変革には、戦略と組織構造の転換が必要とされる。ついで、組織の規律、業務遂行に向けたルールの変革が求められる。さらには、組織で働くスタッフの意識と行動の改革も必要とされている。

(2) 組織構成員の変革具体例

組織の変革には、以下のプロセスが必要不可欠となる。
① 組織文化論からみた変革の基盤

組織の変革には、「表面レベル」、「価値レベル」、「基礎前提レベル」という組織の三つの側面からの基本的な変革が必要不可欠となる。それらは、組織の基盤をなす組織メンバーの発想、行動パターン、組織のなかの不文律を含んでおり、組織の風土と文化を提示している。組織改革には、戦略とか使命を明示することの他に、組織のメンバーが組織で働く意図と意欲を変え、職場の雰囲気を変革していくことが求められている。

アメリカの一部のNPO（非営利組織）においては、行動原則の転換などに向けて従業員の間における毎日の会話の変革に取り組んでいる。会話の内容の変更から開始された変革の試みが組織そのものの文化の変革に成功したという事例も報告されている。

② パラダイムからの変革

　組織は、一度成功がえられるとその成功体験に浸ることで、新たな分野にチャレンジすることがなくなるとされている。そこで、過去の成功体験をご破算にして新たな出発が求められている。NPMの行動原則を適用した一部の事例報告によると、アメリカにおける行政改革の一部の成功例はシステムを変更することなく、仕事のやり方を変えたことによるところもあるとされている。組織の変更は困難であるため会話とか行動から改革を進めて成功したとの報告である。

③ 戦略と組織の関係からの変革

　メンバーによる業務改善のための提案会、発表会を頻繁に開催して、参加者による意見交換を行うことも組織の変革の推進力になるという。

2.　変革の阻害要因

　組織の変革に際しては、多くの分野における障害に直面することは容易に想像が出来る。そこで、とくに組織の変革の進展の鈍い分野を特定すると以下の通りとなる。

(1)　情報不足と情報の不透明化

　多くの組織は企画部門と実行部門が一体化しているために正確な情報がとりにくい。そこでは、定型化された執行方式の支配を継続するために変革に向けた努力がしにくいことになる。改革に向けた手続きを明確にすることと現実を確認する努力が求められている。さらには、そのために多くのセクションの共通認識の必要性が提示されている。

　先に指摘した、組織の「おお括り」化とは反対のケースが行政組織の欠陥とされることとなる。

(2)　続かない改革

　組織においては、その改革には着手してもそうした努力の続かないケースが

多い。その際、改革頓挫の実績は志気の低下を招くこととなる。そこでは、改革に意欲的なメンバーに改革のための権限のないことや改革に向ける経済資源のないことなどの不満が聞かれることが多い。そこでは、志気の高揚、権限の供与、改革に向けた資源の提供などの行為が求められている。

3. 変革に向けた8ステップ

　組織文化論の大家であるコッターの見解と提言は、組織の変革を進める上で重要なステップを提示しているものとみられる。以下、組織を変革することを目標とする具体的手段を明示する。その際、改革に向けた具体的なステップとそのための条件を提示することとする。

【変革のフェーズ】

[1]　組織を動かすための基盤形成
ステップ①：危機意識を高めること。要件としては、組織のメンバーに対して変革の必要性を認識させる「ゆらぎ」を生み出すことである。
ステップ②：変革推進のための連帯チームを築くこと。要件としては、変革におけるリード役（チームやプロジェクト）を選別することである。
ステップ③：ビジョンと戦略をつくること。要件としては、新しいパラダイムを提示することである。
ステップ④：そこでは、ビジョンを周知徹底することだ。

[2]　変革の推進に着手すること
ステップ⑤：組織成員の自発を促すことである。要件としては、変革を推進する基盤となるインフラを整備すること。
ステップ⑥：短期的な成果を指し示すことである。要件としては、成果を明示することにより、変革のエネルギーを高めること。

[3] 変革を形にすること

ステップ⑦：成果をいかしてさらに変革を進めること。要件としては、変革に向けたシステムとして組織全体を落とし込むこと。

ステップ⑧：新しい方法を組織文化に定着させること。要件としては、変革に向けたシステムとして落とし込みの継続[11]。

まとめ　トップの利害調整機能

　企業の発展を担う中心的な経済資源は人間でありヒトの持つ意欲と能力である。組織に参加している人間の組織に対する忠誠心を高めることを中心に、資源の有効活用がなされないと組織の存続と発展はおぼつかない。従業員の組織発展に向けた忠誠心を高める上で組織が従業員を大切にするという姿勢を明確にすることが重要である。また、組織の活性化には、トップの権力乱用を抑制することが前提となる。

　経営の成功には、リーダーはその存在感を薄めつつ、組織のメンバーに対する組織学習を呼び掛けて、彼ら、彼女らを支援することが賢い方法である。それ以外に組織を活性化する方法はないものとみられる。リーダーには組織の活性化に向けた組織学習を推進する中心的な力を発揮することが求められる。中心的役割というのは目立つことではなく、むしろその逆で、メンバーを尊重して、彼らをサポートするのが、リーダーの役割である。潜在的能力を持つミドルを活用して現場職員を尊重しつつ、メンバーのサポーター役を努めることが21世紀の理想的なリーダー像となる。

　組織変革の理想を追求してきた本章の結論としては、組織活性化の象徴としての謙虚さと事業活動に対する献身によるリーダーの姿勢でメンバーを誘導する事が肝要である。そうした組織のリーダーの理想像を提示したコリンズの指摘した第五段階のリーダーの在り方を指摘して、本章を閉じることとしたい。

1. 事業活動への献身と謙虚さ：リーダーの役割

　リーダーとか経営トップの資質や資格については、問題が複雑すぎて従来は社会科学分野においては研究活動の対象とはされてはこなかった。従来は、経営戦略や経営組織との関連で経営の成功要因の一つとして経営者の理想像が研究対象とされてきたにすぎない。経営トップの研究を若干ながら手掛けてきたコンティンジェンシー理論においても、理想的な経営者像に関する研究は限定されていた。そこでは、トップとミドルの相性とか、企業の創業期、発展期、停滞期などの発展段階に対応したトップの役割などが主として研究対象とされてきたにすぎない。また、トップは、企業の理念や経営目標についてメンバーに対して謙虚に優しく懇切丁寧な説明責任を有するというようなリーダーの機能を特定化するための研究に止まった。そうした中で、経営者の理想的な資格と姿勢に関するコリンズによる実態調査結果は注目に値する。その趣旨は、経営学の開祖の一人とされているバーナードの教えに近いが、しかし、それは現代におけるトップの役割を指摘している事でその価値は大きい。その上、企業組織を成功させる資格を備えたリーダーは皆無に近いという重大な指摘をしている。そこで、リーダーは待望しても実現せず、逆に国を滅ぼす人間が暗躍する。むしろ、家庭、学校、国民による協力のもとで、国家的な規模で国民がリーダーを意図的に作り出す努力が必要とされるということを提案しているものとみるべきである。

(1) 第五段階の経営者（献身、謙虚）

　スタンフォード大学のコリンズは成功した企業のトップの資質と性格に関するアンケート結果とそれに基づいてトップの理想像に関する研究を行った。事業活動に対する献身的な誠意とメンバーに対する謙虚さこそが成功した企業におけるトップの条件であるという。企業を成功させる資質である事業活動に対する献身的努力とかメンバーに対する謙虚さという資質は、大企業の経営者に上り詰めた有能な経営者の持ち合わせてはいない性格であり、それを見習うことが不可能であると指摘したことは看過出来ない。そこでは、解決の困難な根

本的な問題が提起されている。組織のトップになるための高い知性とそれを支える強い野心とは、報酬無しの献身とか謙虚さという第五段階のトップに必要不可欠とされている姿勢とは相容れないということである。

(2) リーダーのもつ希少価値

　コリンズの調査結果とリーダーの資質に関する分類によると、事業活動に対する情熱と謙虚さを持つリーダーは極めてわずかな人物に限定されており、そうした資格を持つ経営者を第五段階にある経営者であると定義をしている。

① 　さらに注目されるのは、大企業を運営するリーダーとして活躍する有能な人物の多くが第五段階には至らずに、第三段階か第四段階に低迷している事実である。しかも、第四段階のリーダーのほとんどが第五段階には到達出来ないというのがコリンズの診断である。それは、有能さの反面で彼らの活躍の推進力が自分や一族の利益と名誉、さらには権力行使という野心を充足することを基盤としているために、組織発展に必要不可欠な謙虚さという美徳を発揮する気持ちはないということになる。

② 　例えば、大企業トップにたどり着くには何等かの能力と実績を必要とする。第三段階と第四段階のトップが有能ではあることはほぼ間違いない。しかし、彼らの多くは、自己中心的で自己の栄達、富と権力を夢見て、地位を築いてきたリーダーがほとんどである。彼らは、社会奉仕のために全力を傾注するというよりは強い野心と権力欲、名誉欲の権化に近い。彼らに対しては、社会奉仕にちかい事業活動の推進に向けたなりふり構わぬ努力と貢献を求めることは殆ど不可能である。第四レベルの経営者に事業活動に対する積極的な貢献を求めることは困難であり、謙虚にメンバーに接することは不可能に近いという。他人を服従させ、権力を示すために努力してきたものが大半を占めているからである[12]。

2. リーダー育成の家庭、学校教育

　真の経営者は、社会全体で育成する努力が必要不可欠ということになる。わ

れわれ人類に対して事業活動に専心する無欲で謙虚なリーダーを神様は決して与えてくれる事はなかったという事実の確認が必要不可欠である。組織を発展させるリーダーはこれから意図的に国民が積極的に育成するという努力が求められているということとなる。家庭、学校、地域社会による協力で、謙虚さに徹しつつ、かつ事業活動に対する献身的な努力を傾注するリーダーの育成が社会にとって極めて重要な使命となる。第五レベルの資格を有する高度に社会的な知性をもつリーダーの育成は、家庭と学校の協力によるかなりの年月を要する大きな国民的な事業となる。そうした努力が稔るまでは、わが国経済発展も政治改革も、その進展を期待する事が困難であろう[13]。

注釈
(1) ポーター・M・E著、土岐坤他訳（1980年）『競争の戦略』ダイヤモンド社。
　　ミンツバーグ・H著、斉藤嘉則監訳（1999年）『戦略サファリ：戦略マネジメント・ガイドブック』東洋経済新報社。
　　ミンツバーグ・H著、池村千秋訳（2006年）『MBAが会社を滅ぼす：マネジャーの正しい育て方』日経BP社。同書、第7章以降には新たな発想のビジネス・スクール（IMPM）の提唱がある。
　　影山僖一（2008年）「脱権力支配の組織学習と効率向上：組織の三大機能と組織改革」『平成法政研究』（平成国際大学法政学会）、第13巻第1号、133－166頁。
(2) ボウエン・K・H、スピア, S著、坂本義実訳（2000年）『トヨタ生産方式の"遺伝子"を探る』ダイヤモンド・ハーバード・ビジネス・レヴュー、2000年3月号、11－24頁。
(3) モーガン・J・M、ライカー・J・K著、稲垣公夫訳（2007年）『トヨタ製品開発システム』日経BP社、第2章（30－41頁）、第11章（234－247頁）。
(4) モーガン・J・M、ライカー・J・K著、稲垣公夫訳、同訳書、第11章（234－249頁）。
(5) 影山僖一（2003年）『トヨタシステムと国際戦略：組織と制度改革の展望』ミネルヴァ書房、序章、7－11頁。
　　トヨタ自動車の発展要因に関する研究として、以下の文献を参考として頂きたい。
　　影山僖一（2005年）「完成車製造における組織間関係の研究：クルマ社会における情報交換」平成国際大学論集、第9号（2005年3月）
　　影山僖一（2006年）「知識創造社会に向けた行政改革：クルマ社会から知識創造社会」平成国際大学論集、第10号（2006年3月）。
　　影山僖一（2009年）「組織知とフレキシブルな組織造り：成功要因としての暗黙知とリーダー」平成法政研究、第14巻第1号（2009年10月）。

(6) Womack J. P., et.al, ed, 1990, *The Machine that Changed the World*, Rawson Associates.
沢田博他訳（1990年）『リーン生産方式が世界の自動車産業をこう変える：最強の日本車メーカーが欧米を追い越す日』経済界、第4章。
浅沼萬里（1997年）『日本の企業組織：革新的適応のメカニズム：長期取引関係の構造と機能』東洋経済新報社。

(7) 鮎瀬昇（1993年）『トヨタの収益システム：ジャスト・イン・タイムの徹底研究』同時代社、第9章（111‐157頁）、おわりに（176‐181頁）。

(8) 西田耕三（1990年）『トヨタの組織革新を考える：創造時代の組織と人事管理』産業能率大学出版部、第4章、第5章。

(9) 金田秀治（2006年）『トヨタ式「管理者育成」ノート：変化しつづける企業づくり』ぱる出版、第3章、第4章。

(10) 玉川秀治（1988年）『トヨタ方式にみるシステム再構築：企業革新を担う管理者のために』ぱる出版。

(11) Kotter, John, P., 1996, *Leading Change: An Action Plan from the World's Foremost Expert on Business Leadership*, Harvard Business School Press.
梅津裕良訳（2002年）『企業変革力』日経BP社、260‐288頁

(12) コリンズ・J・C著、山岡洋一訳（2001年）『ビジョナリー・カンパニー2：飛躍の法則』日経BP社、第2章参照のこと。そのタイトル（「野心は会社のために」）が印象的である。
コリンズは「事業活動に対する献身と謙虚さ」をリーダーの条件と指摘する。そうした特性を持つ第五レベルの経営者を事業の成功に向けたリーダーとしている。
工藤剛治（2006年）「現代企業の組織変革：近代と脱近代の接近」千葉商大論叢、第44巻第3号、2006年12月。
バーナード・C・I著、山村安次郎他訳（1968年）『新訳・経営者の役割』ダイヤモンド社。

(13) ライシュ・R著、中谷巌訳（1991年）『The Work of Nations：21世紀資本主義のイメージ』ダイヤモンド社。
第3章において、ライシュは、教育活動の目的をシンボリック・アナリストの育成にあるとしている。それは、「知的イベント・コーディネーター」の育成と同趣旨である。
影山僖一（2008）2008. Sept.「クルマ社会と経営学の課題：知識高度化と人間革命」『CUC: View & Vision』No.26.
イギリスに対する日本的経営の移転に関しては、以下の文献を参照して頂きたい。
Nick Oliver and Wilkinson Barry, 1988, *The Japanization of British Industry*, Basil Blackwell.
影山僖一（2003年）『トヨタシステムと国際戦略：組織と制度改革の展望』ミネルヴァ書房。

宮島英昭（2004年）『産業政策と企業統治の経済史：日本経済発展のミクロ分析』有斐閣。

影山僖一（2007年）『技術革新、設備投資と産業政策の関係性：投資決定因としての財務状況、企業統治形態』平成法政研究、第12巻第1号。2007年10月。

第三部

日本的経営の定義と経済環境

第八章
専門経営者と日本的経営論
―― 情報共有としての日本的経営の再点検 ――

はじめに　日本的経営の復権と経済再生

　本章は、太平洋戦争敗戦後の20世紀の半ばに日本経済が奇跡的に高度な成長を遂げる基盤となった日本的経営の性格を経済学的に再点検しようとするものである。1955年より25年もの間、光り輝いた貴重な時期に出現したいわゆる「日本的経営」といわれるものの実像の一端を再点検し、再度、日本社会に経済成長を取り戻すための提案を行うことを本章は目指している。1950年代の日本では、太平洋戦争による大きな犠牲の反省に立ち、占領軍の主導で、国民には多くの人権があたえられ、民主化措置が実現した。そのうえで、財界人を中心に、経済活動の基本をなす投資環境が整えられて、日本経済の発展に向けた基盤が整備された。大企業組織では、株主ではない従業員出身の専門経営者のイニシアティブのもとで労働者も企業組織の発展に向けた懸命な努力が傾注された。そうしたところから発展し、日本経済の中心的役割を果たしたのが「日本的経営」であるとされている。

　しかし、残念なことに、経済学者はこの言葉を使いたがらない。「日本的経営」は、日本経済の発展には貴重な役割を果たしたものとみられるのだが、1990年代の経済停滞とともに、日本的経営なる言葉も十分な学問的な検証を経ないで、歴史の闇に葬り去られようとしている。本章では、太平洋戦争敗戦後の財閥解体に伴い大企業において登場した従業員出身の若手経営者による株主重視とは大きく異なる経営戦略の意義を紹介する。

　そこでは、従業員重視や部材提供業者、販売業者との情報共有制度、さらに

は、従業員の全員参加による経営を目指して、現場からの意見提出を奨励した稟議制度等日本企業の工夫改善と階層制度との対応関係を指摘して、問題提起を行うものとする。

第1節　日本的経営と経営者の役割

　日本的経営は、太平洋戦争後の1950年より1980年代にかけての日本の経営にみられた特殊な経営方式である。そこでは、終身雇用制、年功序列、企業別労働組合を特色とするといわれてきた。外国ではみられない経営の特色とされている。ちなみに外国では、解雇権は経営者にあり、給与は能率の実績で計られる。また、会社の特殊事情が忖度されない産業別労働組合になっているとされる。

　正確には、こうした三点の特色に加えて、内部昇進の株主ではない従業員出身の専門経営者としての取締役が登場して、企業経営を盛り上げたことがわが国の経営成果を高める大きな意味を持っていた。株主の権限が大幅に制約されたことが経営戦略における日本的経営の大きな特色である。外国の企業では、株主は企業統治の絶大な権限を持つ。株主の意向である利益の拡大と高い配当という条件は経営における大きな権限を示している。

　日本の経営では、太平洋戦争後の一時期には、内部昇進の経営者が従業員と顧客の要請を重視するだけでなく部品材料提供業者の立場を尊重する経営を実行した。株主の要望する高い利潤と高額な配当という要請を軽視した経営が推進された。こうした状況を背景として、利益率の低い機械工業に対する投資が可能となるなど比較的自由な事業活動が推進された。かくて、日本の経営を形成する三点セットは、専門経営者、終身雇用、企業別組合ということになる[1]。

1. 専門経営者の活躍

　本来経営者というものは、これまでは、資産の所有権などの何らかの物的資産を持ちつつ、企業組織を支配し、従業員に対して指示を出してきた。一般的

には、経営者は、株式を所有して、そうした金融資産を背景にして力を発揮してきたとされる。わが国従業員出身の専門経営者は、経営権を保証されるような力を持たないケースが多い。

そこで、彼らは、経営学の懸命な研究とその成果としての知恵を経営に活用する努力を行った。また、製造の現場や事務所の一般職員との対話に努力して、経営の成功に向けた、従業員の協力を引き出すための懸命な活動を展開してきた。その成果で、日本では、従業員の意見が経営に反映され、全員参加の経営が実現されてきた。株式所有というような大きな力を持たない経営者の登場は、株式会社のあらたな発展に大きな足跡を残すこととなった。無欲で、経営の成功に向けて、従業員の意見を尊重する経営者が歴史上はじめて日本に登場したのである。それは、財閥解体という大きな出来事の後で、成立した日本的経営の特質である。さらに、敗戦直後の日本における経営者の報酬は初任給の十倍程度の低水準に止まるとされていた。

2. 稟議制度

日本の経営の一つの特色として、稟議制度ということが指摘されている。これは、意思決定に際しての民主的な方式の一つであり、外国の経営にはみられない特色である。現場の意見が部課長を通して上申され、それが重役に伝えられて重役会の審議に先立ち、議論されており、現場重視と全員参加の経営を意図したものとされている。稟議制度こそ、命令に服従するという階層制の欠陥を補足して、一般従業員の意思を前もって経営者が認識する上に大きな役割を果たしたものとされている。

3. 終身雇用制、年功制

従業員が、転職を考えることなしに企業経営の中で、活動が展開できるという点で、従業員にとり、終身雇用制度は好ましい制度である。給与も、年功制度で上昇することとなり、好ましい制度として多くの職員より歓迎されてきた。

従業員にとり、年功制度は、未来の所得を類推することができて、将来の生

活設計に際しての重要情報になったとされている。他方では、従業員にとり、年功制は、同僚との間ではいらざる競争を回避するうえで大きな契機となったとされている。日本的経営は僅か30年程度の短期間ではあつたが、企業社会に大きな問題を投げかけた制度である。

こうした温情的な日本の労務管理方式に対して、厳正な観察に基づき異論を唱える見解もある。中でも、小池和男などの労働経済学者からは信頼の出来る異論が提起されている。日本企業の製造現場では、従業員に関する厳正な資格、能力の区分を行い、彼らの労働の実績に関する細かい査定をして、昇給、昇進を決めているとされてきた。日本企業の高い業績を継続する企業ではそうした厳しい評価が行われて、職員のモティベーションの向上が図られているとされている。こうした常識に対しては、小池和男による強い反論がある[2]。

第2節　専門経営者とミドルアウト

一般に、終身雇用制、年功序列制、企業別労働組合をもって、日本的経営の特色が定義されてきた。上記の三点セットが日本の経営の特色と呼ばれている。自分の所属する組織の発展に向けて、懸命な努力を傾けることも日本の従業員の特色とされてきた。すなわち、企業の従業員が自分の所属する組織に対して高い忠誠心を持つことがその一つの特色といわれてきた。

組織に対する従業員の高い忠誠心と懸命な働きにより、企業には高い生産性が確保されるとされた。また、日本的経営は、組織に対する高い忠誠心が会社の不祥事を防ぎ、長期にわたる企業の社会的評価を高めることである。

さらに、日本的経営の特色として、1950年代における財閥解体と同時に企業内部で従業員より昇格した専門経営者による株主権の縮小の動きと企業統治者としての内部昇進の専門経営者の活躍を加えたい。そこで、本書における日本的経営の三点セットは、専門経営者、終身雇用制、企業別労働組合を指すこととなる。

しかし、日本的経営論は、十分な経済学的検証を経たものではなく、その主

張に市民権を与えるためには、多くの工夫が求められている。

1. 日本企業の経営者革命：財閥解体と専門経営者

　太平洋戦争後に日本を占領した米軍中心の連合軍は、日本軍の武装解除と軍閥の解体を行い、それに続いて実施したのが、日本軍国主義弱体化計画の一環としての財閥の解体である。当初は、財閥のオーナーが追放され、次いで財閥の番頭格に当たる以前からの実質的な経営者も公職追放で企業から排除された。しかし、オーナー追放後の日本の大企業では、中堅の従業員が経営者に昇格し、社債発行と増資などで大株主の権力を弱め、利潤の低い機械工業の発展に成功した。また、新規に調達した資金で投資の拡大を計り、企業の設備投資を拡大して、日本経済の活性化に成功した。

(1) 株主の権力分散化

　日本経済発展の推進力となった機械工業は、労働集約的産業が主流であったために、利潤率も低く、配当も抑制せざるを得なかった。しかし、経営の決定権を持つ財閥の当主に代わって、専門経営者は、部材提供業者とか販売店に株式を分散して所有させたために、株主の力を弱めることが出来た。そこでは、配当を抑制することに対する有力な反対者がいなくなり、設備更新や新規事業の拡大を円滑に推進することが出来た。それは、日本における専門経営者の登場と株主権の排除と機械工業の発展を推進した原因とみられる。

(2) 専門経営者と独裁体制

　しかし、よいことばかりが続くわけではない。専門経営者の経営支配力の強化とともに、取締役の力が強まり、専門経営者の独裁が浸透することとなった。専門経営者に対する監視もなく、同一人物が長期間その地位を占有して、独裁者となったため、日本の大企業では、経営者の専制が強まり、組織自体の革新を進めるシステムの開発が後れて、1990年代当初のバブル崩壊とともに、民間企業の不祥事が目立つこととなった。

2. 経営者の役割：利害関係の調整機関

　組織とは、創立者による創業の理念、リーダーの提唱する組織の使命を構成メンバーと共有して、その社会的使命を果たすものである。そうした中で、組織のリーダーであるトップは、企業経営にとって極めて重要な役割を果してきた。ここでは、企業トップの役割と日本企業の現実を解説するものとする。

(1) メッセンジャー・ボーイの専門経営者

　専門経営者の本来の役割は、組織のオーナーである株主と組織の構成員たる一般職員との仲介役を果すことだ。彼は、企業に資金や資材、部品を提供する関連機関との利害関係の調整役でもある。経営者は、本来は、株主を初めとする会社の所有者の単なる代理人にすぎず、そこに働く労働者に労働方式の指令を発する現場監督にすぎなかった。経営活動における基本的な機能ということになれば、株主の任命で就任した専門経営者は、組織に参加したことの報酬に相応の単なる時間の切り売りに対応する中身の薄いサービス活動の代表者にすぎないのだ。本来は弱い立場にあるが、しかし、従業員に対しては人事権で抑圧し、その他の利害関係者に対しては、専門情報を持つ強い立場を利用して、その支配権を獲得する。自己の能力をはるかに超えた経営戦略の策定というような高度な役割も課せられた。

(2) 経営者と社会的責任

　組織の使命とは、組織の創業理念を時代の変化に対応させて社会奉仕に徹することにある。そのためには、時代と社会の変化を確認して、組織の理念と使命を修正し、リーダーがそれをメンバーに伝えて、企業組織全体を組織の目的に合致した活動に軌道修正することが求められている。組織のトップには、権力者とはならずに、メンバーの活動に恩典を供与する役割が期待されているのである。

① ミドルに対する権限委譲

　成功する組織は設立目的に力点をおいた効率追求とそのための学習機能とし

第八章　専門経営者と日本的経営論　193

ての性格を強める機関である。設立当初の創業者による支配者としての性格を極力制限して、効率的事業展開と学習機関としての性格を明確に堅持して、メンバーの努力を結集する役割がリーダーには課されている。組織の活動には、一般に多くの要素が介在して、多様な機能をもっているために、その目的が不明確となることが多い。

　そこでは、時には、リーダーはその存在感を弱めて、組織のメンバーに対する組織学習を呼び掛けて、それを支援することが賢い方法となる。権力を掌握してそれを自分に集中してそれを行使するのではなく、潜在的能力を持つミドルを活用して、彼らのサポーターとなることも肝要である。これこそが企業統治の役割を課せられた経営者の使命といえそうである。

②　支配の抑制と組織学習の効果

　現代社会における企業組織の効率向上のために、組織学習の重要性と生涯教育期間の延長を指摘したフォレスターの発想を紹介する。彼は、社会の進化は人間の長期にわたる勉学と努力に支えられ、しかも人間に長期間の学習を強いるものとなることを指摘する。さらに、企業組織の今後の発展には、そこでの権力者の存在感を極力排除した民主的な意思決定方式の重要性を強調している。同時に、過去20年の間における企業組織の技術革新が、権力者による企業支配を排除して、全員参加の民主的な新たなシステムの中から発生してきた事実を指摘し、今後そうした傾向が一層強まることを提示している[3]。特に、組織における民主的な意思決定が、組織の発展に大きな役割を果すことを強調している[4]。

第3節　日本的経営論の推移と経営者支配

　1955年頃より開始されたわが国の高度経済成長は約30年間継続して、年平均約9％に近い経済規模の拡大を記録し、GNPも4兆ドル余の水準に達した。そうした日本経済発展の過程で、温情的企業経営を推進する日本型の経営方式を称賛する日本的経営論が台頭した。日本の経済成長を日本的経営の成果とみ

る極端な学説から日本型経営を賛美する多様な見解が提示された。そうした中で、初期の日本的経営論は、日本企業における協調的な労使関係、従業員間の人間関係の特色に注目した業績が多い。日本の代表的企業にみられる職場内における極めて親密な労使関係に注目して、日本企業の職場における集団的協力体制を強調する見解が指摘されている[5]。日本企業におけるイエや家族的経営を特色とするものとみる観察が多くの研究者から提示されている。イエの発想を中心として日本的経営を観察する学説に関しては、枚挙に暇がないため、ここでは、そうした日本的経営論の代表的研究者として岩田龍子、植村省三などの発想をとり上げて彼らの見解を紹介するものとする。

1. 日本的経営の編成原理：岩田龍子

　岩田龍子は、企業組織の集団的活動の中に日本経営の神髄があることを指摘する。家はその付属物にすぎないとしており、コミュニティの中に日本的経営の原点がある事を彼は強調している。そこでは、家と家族、集団との関係性の探求が課題となる。

　岩田の主張を要約すると、以下の四点となる。

①日本的経営の根底には日本人の心理特性が存在することである。

②日本的経営は、環境変化に対応するための心的基盤に適応するものと解釈される。

③組織の改革は、日本の組織原則の方向に適応するものが求められる。逆行すると、組織の改革は定着しないことだ。

④組織内の視点から、改革の必要性とはある種の効率性である。外国から導入された制度は、日本企業の内的な傾向に対応しないと日本企業には定着しない。

(1) 関連した研究者の学説

　そこで、関連して、間　宏の学説が注目される。間は、歴史的継続性から経営の特色を判断すべきで、家業としての商業経営の方向を注目すべきであると

指摘する。江戸時代の問屋制支配構造、親方制の中から、日本的経営が登場するとする。そこでは、経営における上位層が同族だけで占められるものに変わる。また、下請制を基盤として、全人的な労使関係が一般化する。それが財閥に発展することもある。しかし、それだけでは、日本的経営の戦前期、戦後期の接続が適切に説明できないことが課題として残る。間は、それを家族主義で説明しようとしてきた。しかし、そこでは集団主義と家族主義の区分が曖昧である。

他方では、津田はイエが日本的経営の原点であり、イエの崩壊で日本的経営が崩れることが問題であるとしている。

そこで、岩田の主張が再度注目されるものとなる。要するに、集団主義は日本の根源的な活動原理といえるとするものであるとみるのが彼の所説である。太平洋戦争後における家族制度の崩壊後も集団主義は存続してきたとされている。

(2) 日本的経営の特色：考えられうる事例

そこで、再度、日本の経営の根拠といわれる要因を確認してみることとする。それは、以下の諸点を特徴とするものである。

①経営者の家父長としての言動や主人としての意識。
②社会的上下関係の課題。
③社会的組織と個別の個人的関係の混在。
④ヒトと仕事の関係における社会性に対する異なる見方。
⑤年功制度、生涯雇用、和の集団意識。
⑥同族経営、小集団活動の特色。
⑦その他の組織に対する甘えの構造。

日本的経営に関する以上のような特色を一般的な原理として設定することが経営学の構築に貢献するものといえる[6]。

2. 経営の特質と存続：過渡期の特色を指摘：植村省三

植村省三は、その著『日本的経営組織』の第3章において、日本的経営の特質を指摘しており、イエや家族中心というその特色が今後、いかなる展開をみせるかという点について展望を行っている。高度成長から低成長という時代の大きな変化を反映して、日本的経営の性格には徐々に変化はみられるものの、その性格の劇的な転換が起こり、日本的経営が簡単に崩壊すると考える事は適切ではないとみている。イエや家族の絆という特徴を持つ日本的経営の特色は今後も生き残り、急速に衰退するものではないと指摘し、徐々に変化するものとの見解を提示する。その発想の裏付けとして、日本経営の10年ごとの変化を観察している。

彼は、イエとか家族的な経営戦略の特色を過度に重視することの誤りも指摘している。

(1) 戦後の歴史的展開：経営組織の特色：10年ごとの組織の変化

経済と組織の対応、官僚制との対応が戦後には大きな転換がみられた。植村は、時代による環境変化と組織の形態転換を指摘している。

昭和20年代：以前の制度崩壊、財閥解体、戦前の経営者追放がみられた。
企業組織においては、以下のような変化が見られた。
　①新たな環境の中での職能別の専門組織の形成。
　②後半には経営の近代化、専門経営者による常務会の形成、ヒエラルキー制度の進展。

昭和30年代：そこでは、以下のような企業組織運営の転換がみられた。
　①職能別組織の発展・常務会の進展、アメリカの経営制度の導入と模倣。
　②高度成長、賃金高騰、多角化戦略、それに対応するのが新製品開発と事業部制組織。
　③専門職制と資格制度の浸透がみられたこと。

昭和40年代には、以下のような社会の変化があった。
　①貿易、資本自由化とその対応としての国際競争力強化が計られたが、外国との貿易摩擦に対する対応策としては減量経営が計られた。
　②戦略誘導の組織改革：その対応策としては、社長室開設、企画部設置、経営戦略転換等であった。それらは戦略転換に向けた組織対応といえる。

昭和50年代：石油危機、貿易摩擦、国際化、空洞化による日本の成長減速、停滞があった。それに対応するために、国際経済部の新設などにより、組織的な対応がなされた。

要約すると、戦後に日本企業は以下のような組織的な対応を進めてきたとみる。
　①職能別専門組織の形成（常務会中心の階層組織）。
　②事業部制組織の形成。
　③組織の動態化（環境部門、戦略部門の形成）。
　④海外部門の形成。
　⑤戦略部門の設置：戦略適合型組織形成。

(2) アメリカの組織形成と同様な方式
　約100年を掛けて進展した米国の組織が日本では、約50年で進展した。その特色は以下の通りである。
① 　日本の特色
　　（a）　組織の集団的運営の不徹底。
　　（b）　個人の職務から遊離した権限、組織人体制。
　　（c）　人的結合関係の集団。
② 　集団間の競争と協調の組織活動

(3) 経営者の行動倫理：株主に対する配慮の違い

アメリカの経営では、株主に対する配慮が優先し、配当を高める事が重視される。これに対して、日本企業では、専門経営者の支配下で外部企業との競争に勝つことが尊重される。売り上げ、利益で業界での地位を上げることが肝要であった。人事労務管理でも、終身雇用制に配慮がなされるのも、企業の支配体制の存続のためである。日本企業における従業員の勤勉さも、上からの命令でなされるよりも、企業防衛に向けた自己主張に近い実態にあるといえる。

(4) マトリクス組織、事業部制の課題

日本では、まずは職能制という方式が事業活動組織の中心を占めると指摘する。そこでは、1980年代より活溌となった事業部制も徐々に企業内に浸透している。しかし、日本企業では、事業部制の組織よりは、職能制方式の組織形態の優位に大きな特色がみられる。

日本企業では、ヒエラルキーという価値観に異質のマトリクス（事業部制）という価値観を持ちこんで失敗を招くこととなる。日本の組織は本来、家という制度の人間関係が有効に機能しており、官僚制とか、事業部制が機能する基盤がないものとみられる。家元制が基本的な組織形態であるものとみられる。

日本の企業には、柔構造の組織があり、企業は官僚化に陥らない特性があることである。そこは、ヒエラルキーには馴染むのだが、マトリクッスの発想にはマッチしない事が大きな特質である。

(5) 官僚制と官民の癒着

太平洋戦争後の日本では、民間企業が官僚からの支援を要請して、官民癒着を指向してきたことが指摘されている。結果として、ロッキード、リクルート事件などの官民の癒着構造が指摘されて、もたれ合い構造が日本の組織の特色とされている。

戦前の日本における財閥制度、官民癒着の実績が注目される。戦前から、財閥は官僚と結合して、利権を拡大し、利益を蓄積してきた。明治期以来、後進

性の克服にむけた発展過程での民間企業による官僚との癒着で、発展の契機を獲得する。

具体例としては、戦前の軍事経済のもとで、軍部と財閥の強い癒着がみられた。政府の庇護を得てきた財閥とその傘下の企業集団で多くの利権を獲得した。親企業と部品供給企業のピラミッド構造は、イエ制度と同様のヒエラルキー構造を持つ。官民癒着が高度成長の一因といえなくもない。

(6) 日本的経営組織崩壊論に対する反論

1980年代には、日本の高度成長が一段落して、日本的経営の崩壊論が多くの人々より聞かれるようになる。それには外部環境の変化もあるが、それだけではなく、日本企業の組織形態の特殊性も影響してきた。以下、その特色に関する見解を指摘するものとする[7]。

まとめ　組織論権威の教訓

組織不祥事の解決には、組織論の権威のいうことに大きなヒントがある。日本社会における1950年代の専門経営者のような従業員に対する温情こそが組織の不祥事を防止して、経営の社会的成功をもたらす条件の一つと考えられるという。以下、本章の結論を指摘するものとする。

1. リーダーの役割：道徳性の問題提起

組織の意思決定と活動にとってリーダーの役割の重大さは指摘するまでもない。組織論の創始者としてのバーナードは、主著である『経営者の役割』の中で経営トップの役割の重要性を強く指摘する。また、経営活動におけるリーダーの倫理性の重大さを再三再四にわたり指摘している。

組織は、参加者の協働のシステムであるが、協働体系の均衡の混乱は、誤まった考え方、とくにリーダーの判断ミスから生ずることが多い。それは、組織活動に際しては、破壊要因となる個人的なひいき、偏見、個人的利害を強めるこ

ととなる。公平な判断と活動が組織の健全な発展には必要不可欠である[8]。

2. 階層制の欠陥排除

　経営効率の重大要因として、経営学では階層制と命令一元化、統制の範囲縮小の効用が説かれているが、それが、反対に、組織不祥事の原因となるもので、それらの逆作用に留意することが求められる。すなわち、経済活動の効率は、組織の中で高い効率と生産性を向上することで可能となる。と同時に、権力拡大に向けた企業買収やM＆Aによる組織の一方的な効率向上に向けた対応は組織悪の温床ともなる可能性を高めるものとなる。組織の活動とそこでの意思決定と協働方式である階層制の効果と限界を確認することが求められている。

3. 専門経営者と終身雇用制

　現場重視、ミドルに対する権限委譲等の日本的経営は、企業不祥事の排除に効果が期待できるとみられる。それらは、組織における従業員の忠誠心を高めるものである。彼らの活躍で従業員の不祥事解決に向けた努力が期待される[9]。

注釈
(1)　アベグレン・J・C著、占部都美監訳（1958年）『日本の経営』ダイヤモンド社。
　　　間　宏（1989年）『日本的経営の系譜』文眞堂、123頁。
　　　影山僖一（2012年）「専門経営者による企業統治の功罪：情報共有としての日本的経営の再点検」千葉商大論叢、第50巻第1号、2012年9月。
(2)　小池和男（2008年）『海外日本企業の人材形成』東洋経済新報社。
　　　小池和男（2009年）『日本産業社会の「神話」：経済自虐史観をただす』日本経済新聞出版社。
(3)　Forrester, Jay, W, 1995-1996, A New Corporate Design, *Sloan Management Review*, Vol.7, pp.6-17.
(4)　バーナード・C・I著、山本安次郎他訳（1968年）『新訳：経営者の役割』ダイヤモンド社、10-11頁、35-74頁、256頁。
　　　眞野脩（1987年）『バーナードの経営理論』文眞堂、第5章、第7章。
　　　影山僖一（2003年）『トヨタシステムと国際戦略：組織と制度改革の展望』ミネルヴァ書房。

(5) アベグレン・J・C著、占部都美監訳（1958年）『日本の経営』ダイヤモンド社。
バーリー・A、A、ミーンズ・G・C著、北島忠男訳（1958年）『近代株式会社と私有財産』文雅堂書店。
山下静一（1992年）『戦後経営者の群像：「私の経済同友会」史』日本経済新聞社。
(6) 岩田龍子（1977年）『日本的経営の編成原理』文眞堂。
森本三男編著（1999年）『日本的経営の生成・成熟・転換』学文社。
＠森本の著書には、日本的経営の欠陥に関しても厳しい追及がなされている。
間　宏（1989年）『日本的経営の系譜』文眞堂。
(7) 植村省三（1993年）『日本的経営組織』文眞堂。
岩井克人（2005年）『会社はだれのものか』平凡社。
(8) バーナード・C・I著、山本安次郎他訳（1968年）『新訳；経営者の役割』ダイヤモンド社。
眞野脩（1987年）『バーナードの経営理論』文眞堂、第5章：バーナードの組織観、第7章：バーナードの進化論的立案。
影山僖一（2003年）『トヨタシステムと国際戦略：組織と制度改革の展望』ミネルヴァ書房。
(9) 参考資料：経営戦略と設備投資、産業政策との関係性：宮島英明説

　設備投資のための資金調達、企業統治方式、企業間連携関係などの特色とそれらの太平洋戦争前、戦中、戦後の一貫性と変化とを総合的に点検した宮島英明の研究が注目される。企業の投資と産業政策の意思決定においては、企業統治方式と財務内容、資金調達方式の研究が前提となる。企業統治と財務状況の研究を基盤として、初めて、有効な企業経営戦略、企業統治、そして、産業政策の目標との関係の解明が可能となる。今後は、未解決の多くの事項の研究成果の基盤の上に、企業における資金調達、企業の統治方式と産業政策の目標との関係性をより明確にすることが要請されている。従来は、ほとんど注目されなかった企業の財務戦略の在り方と企業統治方式との関連性について、宮島は明確に解明している。本書では、紙幅の関係で、彼の業績に関する紹介は割愛せざるを得なかつた。宮島の業績を中心に関連の文献を参照してほしい。

宮島英昭（2004年）『産業政策と企業統治の経済史：日本経済発展のミクロ分析』有斐閣。
岡崎哲二（2002年）『経済史の教訓：危機克服のカギは歴史の中にあり』ダイヤモンド社。
影山僖一（2007年）「技術革新、設備投資と産業政策の関係性：投資決定因としての財務状況、企業統治形態」平成法政研究、第12巻第1号、2007年10月。

第四部

日本型経営者の実績

第九章
日本経営者の群像
―― 国民派、私企業活動派 ――

はじめに　財界人の活動と創業経営者の足跡

　成功した経営者の多くは、自己の功績についてあまり積極的には語りたがらないのものだが、それでも経営者が自己の信条を語る資料は少なくはない。そうした経営者の語る体験談を明記した参考書からその成功の要因を探り、創業と経営の極意を知るための参考とする。

　財界人、すなわち大企業の経営者をここではあえてその在任中の言動により区分してみることとした。日本的経営論の想定する経営者像は、従業員に対して家族同様の愛情を持ち、雇用を保障して、熟練を養成するという美風として捉えるからである。また、自分の所属する企業内の従業員だけではなく、国民生活に対する企業の供給責任等という幅広い観点を経営者が持ち合わせていたか否かも重要な判断基準とした。現役時代の経営者が経営のトップとしての評価が極めて困難を伴うものであることには違いはないが、ここでは、敢えて、多くの文献を頼りにして、評価を試みるものとした。国民とともに歩むという度量を持つ経営者であるか、あるいは、私企業の発展を優先した経営者であるのかという判定も一つの基準である。通常の経営者はその中間に位置して、私企業の発展のみではなく社会的な供給責任を果たそうとしている経営者であるが、ここではそうした基本的な観点から、筆者なりの基準で経営者の区分を試みた。

　その判断基準は、必ずしも公正で妥当なものとはいえないし、偏りが否めない。ただ、日本経済全体に対する視野の広さとか、社会的な供給者責任などに

対する配慮からの判定である。そうした発想と資料入手のたやすさなどから経営者を特定してその人物の活躍の一端の紹介が試みられた。

しかも、第三者が観察した経営者に関する評価と自著による自己申告によるものであるから、現実の経営者の実像とはかなり異なるものということを前提として経営者の実績を評価することとした。区分すべき大きな基準は、企業の社会的責任という観点をさらに推し進めて、企業の私的利益のみの追求を優先するか、それとも、社会奉仕を理想とするかという点である。

経営者を二つのグループに分類して、その業績を評価してみる。そこで、企業の社会的責任を強く意識して経営の任に当たる経営者を先に紹介した。さらに、第二の経営者としては、企業の存続を願い、ひたすら企業経営に専心する経営者である。紙幅の制約で紹介する経営者がきわめて少数に限定されていることを理解して頂きたい。

第1節　経済発展を推進した機械工業と専門経営者

太平洋戦争前後の日本産業は、機械工業が中心となり急速な発展を遂げてきた。経済政策でも、機械工業の発展が優先されて、日本経済発展のシンボルのような役割を果たしてきた。機械工業は、労働集約的な産業であり、しかも、利益が低いという特色を持ち、低利潤と低配当を特色とする産業でもある。過剰人口が大きな課題となり、外貨の不足が経済発展の限界となった太平洋戦争後に、国家が力を集中すべき重要な産業が機械工業であった。機械工業を発展させてきた専門経営者の台頭と活躍から、同産業は、「日本的経営」の重要な舞台を提供してきた。それは、労働集約的な産業であると同時に、多くの材料、部品から成り立つものである。付加価値率の低い、低利潤率の機械工業の発展には、高い利潤と高額の配当を求める株主の意向に左右されない、意思決定の中立が求められていた。

アメリカにみるような高い配当と安全な企業経営を求める株主の支配を脱して、専門経営者による積極的な設備投資を推進する日本的経営システムの構築

に成功したことが、1955年より約25年間の日本における高度経済成長の推進力となった。

1. 専門経営者による従業員、部材提供業重視の経営

会社は、人間が仕事を求めて、そこで自分を磨き、かつ生活を維持していくために必要不可欠な組織である。その社会的役割は、社会のニーズに対応した製品の提供やサービスの供与など多様なものがある。未来に向けた会社成長性という観点からは、企業の中での従業員の働きを重視しつつ、そのための従業員の動機付けが大きな課題となる。そこでは、企業のリーダーの選出方式と従業員の取り扱い方、いわゆる企業統治という側面から経営戦略が重要な意味を持つ。

2. 専門経営者の登場：太平洋戦争後のミドル経営者

企業による設備投資や新製品開発計画は、企業経営者により決断されるが、資金の乏しい状況下では多くの資金が社内留保に向けられて、新規投資には向かわないことが多い。そうした中で、日本企業では、太平洋戦争後に財閥解体と戦争責任の追及により財閥の当主とその代理人である番頭格の大物財界人が追放され、代わって多くの若手管理職が経営の責任者となり、専門経営者として日本経済の発展を担ってきた。1950年代の復興、60年代から70年代の高度成長を推進してきたのが彼ら専門経営者であり、財産維持、企業価値の拡大に熱心なオーナーとは異なる投資行動パターンにより積極的な企業経営で日本の経済発展を推進してきた。日本的経営の中で「実質的なミドル」中心の企業経営と経済成長を推進したといえる。

第2節　国民と共に歩む経営者——渋沢栄一、土光敏夫

日本社会の近代化に財界活動を通じて貢献した人物として、ここでは、渋沢栄一と土光敏夫を紹介する。

[渋沢栄一（1840－1931 年）：明治期の財界活動で近代産業発展]

　渋沢栄一は、日本に多くの株式会社を創設し、日本商業会議所の創立者となり、個別の会社の利益だけではなく、企業設立と雇用拡大という仕事を通して、日本産業の基盤を形成した先覚者である。その業績は多様であり、晩年には、社会事業に従事して昭和6年に92歳で没した。誕生の1840年より1931年まで、幕末から明治．大正、昭和に至るまでの激動の時代を、多様な事業活動に従事して一生を終えた。日本の近代工業化ならびに経済制度の近代化に大きく貢献した。彼は、埼玉県深谷市の豪農の子供に生まれ、一時は、勤王の志士となり、一橋家に仕えて徳川慶喜が将軍になるとともに幕臣となったという経歴も持つ。

1. 主たる業績

（1）　幕末には、徳川慶喜の弟に随行してフランスにわたり、欧州の経済制度を視察し、金融、商業の知識を得て帰国した。その知識を活用して、帰国後、明治政府に仕えた。

（2）　1873年に大蔵省を辞職した。その後は、民間にあって、多くの株式会社の設立に努力した。財界人のスタートとして、国立第一銀行の設立に貢献した。また、王子製紙、大阪紡績、東京人造肥料、東京ガス、東京貯蓄銀行などの設立に尽力した。生涯に株式会社500社の設立に貢献したとされる。

（3）　実業界の第一線を退いた後、彼の活動は、教育と社会奉仕に向けられた。一橋大学の設立に貢献し、さらに東京市養育院（現在：東京都健康長寿医療センター）の経営を初めとした多くの社会事業活動に従事した。

2. 主たる経済活動

　渋沢が経済活動を開始した明治初期は、日本は農業中心の極めて閑散とした社会であった。大根と沢庵漬が中心の経済社会であり、経済活動はすこぶる沈滞していた。商業は味噌1斤の取引、娘の糸車と機織りなどが中心の遅れた産業の状況であった。経済発展の前提としては、金融機関の設立が急務であった

といえる。そうした中を彼は、近代株式会社の設立に努力して、経済の発展に取り組んだ。明治6年の第一国立銀行設立から明治中期にかけて多くの民間会社を設立して日本経済の発展に寄与した。しかし、本章では、財界人としての渋沢の功績を紹介し、論評するという目的に沿うよう明治24年（1891年）の商業会議所の会頭就任から渋沢の業績紹介を始めるものとする。

3. 商業会議所と日清戦争

　明治24年には、渋沢は法律で制定された東京商業会議所の会頭に就任した。23年の経済恐慌と25年の回復を経て、明治27年には、日清戦争が起こり、兵士と兵器の輸送で海運の活発化が景気の拡大につながった。明治28年には、日本の勝利と海運業のさらなる発展がみられた。その際、渋沢は、日本郵船に参加してその発展に尽力し、さらに、東洋汽船の設立にも努力した。

(1) 日露戦争と鉄道事業

　明治37年には日露戦争が勃発したため、外債発行による戦費調達が必要とされた。翌年のポーツマス会議で講話が成立したが、日本人が獲得することを期待していた賠償金が獲得できずに暴動が起こった。明治38年には、外債募集が推進されて、好成績を収めた。鉄道建設に際しては外債が充当された。金融緩和が進展し、好景気が到来した。その際、渋沢は南満州鉄道会社の設立に努力した。株式募集と販売は好調で、投機熱が発生した。紡績、砂糖、肥料などの事業が進展しており、株式募集は良好な成績を収めた。

(2) 明治40年以降の恐慌とその対策

　彼は、多くの企業の設立に寄与した。南満州鉄道設立委員を初めとして以下の企業設立に貢献している。東京電力、石狩鉄道、大日本水産、大日本ビール、韓国水力、東京鉄道、明治製糖、日本自動車、日本化学など数十社の設立に寄与した。企業規模の巨大化が進展したが、三菱財閥などの財閥も巨大化してきた。

(3) 東洋開拓会社の発展

　明治42年、東洋拓殖会社設立委員の活動を最後に、渋沢は多くの関係事業から引退した。高齢ゆえの形式的引退である。しかし、数か所（第一銀行、東京貯蓄銀行、銀行集会所）の役員を勤めており、その発展には努力を続けた。大正5年には、喜寿を迎えたのを機に財界活動から引退して社会事業に専心することとした。

4. 社会奉仕活動

　財界活動のかたわら、彼は、社会事業活動にも従事してきた。教育支援と商業の振興に努力している。現在の一橋大学の存続、大倉高商、その他施設の創立に尽力し、そうした活動を通して商業教育に貢献している。また、東京養育院の院長に就任し、恵まれない人々のために懸命な努力をしてきた。明治末期には、政党政治が実現した。しかし、渋沢は政党の活動には批判的であった。政治は道徳であるというのが彼の発想であり、政治は勢いでもなければ力でもなく、国民の生活の安定を目指すものという強い信念があった。そうした発想の延長線上において、労使協調路線の必要性を強調している[1]。

5. 渋沢の業績に関する歴史的評価

　渋沢の残した業績に関する評価は多面的でなかなか困難な課題である。その活動の中で注目すべきは、個別企業の繁栄や発展にのみ傾斜したものではなく、日本産業全体の発展という幅広く、また、マクロ的な発想に根差していることである。日本産業を全体として繁栄させて、社会の安定と国民の福祉を意図したもので、日本経済全体の発展の先駆けとなってきた。

（1）　個人としての事業家ではなく、政商でもなく、彼は、会社設立と企業間の連合体としての東京商業会議所という経済界のトップとしての役割を果たした。いわゆる財界人のまとめ役であり、単なる利益獲得でなく、企業の集団としての社会的責任を果たすことに全力を傾注してきたといえる。

(2) 第二に、彼は反封建思想、自由民権思想の持ち主であったことである。儒教精神による道徳観を信奉していた。単なる利益を追求した利潤本位の商業を嫌い、現実の社会における単なる商業主義に対する不満を持っていた。自己の理想に合致する事業にのみ従事してきたといえる。その生き様は、仁愛による人間社会の建設を理想としてきた。

6. 晩年と終焉：昭和6年（1931年）に逝去

わが国における企業の発展には、彼は、一応は満足していたが、しかし、精神的、道義的な分野において、現実の社会、経済に彼は多くの不満を持っていた。特に明治期の主要な政治家、軍人の言動に対しては強い不信感を持つこととなる。日本の行く末を憂慮しつつの晩年であったといえよう。その後の日本の運命は渋沢の憂慮した通りの展開となった。しかし、太平洋戦争後の敗戦から立ち直り、経済界が日本社会復興に向けて先頭に立ったことで、渋沢の精神は経済界には引き継がれたものとみられる。

(1) 商業教育振興とリーダー教育に専心した晩年

渋沢栄一は、晩年には、多くの商業系の学校開設などの教育活動に従事して、わが国の教育活動に大きな功績を残した。一時危機に陥った東京商科大学（一橋大学）の救済に尽力し、大蔵高商（現在の東京経済大学）などの商業系学校の発展に寄与するところが大きかった。とくに、商業の発展に向けた商業学の教育に力を尽くしてきた功績は大きい。商業の発展と商業道徳の振興こそ、日本経済を支える柱であったからである。日本の経済社会の発展に寄与した先覚者の多くは、商業の重要性を訴えている。そうした商業発展こそ日本社会の基盤となろう。明治末期から大正期における不良米の販売など商業道徳が低下し、しかも、平成時代における日本の失われた20年という商業販売高の低下している中では商業教育拡充の意義は大きい。

(2) リーダー教育を欠く日本の現状

　日本の教育における大きな問題は、職業教育やリーダー教育が軽視されていることである。その背景には、フランスのように国家の指導者となるリーダーに対する国民全体が支援する特別な教育を怠ったことがある。その上に、わが国の大学では、若年の段階で一般理論に重点をおいた教育科目が偏重されて、職業に従事するという現実的で具体的な発想を欠く、空理空論の教育に重点がおかれていた。製造現場で活躍するエンジニィア、店舗で顧客にサービスするための商業教育、ベンチャーを起こしてそこで仕事を継続するためのビジネス教育という大変に重要な教育を目指した学校もあったが、それはむしろ傍流であり、高校までは、一般常識を中心とする教育が中心を占めており、実学の教育を目指した試みはほとんど重視されることはなかった。偏差値重視の教育には問題が多い。

(3) 実学と職業教育が主流になる事

　大学でも、専門の学部が数多く開設されてはいるが、1、2年次には、一般教養科目に重点をおいた教育が重視されてきた。若い年代より、製造現場、販売の店舗、経営の場における現実の仕事を取り扱う課題に重点をおいた教育こそが重要だと考えられる。そうした現実の実践の場で若いうちから、現実に直面し、そこでの仕事を担当して、人格を陶冶する場が必要とされている。商業分野の専門家育成に向けた大倉高商などの学校設立を推進し、商業専門家の育成に尽力して、さらに商業の専門学校たる東京商科大学（一橋大学）の発展を推進した栄一の慧眼を評価したい。商業道徳は現代社会では地に墜ちている。社会に信頼される正しい商業道徳と商業の発展が国家繁栄の基盤となる。

第九章　日本経営者の群像　213

[土光敏夫（1896－1988年）：国民目線の財界改革]

　土光敏夫の人生は、国民の立場での財界活動に向けた努力の集積であったといえる。彼は、明治29年（1896年）に岡山県の農家に誕生した。工業高校を卒業した後、現場の作業員として、造船工業である石川島重工業の前身の石川島造船所（のちの石川島芝浦タービン）に就職した。工場現場で懸命に働き、製造の現場において工夫と改善に努力し多くの製造現場における改善を推進してきた。彼の発明や提案と実績が高く評価され、製造現場における実績の評価を高めて、やがては、工場長にまで上り詰めることとなった。その上で、彼は、本社部門の管理職に登用された。本社部門においても、多くの工夫と改善を行い、合理化を推進し、企業の業績を積極的に高める努力をして、会社の成功に大きく寄与した。その業績が高く評価されることとなり、ついに、本社の社長に就任して大企業のトップに君臨することとなった。その後は、親会社である東芝の社長に迎えられて企業改革を行い、さらに、経団連の会長として、財界の先頭に立って、消費者の立場を支援する取り組みを継続した。その上で、日本国有鉄道（旧国鉄、現JR）の民営化に努力して、その志の大部分を果たしたものと評価される。

1. 技術者としての活躍

　国産のタービン製造は大正11年頃から始まったとされているが、陸上タービンの開発は昭和初期から開始された。石川島造船所での発明第一号はセメント会社から受注した機械である。土光の発案で第一号を秩父セメントに納入する契約を締結した。大正時代から昭和初期においては、国産機械の技術革新は急激であり、技術者の奮闘があった。

2. 石川島芝浦タービンでの活躍

　終戦直後に、彼は、石川島芝浦タービン社長に就任し、資金繰りに関する苦難を体験した。

　同社の戦時中の功績として、ジェット・エンジンの開発がある。その後は、

第一銀行の後の頭取に働きかけて、資金調達を行う。また、通産省からは機械工業に対する補助金を引き出すために陳情を行なう。こうして、彼が代表するタービン会社は親会社（石川島重工業）よりも早く立ち直りが計られた。昭和25年には不況で、会社の再建が大きな課題となったが、土光は親会社である石川島重工業の社長に迎えられた。

3. 社内報で組織改革の提案

石川島重工業社長就任と同時に社内報を作るなど、多くの改革を断行した。以下は、その主な功績であるとされている。

（1） 就任当日には、あらゆる部署の伝票を解読し、節約の徹底を計ったとされる。事実は、伝票を集めることを命じて冗費の節約を指示しただけであるが、それだけで翌月からは交際費を中心に事務経費が減少した。

（2） 社内報第一号では、社長の年頭の辞で工場別の採算性、受注の計画化、事務能率向上、社風高揚等を指示した。

（3） 多くの職員と面談した。会社の未来に向けた理想を語らせるためである。

（4） 技術研究所では能率向上に向けた討論を行い、目標管理を提案する。各個人にノルマを課すという制約を与えた。

（5） 翌年の正月、正門前で社長が社内報を配る。社内体制の引き締めをはかることに目的があった。

（6） 日本一のケチ会社という評判をえた。節約、合理化の成果である。

昭和25年に、朝鮮戦争がはじまり、特需で会社が生きかえる。昭和28年には、朝鮮戦争の休戦が成立したが、同時に造船不況が深刻化した。そこで、政府の業界に対する利子補給がなされ、その過程で造船疑獄が発生した。

4. 東芝改革、巨大企業の革新

昭和40年には、東芝の社長に就任し、同社の改革を推進してきた。チャレンジ・レスポンス、長期計画の策定などを進めてきた。60点主義での即決をモットーとした。その他社内改革の具体例は以下の通りである。

（1） 全工場、支社、営業所を訪問し、従業員との対話を推進した。各部門の連携を強化した。
（2） 社長室のドアを常に開けていた。毎朝、1時間をかけて多くの社員と懇談した。
（3） 社内の組織図として、顧客、従業員を中心にした同心円とすることを提唱し、顧客を尊重し、従業員一般の発言を尊重する雰囲気をつくる。
（4） 社長によるトップ・セールスを断行した。エレベーターを西武百貨店に販売することに成功した。社長就任の翌年には、イザナギ景気があり業績が回復した。

5. 経団連の第四代会長就任（昭和49年）

経済界の代表として重要な財界活動を展開した。以下は、その具体的な活動の成果である。
（1） 経団連の会員である多くの民間企業の要望を聞き、民間企業の活動基盤を整備するための官僚統制の排除に向けた活動を展開した。役所の行政に対する民間企業の影響力を拡大するための努力を行う。
（2） 全国の地方経済団体を訪問し、各地の事情把握と経団連の活動に対する要望を聞いた。
（3） 国民に奉仕し、国民目線での企業活動の推進を経団連活動、民間企業の理想とすることを提唱した。その手段として、経団連の自民党に対する政治献金を廃止して、経済界の理想とする経済政策を立案するためのシンクタンクとして21世紀財団を起ち上げた。
（4） 1976年には、経団連代表団を率いて訪欧し、日欧貿易摩擦の解消に努力する。その後も、民間経済外交に努力して国際的な友好関係に配慮した対応を計る。
（5） 長期エネルギー計画を策定し、未来の石油不足に対応してエネルギー節約の徹底を推進した。

6. 臨時行政調査会会長としての行政改革

　経団連会長からの退任後は、行政改革推進に向けた臨時行政調査会（臨調）の会長に就任して、巨大になりすぎた行政機構の簡素化にも力を注いできた。特に、国鉄の民営化に向けた強力な指導力を発揮して、それを実現したとされている。

7. 財界活動の評価：組織改革に高すぎる理想、実現は困難

　日本においても大変に希有な昇進劇を彼は実現した。現場の労働者は一般には、効率の向上に向けて現場に張り付いた仕事を行っている。しかし、わが国では、教養の深さと高い能力を持つ人物が、時折大きな昇進を果たし、工場勤務から本社社員に抜擢されて、本社のトップに昇進する事がないわけではない。しかし、成功することは希である。身分制の確立したヨーロッパ社会では、今日に至るも現場の労働者が事務部門に登用されるということは極めて珍しいとされており、事務部門におけるトップに昇進するということはほとんど起こりえないこととされている。わが国ではまれにそうしたこともあったが、ただ製造現場担当者が本社のトップに就任することはきわめて異例のことである。そうした意味で、土光の石川島重工と東芝という大企業における社長への昇進は、史上で始めての快挙であったといえよう。その昇進の華やかさに反比例して彼の改革に向けた成果は、必ずしも豊かなものではない。

　成功とはいえなかった彼の行動の背景には二つの事実がある。

　第一は、彼が専門分野としたエンジニアリングの世界と異なる人間の作る企業組織の改革は、極めて困難な事である。組織の解明も、組織改革の方式に関しても無数の研究者が従事しているが真の解決策は提示されてはいないことに配慮すべきである。

　第二は、日本の社会が、供給業者による既得利権の巣といえるほどの、利権構造となり、その改革はほとんど不可能な状況にあることに対する配慮が求められている。

(1) 東芝改革の行方

　総合電気メーカーとしての東芝は、IHI の親会社としての役割を果たしてきたとされる。その東芝においては、戦後に長く優秀な経営者がトップに立ち、その経営基盤の強化を実現してきた。1970 年代の高度成長期の黄金期を終え、石油危機を迎えた 1980 年代には、日本経済は多くの困難に直面し、企業組織の改革が必要とされていた。組織改革の求められていた時期に、経営者としての名声を得ていた土光が、東芝の再建に向けて社長に迎えられた。そこでも、数年の社長在任期間中に大きな改革を推進したとされている。

(2) 経団連会長としての活動と功罪

　経済界のトップである経団連会長としての大きな業績は、経済界による政党に対する政治献金を中止して、国民と共存し、国民のための経済団体を目指した功績と言えよう。土光の功績とみられている業績として以下の数点を指摘する。

① 政治献金の廃止

　第一は、経済界の利益を追求することのみを考えて行動するとされてきた経済団体の力の源泉である自民党という特定政党に対する献金を取りやめたことである。同時に、経済成長要因の探求と政策研究の成果を踏まえた経済政策の提言の取りまとめに向けた財界のための専門的な研究機関を設置したことである。21 世紀財団を創設して、日本経済の発展に向けた経済政策を探求し、あわせて消費者のための経済政策の探求に乗り出した。そこでは、国民と共存する経済界の活動を目指した経営戦略の探求が意図された。彼は、経済団体連合会を単なる陳情団体としての経済団体ではなく、国際情勢、日本経済の停滞などを深く考慮し、日本の消費者の立場にも配慮しつつ、長期的な観点よりの経済政策の確立とその推進を計る機関とすることを理想とした。そうした政策提言を行う専門機関として、「21 世紀財団」を設立して、その発展に努力してきた。

② 国際経済外交の推進

　第二に、経済外交を推進して、多くの関係国との利害調整を行い、各国との

民間経済外交の発展に努力してきた。日本側の国際競争力の拡大に伴う外国とのトラブルの解決策を提示することに努力し、それに対応した積極的な経済外交を推進した。機械製品の日本から外国に対する集中豪雨的な輸出圧力が外国の失業を促進しているという欧米諸国の抗議に対応して、土光は、わが国輸出圧力の調整や輸入の促進に努力し、外国との国際摩擦の解消に努めてきた。

わが国から外国に対する海外投資を促進して国際経済環境の整備と調整に努力を傾注した。民間レベルでの国別の連絡調整のための機関を開設して、民間外交による国際協力に向けた具体策の推進に努力してきた[2]。

(3) 臨時行政調査会（臨調）会長としての行政改革

臨調の会長に就任して、巨大になりすぎた行政機構の簡素化にも力を注いできた。特に、国鉄の民営化に向けて強力な力を発揮して、それを実現したとされている。

(4) 土光の業績評価：高い理想と厳しい現実

大変に注目される業績を残した土光の活躍ではあるが、その評価となると、かなり厳しい現実がある。彼の理想は大変に高邁であり、その意図も立派なものと評価は出来る。しかし、長い歴史をもち、利権社会となってから数百年の伝統を継続してきた日本社会の改革は、容易なことではない。ほとんど変革などが困難な状況にある現代日本社会において、「改革」などという言葉を頻発する人間が詐欺師に近い状況である事が再確認されるべきである。確かに、土光は、改革を唱える他の日本人とは異なり、純粋に日本の組織改革を理想としていた尊敬に値する人物ではある。しかし、いかにその思想が純粋でも、たんなる理想、理念と個人のカリスマ性だけでは日本社会の改革はほとんど実行不可能な強固な利権社会になっているものと判断される。個人の行動などはほんの僅かな意味しか持たなものと評価すべきである。現実の日本の企業組織は、不詳事の繰り返しで、国民からは、すでに、完全に無視されている。以下は、彼の理想が如何なる結果を生んだか、現実の厳しさを指摘する。結果としては、

いずれも、土光の理想とその発言の趣旨が実現することがなかったという事実の確認が重要である。
① 政治献金の再開、発信をしない21世紀財団
　土光の提案に沿い、経団連は、政治献金を数年間廃止したがそののち自民党に対する献金を再開した。21世紀財団は設立されたが、さしたる成果を発表することもなく、現在も立ち往生している。特に、研究活動の停滞もあり、土光の理想とした国民の利益と両立した経済政策の策定などは絵に描いた餅に過ぎない状況にある。社会科学の研究、すなわち、現実の社会制度に関する真実の解明が困難なことは容易に想像ができよう。学界においても、社会科学研究の停滞が目立つ上に、民間の研究所活動だけでは当初から成果は見込めない。
② 学問研究の厳しさへの理解不足
　その学問の研究に成功しなかった21世紀財団は、逆に官僚や政治の世界に大きなインパクトを強めて、多くの政府、役所の審議会で官庁の政策原案作成のオピニオンリーダーになろうとしている。しかし、その行動は、国民の利益と両立することはない。

8. カリスマ性、過去の成功体験からのインパクト

　土光の財界人としての一般的評価は、極めて高い。しかし、その評価には、やや厳正な点検が求められている。清貧であり、国民目線の財界活動という事では、彼は希有な経営者ではある。しかし、その言動が必ずしも日本企業に根付かないことに対する配慮が必要となる。人間の集まりである企業組織は人間がつくるもので、むしろ、万国共通の組織としての弱点を抱えてきたとみるべきである。
　土光は、それを承知で、日本企業と経済団体としてのあるべき姿を提示したものといえよう。それは、本来の経営組織体質の本質的な改革に成功したものではない。彼の改革は、彼の在任期間だけの一時的効果といえよう。彼のサポーターが、その理想に感動して、その在任期間中に土光という経営のトップに従ったのみであるとの解釈に合理性があるといえそうである。在任中のある種

のカリスマ性で組織をリードしてきた。確かに、彼の在任中は、徐々に組織改革らしきものが見え始めていた。しかし、組織の底辺に関する改革はなされていない事が問題となる。

その後の多くの日本企業では、組織不祥事が日常茶飯事となる。そうした企業では、権力を有する者に素直に従うもののみが後継者となるのである。小さなセクションのトップとして、平和な組織を仲良しクラブとして管理してきたという多くの管理職体験者の声が聞こえてくる。自分の経験と知識のみで、経営には知識の無い後継者が続々と誕生し、日本の経営は、勢いを取り戻せずに停滞を続けている。

(1) 土光改革が裏目に出ること

土光の退任後には、君臨した組織が発展はしてはいないことに留意が必要である。彼の出身母体である石川島播磨重工は、余り輝いた業績は聞かれない。東芝は、今、会計処理で不祥事が指摘されて、その改革には大きな課題を抱えている。

政治献金を禁止して、国民と共に歩む財界を指向した経団連は、労働組合対策を担当してきた日経連と統合して日本経団連となり、世帯は大きくなったが、土光の引退後に自民党に対する政治献金を再開しており、国民の利益に反する方向にある。その功績とされる成果では唯一国鉄の民営化のみが指摘できる。しかし、国鉄の民営化に関する評価も必ずしも成功ということで統一されてはいない。

(2) 利権社会としての日本の再認識

ただ、彼の清貧という生き方に関しては、多くの人々が共感する。それは、現代の驕り高ぶる大企業経営者に対する警鐘となる。日本的経営は、今後、多くの時間をかけて、さらなる大きな改革を迫られることとなる事を銘記すべきであろう。ともかく、土光は、その在任中にある種のカリスマ性で組織をリードし、日本という巨大な利権社会の未来に一筋の希望を与えてきた。しかし、

組織の底辺をなす組織構造の改革には取り組むことはできなかった。

(3) 組織改革に関する学問の未発達

土光の改革が成功しなかった背景には組織改革に関する学問が成立していないという事情がある。組織というものは、その性格を転換して、社会的な供給責任を果たすことが困難なものであることが銘記されるべきである。本書の第三章で指摘したギデンズの組織改革の提案が参考とされるべきであろう。清貧だけが推奨されるべきではなく、反対派との共特性を含めて、組織改革の在り方がいま真剣に検討されるべきである。

第3節　私企業経営を成功させた創業経営者
　　　　—出光佐三、宮崎輝

渋沢や土光ほどのカリスマ性はないが、日本の経済界で、特異な業績と独特の経営成果を残した経営者の姿をここでは紹介するものとする。

［出光佐三（1885－1981年）：出光興産創業者］

太平洋戦争後の石油業界で、産油国イランに直接に油送船を送り、石油を獲得した出光佐三の手腕が注目された。その後、彼の会社は、石油輸入の実績を重ねて業界の上位に躍進する。日本の業界での型破りの佐三の功績が注目を浴び、名経営者といわれることとなる。

1. 体の弱さというハンディを克服

彼の出生地は福岡県宗像郡の赤間で、そこは城山トンネルの出口に位置していた。彼は、神戸高商を卒業した後に石油販売の商店に奉公に出た。前垂れ掛けの石油と酒の販売活動を行う。そこでの体験を生かして、効率的な販売活動に従事して、人の考えないアイディアで勝負したことが成功要因となる。体が弱く、若年のみぎりに多くの苦難に直面したことが独特の商法を生み出す契機

となる。

　他人との差異としては、彼は、書物を読まない事だという。目が不自由で書物を読めないというのが正しい表現である。代わりに、一つのことを深く考える事に集中したとされ、それを新たな工夫を生む契機にしたとされている。

2. その活動の特色：仕事に全力投球

　自著によると、佐三は運が良かったという事を強調している。押しが強くて、相手を煙に巻くことが得意であるとのことである。強引な力で何事も押し切り通したことが成功につながったと指摘している。

　一つの長所は、大変に効率的に仕事をこなす能力を持ち、実績を挙げてきたことだ。これは、経営者としての成功要因となる事である。具体的には、イラン石油の買い付けに船を派遣して、それが成功したことに提示されている[3]。

　戦争中に東南アジアに石油販売網をもつ出光興産を設立した。日本の独立後は、石油タンカー「日章丸」をイランに派遣して石油の直接輸入を行い、注目を浴びた。

[宮崎輝（1909－1992年）：旭化成中興の祖]

　旭化成中興の祖として、宮崎輝の経営戦略は大変に優れていたといわれる。彼の在任中に同社は繊維産業から住宅産業等への多角化に成功した。事業転換で優れた実績を残している彼が、取締役としての心得を指摘している。ここでは、宮崎の自己研修法と取締役の鍛練法を紹介する。

(1) 自己の勉強法：仕事に対する心構え

　経営者たるものは、厳しく自分を鍛え、努力の集積を続ける事の必要性を彼は強調する。絶えざる勉強に努力することが肝要であるとする。あらゆることに対して疑問を持ち、その解決に向けた努力を惜しまないことである。誰よりも勉強家であることが企業経営者の条件であるとしている。また、新たなアイデイアをだすこと、新たな問題をクリエートすること、戦略を構築すること、

責任を取ることなどの意義を指摘する。常に疑問を持つことと、問題に対する総合的な判断を行い、少なくとも、五年先のことを考えた活動を展開することだ、という。
① 情報収集：勉強を永続することが重要である。新聞を読むことを推奨する。特に関連の業界誌を熟読すること、多くの会合にも出かけて情報収集に努力することの必要性を強調する。
② 現場との接点：会社の現場を知ること、特に労務と販売活動が大切だという。
③ 相談相手との対話：派閥ではない友人やブレインを持つこと。
　外部に多くの人脈を作る事とそれとは、逆に、社内の人脈を敬遠することを提唱する。社内にブレインを作る事は派閥形成の要因となる。そこで、社内では、組織を活用することに心がけて、個人との関係では全ての社員との平等の付き合いを心がけることを勧告する。これは、現代における日本の企業経営者に対する大きな警鐘となる。

(2) 取締役の選定育成方式
　宮崎の幹部候補生選定と育成方式は、独特である。自分で会社内の従業員に直接会い、多くの方法で本人の能力を確認して、幹部候補者を選定している。未来の取締役候補者は、自分の近くの部署において、直接に仕事を委託しながらその仕事を観察して育成するという方式を採用してきた。大変に時間と手間のかかる方式で幹部候補者の教育を行うということである。自分のお気に入りの社員の取り巻きを作り、そうした取り巻きの中から後継者を選定している日本の大企業における現在の後継者選びを間接的に批判している。
　宮崎は、さらに、以下の諸点を指摘する。
① 社内の会議での社員の発言に注目する事
　幹部の選定に際しては、社内の勤務評価は参考程度にとどめることである。出来るだけ、多くの社員の意見を直接に聞く機会を設けることが必要である。社内会議での発言に注目し、その上で、能力があると認めた人物には直接に面

談して、幹部候補者を選定する。

　まずは、多くの職員の参加する会議に出て彼らの発言を確認する。そこで有能な人間を選定して、さらに個人的に面談をする。その際に、重視するのが新たな課題への挑戦の意欲を確認することである。

② 知識欲、新事業へのチャレンジ

　知識欲、責任感などに注目して、人物を判定することが重要である。多くの新たな課題に挑戦してそれを解決する意欲を重視すべきである。

③ 三年間協働すること

　選定した候補者を自分の近くにおいて、審査し、教育をすることが肝要だ。新たな分野に挑戦させて課題ごとに責任を取らせて、育成する。アドバイスも行い、彼ら彼女らの育成を試みる。三年間を費やして幹部候補者の育成が行われる。

(3) 経営哲学

　宮崎は、自己の経営哲学を以下のように表現している。

① 核をもつ多角化：コアコンピタンス経営、イモズル経営

　多くの企業が多角化を進めているが、成功するところは多くはない。多角化を成功させるには原則がある。それは、組織の強みを活用した多角化である。組織の本来の強みを活用し、それにより収益の得られるシステムを活用した事業活動を展開することが肝要である。

　化学繊維製造メーカーとして、化学繊維を原料とした関連事業を推進したところに旭化成の成功要因がある。また、研究開発も本業と関係のある分野に専門化してきたことに特色がある。こうした経営方式は、一般には、ダボハゼ経営と称されるが、宮崎はその方法をイモズル経営と呼んでいる。

② 長期の視野：30年目に花を咲かせる事

　未来を予想して、長期的な事業活動の成功を期待して、着実に成果を挙げる状況を目指すことである。現在は赤字でも、未来には必ず成功して会社の大きな収入源となる部門を事業化する努力をすることも肝要である。現在の赤字

で、未来の成長分野を開拓することを提唱する。赤字部門を持つことは、未来には黒字にするという目標が出来ることである。それは、組織の活性化の基盤となる。経営において完璧を期すことは不可能に近い。そこで全て70点で満足することを目標にする事を提唱する。

③　事業活動の進め方：反対のない新規事業を練り直すこと

新規事業開始に際しては多くの従業員、関連部課の意見を聴取する。反対意見がない計画案には注意が必要だという。反対意見があれば、その意見の内容を十分に点検する。根拠のある反対意見は尊重し、計画（案）に反対した勇気ある人物は尊重する。全く反対の無い計画は取りやめることとする、あるいは最初から練りなおすものとする。これは、大変貴重な宮崎輝の後世に対する警鐘となる[4]。

まとめ　日本企業の創業者──岩崎弥太郎とその後継者

従業員を大切にするという発想は、海外では必ずしも普遍的とはいえないことである。

欧米の企業では、企業組織はその創設者や大株主のものという発想が強くて、従業員は経営者のいうことに従うことが肝要とされた。そうした意味での経営者は日本の経済界でも主流を占める大多数に上る。

わが国では、株主や経営者が、企業は自分のものとみていることである。労働者も同様の発想で行動するのが日本企業の特色である。だからこそ、彼らは企業の発展に向けて全力を傾注し、それが経済の発展を導くこととなる。会社を自分のものでもあるとする発想こそ、日本人でなければ、考えられないことである。日本流の企業経営では、自分の力を大切にすることが重要であることだ。

民間企業の発展に対する貢献では、岩崎弥太郎は、渋沢栄一とは双璧をなすが、後者が、経済界全体の発展を指向したとされているのに対して、岩崎弥太郎は自己の設立した企業の発展を強く指向したといわれる。そうした意味で

は、日本的経営というよりは、岩崎は、自分の企業の発展を指向して、企業を大きくし財閥の原型を形成した人物として代表的な財界人として評価される。そうしたタイプの財界人としては、松下幸之助とか本田宗一郎の名前を挙げることが出来る。かれらは、敢えていえば、自己の所属する企業の発展に尽くした人物である。

1. 岩崎弥太郎（1835－1885年）：三菱財閥の創業者

　明治維新の初期に岩崎弥太郎は、官営企業の民営化に努力して、民間企業として成功させた人物として第一人者といえよう。かれは、官業払下げとそれら企業の民営化に努力し、巨大企業を民間企業として再生させるうえで大きな貢献をしてきている。特に大きな功績は、国営会社の民間企業としての発展に貢献してきたことであり、それにより財閥の当主として事業拡大をはかってきた。かれは、配下の幹部を指導して、払い下げられた官営企業を民営企業として、効率の高い、優良産業として育成に努めてきた。彼の後継者の努力もあり、19世紀末から20世紀には、海運と機械製造を中心に彼の創設した企業が大きく成長して、三菱財閥として発展した。

　そこでは、従業員を企業で抱え、訓練して、育成することも行われた。終身雇用制のスタートである。弥太郎は、早世して志は半ばで倒れたが、彼の後継者の努力で三菱財閥とその関連企業の活躍が日本の経済発展には大きく貢献した。官営企業の払い下げとその効率的な経営を旨とする民間企業グループとして育成したという点での彼の功績は大きい[5]。

2. 企業の発展と業界利益に寄与した経営者

　岩崎弥太郎を始発点として、わが国経営者のほとんどが企業の発展をひたすら念頭において努力した経営者といえる。自分の設立した企業の発展をひたすら祈願して、企業発展を専心的に指向する経営者は日本の経営者の主流である。岩崎弥太郎の活躍は、そうした日本企業の大多数の経営者の先駆けとなった。

注釈

(1) 土屋喬雄（1989年）『渋沢栄一』吉川弘文館。第2章、第3章。
(2) 土光敏夫（1983年）『私の履歴書』日本経済新聞社。
(3) 出光佐三（1956年）『我が四十五年間』出光興産。
　　出光佐三（1971年）『日本人にかえれ』ダイヤモインド社。
　　出光佐三（1992年）『私の履歴書：経済人：5』日本経済新聞社。
　　出光佐三著、滝口凡夫編（2012年）『出光佐三魂の言葉：互譲の心と日本人』海竜社。
(4) 宮崎輝談、大野誠治構成（1986年）『宮崎輝の取締役はこう勉強せよ！：役員になる人、なれない人、能力づくり、腹づくりのために』中経出版。
(5) 南条範夫（2009年）『暁の群像：豪商岩崎弥太郎の生涯（上巻）、（下巻）』文藝春秋社。
　　その要旨：幕末から明治初期の激動期を背景に岩崎弥太郎（三菱財閥創立者）を中心とする近代日本のリーダー達の無軌道な行動を描いた物語である。小説だが日本経済史の権威である作者による史実に近い創作である。明治の元勲とされる彼らも、ここでは、金欲、物欲、色欲の凡人として描写される。偶然に有名人となり、国家の進路不明で困惑する変人達の活動描写が滑稽で秀逸だ。明治30年頃から戦争と植民地拡大に突入する日本の悲劇はこうした彼らの無軌道さが背景をなす。暗愚な日本の指導者を無条件に信用するなとの著者の警告とみられる。巻末の加藤廣による解説も抜群の出来だ。

第十章
創業経営者の英知
——ゆかり企業の事業戦略——

はじめに　市川という土地と風土—地味な使命感

　本章では、これまでとは異なる発想に基づいて、筆者の所説を展開するものとする。初めに一つの仮説を設定して、それを実証する方式で、現実の企業創業者の業績を紹介する。その仮説とは、土地とその風土、文化が特別な人間を呼び寄せ育成して、さらに、その文化を強化するというものである。人間の活動、特に経営行動は、土地の風土と文化の影響を受けて、土地柄に適合した組織を形成、育成する傾向があるものとみられる。その土地や文化に相応しい経営哲学や経営戦略が採用され、実践される。そうした中で、経営者の姿勢が、さらにその土地に新たな文化を育成することに寄与する。どちらかというと土地の文化の経営戦略に与えるインパクトは大きいものとみられる。こうした考え方は、いわば、場所の理論といわれる学説で表現することが可能である。場所や地方が経営戦略や業績にインパクトを与えるということは、現状では仮説の段階にとどまるが、否定はできない意義のある発想とみられ、今後の一層の学問的な検証が待たれている。

(1) 地味と堅実さの土地柄：千葉商科大学

　私事とはなるが、筆者の勤務する千葉商科大学は千葉県市川市の国府台に立地している。すでに約80年の歴史と伝統を持つ由緒ある高等教育機関である。商経学部を中心として五つの学部と大学院博士課程を持つ日本の総合大学の一つとして発展してきた。

230　第四部　日本型経営者の実績

　その市川市は、日本の首都である東京都の東側の隣地に位置している。東京都の東方隣地にあるベッドタウンという土地柄であり、そこに居住する人物は、東京都民に比較して、やや地味だが、堅実で、献身的という文化を持つものと観察される。そうした中で特に本務校が立地している国府台、真間地域は地味、真面目、使命に献身する人物を育成する風土にあるものとみられる。市川ゆかり企業の創業経営者にも同様の傾向があるものと筆者は判断した。そうした特性が日本企業の経営に寄与する特質を持つのではないかとの仮説を立てて、その仮説を実証するために、数人の実業家の業績を紹介するものとする。複数の市川ゆかり企業の経営者の経歴とその経営哲学を紹介し、また、市川の土地柄に類した活動の経歴を持つ経営者の言動も解説して、彼らの行動と結び付けた創業の知恵を検証してみたい。当初は、市川市ゆかり企業経営者の経営成功に向けた知恵を紹介するものとする。いわば、それは、ゆかり企業の創業経営者の発した共通する言動と後世に対する共通のメッセージと筆者は判断した。

　具体的には、山崎パン創業者の飯島藤十郎、イタリアン・レストランのサイゼリヤの生みの親である正垣泰彦は、市川の風土を代表する人格者であるとみられる。

(2)　土地柄が企業風土を決定：市川と京都

　土地柄とか地域特性からみて京都は独特の性格をもち、長く日本の首都であったという特性を持つ。そうした風土の特性を持つ、いにしえの首都である京都は産業としては独特の地味で永続する性格を持っている。日本の長寿企業の多くが京都に起点を持つものといえる。そこで、京都を中心とする長寿企業の生き残りの要点を紹介して、市川市の成長企業との比較の材料を提供してみた。歴史と名声においては、天と地ほどの落差のある両市ではあるが、地味さと使命感の強さという二点では、市川も京都に匹敵する長所を持つものとみられるようである。堅実な組織学習を基盤とした本業重視と長期にわたる事業活動へのこだわりという点では、市川と京都中心の長寿企業との対比を行なっ

てみるのも一つの方策である。第十章の第3節では、長寿企業生き残りの要因を要約して、そうした本格的な研究に向けた材料の提供を試みた。

(3) 場所のインパクトと経営戦略

場の経営活動に与えるインパクトに関しては、数例の先行研究がある。伊丹敬之は、場のインパクトの具体例として、秋葉原という家電電器街、東京都大田区の零細工場街を具体例として指摘している[1]。

市川という東京に比較して極端に小さな市場、東京都に比較してやや地味な生活スタイルなどが、間接的に低マージン率という山崎パンの販売戦略を生み出す契機となり、さらに、サイゼリヤの低価格での商品提供の推進因になったとの解釈も可能かとみられる。

ともかく、本章の記述は、やや強引な展開となったが、何時の日か本章に提示した市川ゆかりの経営者像に関する仮説の実証されることが期待される。本章にて紹介する経営者の実像を筆者が十分に把握できたか否かは必ずしも明確ではないが、ここでは、筆者の調査した成果にもとづいて、ゆかり企業の創業者と経営者の実像を紹介して、一応の仮説の検証を試みた。ここに紹介した数例の経営者像の紹介だけでは十分な検証とはならないが、問題提起だけはさせて頂くものとする。

第1節　山崎パン創業期と飯島藤十郎
　　　　―使命感と根性という英知

山崎パン株式会社は、現在は日本一の製パンメーカーに成長したが、その昔は、市川市を拠点とする小企業に過ぎなかった。それが、1960年代から急速な発展をみた。その創業者である飯島藤十郎の活動は、市川市の風土を代表するような地味で継続的な事業活動へのこだわりを提示している。会社の発展を通して社会貢献を推進した強い使命感を持つ経営者であった。また、飯島藤十郎は、太平洋戦争末期には、国府台連隊に帰属して、現在、千葉商科大学の立

地している国府台、真間の近隣で活動をしていたという記録が残る。

　以下、飯島の業績を簡単に回顧し、企業経営の岐路における彼の決断に関する重要な足跡の要点を紹介するものとする。

飯島藤十郎（1910－1989年：山崎パン創業者）の略歴

　山崎パンの創業者である飯島の創業経営者として事業を成功させる原動力になったものとみられる彼の発想と体験に注目する。

(1) 誕生と少年期

　飯島藤十郎は、1910年（明治43年）11月7日、東京都北多摩郡三鷹村に誕生した。生家は、農業の傍ら、酒、味噌、醤油などを販売する雑貨商であった。1923年（大正12年）4月、藤十郎は、八王子の府立第二商業学校に入学し、二年で中退した。藤十郎は5人の子供の長男として、母を助けて懸命に家業に従事した。父の他界後、新宿の叔父の八百屋の仕事を手伝う。

　1927年（昭和2年）には、新宿で開業の中村屋の仕事に興味を持ち、中村屋に奉公した。その勤務の傍ら、四谷にある第五商業学校の夜間部に入学した。夜学に通い勉強したが、学業と仕事の両立が困難で二年半勤務ののち中村屋を止め自宅に戻る。

(2) 教員として独立、兵役勤務

　不景気で就職難時代であった1931年（昭和6年）には、豊島師範教員採用試験に合格して、教員職に従事したこともある。その直後には、戦時体制下、徴兵制の強化で兵役に招集され、千葉県柏の高射砲隊に配属された。1944年（昭和19年）夏には、市川市国府台の高射砲連隊に配属され、区隊長として下士官の教育を担当し、また、高射砲関連の資材調達と物品調達を担当した。1945年（昭和20年）8月には敗戦を国府台の地で迎えた。

(3) 太平洋戦争後の製パン業創業期

敗戦後の当初は国府台を農業地として開拓、農業開発を目指した。その傍らで製パンの技術取得に励む。創業期である1948年（昭和23年）には、本格的な製パン業開業を決意した。市川市、京成国府台駅繁華街近くの一角に12坪の敷地を確保し、そこで営業を開始した。建物は開拓地の弾薬庫を移転、石窯を用意した。当初は、パンの委託加工から事業活動を開始した。

1949年（昭和24年）8月には、和菓子、洋菓子製造に着手し、里見饅頭が大ヒットした。9月には、京成八幡駅前に直営店を開店、それが大繁盛した。同年11月には、市川真間にも直営店をオープンし、東京両国には工場を建設した。

(4) 名古屋敷島パン見学―マージン率引き下げと特約店拡大

山崎パンの今日の発展の礎石は、1951年の名古屋で開催された製パン業全国大会への飯島藤十郎の参加と敷島パンの工場見学にある。

1951年（昭和26年）7月に開催された名古屋の全国製パン技術大会に参加した藤十郎は、そこで多くの体験をし、企業発展に向けたヒントを得た。また、見学に訪れた敷島パンの社長からの教訓はその後の山崎パンの発展に大きな役割を果たした。それは、製パン業のマージン率を1割に下げて、販売店に良質の製品提供を実行するという教えである。

その後、藤十郎は、新鋭の製パン機械を導入し、生産力の拡大を計ると同時に販路拡大に向けて、特約店募集を行い、販売先の拡大に成功した。その際には、自社の利益を抑えて、販売会社の利幅を大きくするという経営方針が販売会社の売り上げ促進に拍車をかけたこととなる。取次店募集の新聞広告を出したところ、20数店の応募があり、販売の促進に拍車がかかる。その後、昭和27年には、小麦の配給制が解除されて小麦やパンの自由販売となる。そこから、山崎パンの躍進がみられた。

(5) 中興の軌跡—市川店の躍進

　その後も同社は順調な発展を続けてきたが、その発展の重要な要因は、本業を重視して、過度な多角化とか不動産投資等に資金を振り向けることなく、本業に忠実で堅実な経営に従事したことにあるとみられる[2]。

第2節　オンリィ・ワンを目指すサイゼリヤと正垣泰彦

　サイゼリヤは、日本を代表するイタリアン・レストラン最大手のチェーン・ストアであり、全国に1000店舗以上を開設し、中国などアジアにも出店しているグローバル企業である。過去40年余の躍進は目を見張るものであるが、その創生期には市川市を起点として発展してきた。終戦後に、平凡な洋食店を市川駅近くに開店して、営業を開始した。当初は、普通の店舗にすぎなかったが、その後、イタリアン・レストランに転身して、業容を拡大する戦略に転換した。創業者である正垣泰彦がイタリアを訪問して、同店で提供する料理の特色を決定し、そこから、経営戦略を大きく転換して長期の躍進を遂げることとなる。

(1) 大胆で、細部に亘る道徳の経営哲学

　創業者である正垣泰彦の生き様は、大変に地味であり、堅実であり、実に細かい細部にわたる事業活動や従業員教育における重要な配慮がなされている。一般の企業における企業内研修とはかなり異なる配慮がなされており、まさに市川の地道さ、事業活動に対する献身、使命感がにじみ出ているように見受けられる。ここでは、正垣泰彦の経営哲学の一端を紹介するものとするが、筆者の観察は十分なものではないものとみられる。その全貌を知りたい読者には章末の注釈に提示した正垣泰彦自身による著書などの熟読をお勧めしたい。

(2) 正垣哲学の原点：恩師、母親のインパクト

　人のために、人の喜ぶことをするということ、そのために、経営を成功させ

るというのが正垣の発想の原点である。それは、大学の恩師の厚情と母親の人の良さに影響されているものとみられる。正垣は恩師よりの教訓に深く感謝し、経営の転換点においてその教えを尊重している。また、家庭生活では、母親の思いやりにも大きなインパクトを受けた。具体的には、父親の家庭内不祥事が発覚した時には、母親が自分の力不足が招いたことであるとの発言があり、こうした母親の人情味に正垣は大いに感動した。そうした恩師と母親の影響を受けて、人間の行動の目標は他人を喜ばせることにあり、経営の究極の目標も人間と社会に奉仕することにあると考えるに至った。それが、彼の経営哲学の基本的原点となった[3]。

1. レストランの経営戦略：合理的低価格路線と本業重視

経営理念としてのおいしさ、店の親しみやすさ、合理的な値段、特に安い価格設定を心がけるというのが、創業者である正垣泰彦の企業経営の基本理念であった。経営戦略では、合理的価格設定を可能とする運営を行い、そのために経費節減の徹底が行われた。

(1) 価格設定戦略の哲学：正垣泰彦の仮説

イタリア料理の専門店に転進した際の戦略が同店運営方針の大きな転機となる。多くの人にイタリア料理に親しんでもらうために、まずは安い価格設定を心がけた。イタリア訪問と本場料理の吟味、価格設定の再点検により営業躍進のヒントを得た。ヴェネチア商人の行動において、売り手と買手の交渉では、売り手の提示した値段の半額となる段階で双方の言い分が通り、引き分けた形で交渉が開始される。

しかし、買手が本当に喜ぶ値段は売り手の提示した値段の約三割であることに注目した。市場価格の三割の値段で商品を提供して顧客を引き付けることを考えた。サイゼリヤの大きな魅力は、すべての食品のメニューが同業他社よりかなりの低価格で提供されていることである。

① 低価格戦略を可能とする手段

　低価格のメニューを可能とした手段としては、以下のような工夫と改善がなされている。それは、生産販売活動の一貫性である。原料確保に向けた専業農業栽培、自社搬送、調理専門家育成、直営店、消費者との連絡調整などであり、そのための顧客ニーズ把握、迅速な対応、調理メニューの工夫、改善、食材の調達、加工方式の改善、米とワインの自家生産などがある。

② 二つの工場によるニーズの統合

　サイゼリヤでは、カミサリーとプラントの双方を設置している。前者は、流通、配給に配慮した工場である。それは、単なる食材の加工だけではなく、多くの店舗に食材を効率よく配布するための物流基地でもある。プラントは生産工場であり、食材の加工工場である。正垣は、創業間もないころに、プラントからの輸送のプロセスで品質の低下が起こる事を強く意識した。そこで、食材の製造と系列店への輸送に配慮した食材加工と配送にも考慮したカミサリーを設けて、品質確保に万全を期すことを行う。これはサイゼリヤの独特の食材輸送施設であるといえる。

③ 一貫経営の推進

　サイゼリヤでは一貫経営の方針を堅持し、そのために計画的な事業活動を推進してきた。以下はその要点である。顧客ニーズを把握することとその時代における変化の把握、顧客指向のメニュー変更、味付けの研究、個別店舗情報の集約とその活用である。

　また、売上至上主義を排して、顧客の好む商品の開発、経営管理の合理化を推進することに心がけた。

(2) 生産性の罠

　企業にとり生産性の向上は好ましい事ではあるが、それは従業員をおごり高ぶらせることが問題となる。やがては失敗のもととなる事が多い。サイゼリヤのケースでは、2005年から2006年には多くの店舗の拡張がなされたが、結果としては失敗を招いた。その原因は、未熟な店長を多く出したことである。そ

の後は、従業員訓練に向けた教育、訓練に時間を割くこととなる。人材の育成に努力して、十分な準備を行い、時間と準備を経たうえで出店を継続してきた。

(3) プロパー人材の育成とスカウト要員での組織造り

新卒者の企業内教育が推進され、社員研修が強力に行われた。さらには、他企業の優秀な人材のスカウトも行われた。他企業の人材は同業他社ではなく、クルマ産業などの製造業における人材の獲得と活用がなされた。また、従業員の採用訓練に特別な方式を用いたことである。

① 千葉大学出身の学生を中心とする理工系の優秀な人材確保

正垣は経営管理の目標を必ず数値として明示して、それを遵守することを尊重した。工学系学部の卒業生は、そうした目標の数値化に関する能力が高く、現実を合理的に判断する能力に優れている事を重視した。工学系学部の出身者の能力を活用して正垣は経営管理の目標を必ず数値として明示して、それを遵守することを尊重した。

② 製造業の人材スカウトに関する工夫

他企業からの人材のスカウトに際しては同業他社からの人材選定を行わずに、クルマ産業などの異業種である製造業を中心に優秀な人材を選定してスカウトを行ってきた。スカウトされた人材の多くは、正垣の経営方針を良く理解しているものが多く、社員と意思疎通に問題がなく、事業活動の遂行に支障をきたすことはなかった。

(4) リーダーと経営理念：人のために懸命に働くこと

経営戦略には絶えず変えておくもの、変えていけないことの二つがある。

① 変えるべき戦略

変えていくものは、経営の手段であり、以下の三点に留意することである。それは、日常業務の注意事項であり、一週間でかえる戦術である。

ところが、経営戦略には、10年で見直すもの、ならびに、30年から40年で変えるものがある。

（a）10年単位で変えるものでは、ライフスタイルや流行に沿い変化させるものである。

（b）30年から40年で変えるものは、M&A等である。ダイナミック・ケイパビリティ（DC）に相当するものであるとみられる。

② 変えてはならないものが経営哲学

人のために働き、正しく、仲良くすることが基本的な原理となるものでサイゼリヤの経営哲学となる以下の三点が重要である。

（a）人のために働くこと：社会奉仕活動の心がけである。

（b）正しく：お客さまも会社にも良い事をする事だ。

（c）仲良く：社長、店長、店員が仲良く一体となって協力する事である[4]。

2. サイゼリヤの経営理念と正垣のイニシアチブ

サイゼリヤの経営理念は、チェーン・ストアー理論に基づいた経営理論である。スカイラーク、吉野屋も同じ理論に基づいて経営戦略を形成したとされるが、サイゼリヤには違いがある。正垣は、他社と争うことを良しとせず、業界のオンリィ・ワンをめざす。業界には競争相手がいない事を見極めてのことである。

（1）経営とは改善の積み重ね

企業経営では、一つの懸案を解決すると、それがさらに新たな問題を発生させる事が問題となる。例えば、商品とか仕事の手順を標準化すると、時代の変化に対応して、新たな標準化が求められることとなる。経営とは、改善の継続であることだ。

創業者である正垣は、サイゼリヤ経営に際しては、外食チェーン店経営の専門家の教えを十分に点検して改善を続けてきた。彼は、エキスパートである経営の専門家から問題提起をされると、約三か月をかけて慎重に改善案を作成して、それを恩師に提出している。恩師に対しては、大変に謙虚に対応をしてきた。

(2) 経営活動の評価

　経営とは、売上至上主義ではなく原理、原則を大事にすることである。業績拡大に際しては、単なる膨張主義を排することである。社会奉仕という経営理念に充分に拘る事が肝要であるという。

　2000年代の前半期には、正垣は、年間100店舗の拡大路線を敢行した。その際には、絶えず理念を強調してきた。地区別店長会議には必ず出席して、自己の理念を社員に説いてきている。

(3) その他：日常のマネジメントにおける戦略

①自己資本比率を高めて、健全経営に徹する事を心がけたことである。
②千葉大出身の学生を中心とする理工系の優秀な人材確保に努力した。
③原理、原則に忠実であることだ。失敗を数字で表して、仕事の方法を標準化する事が尊重されたことである。失敗から学ぶ姿勢を大切にしたことである。

3. サイゼリヤ品揃えの特色

　正垣の外食産業としての経営戦略の神髄は以下の諸点にある。

(1) 品揃えの三タイプを意識すること

　売れる商品、店が売りたい商品、売れないけれども、ないと困る商品、という三タイプの品揃えが重要である。陳列棚では、最下層、真ん中、最上階という区分となる。

　店が売りたい商品は、サイゼリヤでは本場のプロシュートを乗せた熟成ハムピザである。

　売れないけれどないと困る商品は、イカの墨入りスパゲティ、イタリアの食後酒、「グラッパ」などである。

(2) ヒット・メニューを生む原則

　自店の強みを作るメニューの提供を正垣は尊重する。また、流行に惑わされ

てはいけないことなどがメニュー造りの注意事項である。具体的には、以下のような教えである。
①値打ちのある料理に合うおいしい素材を開発すること

具体的には、トマトやレタスに合う料理、ドリアのホワイトソースにあう料理の発見が必要である。
②料理をおいしくする加工方法を開発すること

当初はトラックを使い正垣自身が直接に店舗に食材を配達していた。その際に、時間の経過と運送の際の振動による素材の痛みを感じた。そこで、鮮度維持の工夫をし、食材の温度を四度に保つ工夫をしてきた。具体的には、カミサリーを設置して、配送方式を改善したことに彼の戦術が表われている。
③より良い経営計画を作る事

現実的な目標を設定して、従業員すべてに賛同してもらうことである。また、より高度な目標を立てて、責任者のリーダーシップのもとで、従業員全員を目標の実現に参加させることにも大きな意義がある。

第3節　長寿企業の成長要因─本業重視と組織学習

　長寿企業の継続要因につき、グロービス大学院による調査結果を要約して紹介する。日本における長寿企業の研究からその生き残りの特色を確認するものとする。

　日本では創業200年企業が1,191社もあり、世界の創業200年企業の43％を占めており、わが国は長寿企業大国である。創業300年以上、かつ年商50億円という基準を満たす日本型サステナブル企業は、69社ある。日本経済の歴史が長く、それだけ歴史の長い企業の存続がみられる。本業が京都で誕生して、京都を中心にする事業を展開してきた企業が多い事がその特色である。

1.　長寿企業存続の条件

　長寿企業の多い背景としては、日本の社会経済風土がある。以下の三条件が

長寿企業存続の大きな背景をなしている。
①外国からの侵略や大きな内乱がなかったという歴史的背景がある事である。
②和、創業工夫、伝統、質素倹約、勤勉を尊重しながら、他国文化を受け入れる慣習もある事である。
③日本的な企業経営の伝統が大きな意義を持つものとみられる。

2. その特色

長寿企業としては、日本には以下の特色がある。
（1）日本の300年存続企業のうち、非ファミリー企業が51％を占めていることである。ファミリー企業のみが長寿企業ではないことに留意すべきである。
（2）長寿企業の成功要因として以下の要因が見出される。堅実性、特色活用の時代対応、コア能力対応の顧客価値創造があることなどである。
①　身の長け経営に拘ること。無理な拡張を避けること
　価値観や事業観を継承しつつ、事業内容を時代の変化に対応して継承し、変化させる事もある。
②　価値観、使命感を長期に継承する事
　創業のこころざし、価値観、理念は企業のDNAであり、幾多の変化を乗り越える行動指針となる事である。企業の持つ独自の能力を継承しつつ、それを拡大し、継続する努力を維持する事が重要である。
③　企業別の具体的な対応
　企業別に具体的な対応を指摘すると以下の特色が明らかとなる。すなわち、岡谷鋼機の人材育成、月桂冠の醸造技術等の能力を活用しながら、時代ニーズに対応した事業内容の変化を行う事などである。

◎岡谷鋼機における経営戦略として、10個の評価基準を適切にクリアーすることである。以下の10項目で一項目でもバツを取らない心がけが重要である。
（1）顧客価値の提供：その要素：コア能力、顧客価値、組織能力

（2）身の丈経営に拘る事：その要素：経営スタイル、資本・財務、ガバナンス
（3）サステナブル企業を支える価値観をつなぐこと：その要素：後継者、社員、社外ステイクホルダーの確保。

日本の代表的長寿企業

日本の代表的長寿企業としては、以下の五社が指摘される。
（1）ヤマトインテック（農器具、自動車部品：創業 1584 年）
（2）ヒゲタ醤油（醸造業：1616 年）
（3）月桂冠（酒造業：1637 年）
（4）岡谷鋼機（鋼材商社：1669 年）
（5）にんべん（食品製造業：1699 年）

3. 長寿企業成功の要件

日本のサステナブル企業経営の要点は、地元企業との共存に心がけて、コミュニケーションを深め、また、神事、祭事の活用、組織学習の重視などがある。

(1) コミュニティと共存の CCV 経営

日本型のサステナブル企業は、事業存続とコミュニティ存続の共存価値で事業を継続することが重要である。企業の感謝・貢献とコミュニティの信頼と恩恵による実利という好循環から無数のつながりが生み出されて、共存価値となる事である。それは、社会との共存を重視する CCV 経営（Community Coexistence Value：コミュニティ共存価値）を指向することである。

(2) 神事、祭事を経営に活用すること

日本型サステナブル企業のほとんどに神棚がある。抵抗できないものへの畏怖の念、謙虚さや自然のめぐみに対する感謝の気持ちを込めながらリーダーと

社員とが同時に神事や祭事を尊重する事に意味がある。そこでは、謙虚さや感謝の気持ちを継承することで、組織に規範が生まれ、組織に自律の理念が浸透するものとなる。さらに、そこでは、独りよがりな社長や創業者一族に対するガバナンスの効果がみられる。

組織全体の価値観の継承に大きな意味を持つものとしての神事、祭事継承、社内行事、地域貢献等でその企業特有の営みの共通体験が組織全体の価値観の継承につながる事となる。

(3) 組織学習の重視

新たな参加者である新人が徒弟制度的プロセスの過程で、先輩や経営者を教師として、共同体の価値観を学ぶことである。それを実践して、先輩が後輩にノウハウを継承してゆくものとなる。徒弟的なプロセスを活用することが肝要である。

そこでは、以下の四つのプロセスを活用することである。
①規範提示と目的の認識　②親方による個別指導
③独り立ちの足場作り　④支援を減らし、自律に導く事。

◎組織学習が全ての力の源泉となる事

徒弟的なプロセスを現代のビジネス関係に適合させることが肝要である。自社の環境に適合したOJT（仕事の現場での実務体験の訓練）を意図した慣行とすることである。変化を乗り越えるために組織学習を行うことも重要である。

4. 具体的な経営戦略の意義

経営戦略の分野では、以下のような対応が求められている。
（1）有事の大胆な意思決定
有事には大胆な意思決定をすることと、それを平素の質素、倹約、ルーチン・ワークと両立させることである。
（2）経営の独立性を確保するための資本構成を維持すること。自社の持つ株

式を分散させずに、次世代の経営者に対して継続することである。そこでは、株式を上場しないことも多い。
（3）危機に耐えられる財務力を維持する事
　無理、無駄な投資をしないこと。賃貸料や配当金がある事。自己資本比率を高めておくことが重要だ。売掛金を低減し、分散することである。
（4）平常時の本業重視の事業展開を推進する事。確実な事業を推進する事。
（5）平常時には、質素・倹約の経営を実現する事。
（6）長期的観点から新事業の拡大を行うことである。有事には、大胆な意思決定を行なうことである[5]。

まとめ　ゆかり企業の創業経営者に共通する言動、共通メッセージ

　サステナブル（長期の成長を保証する）な成長を継続する事の出来る企業経営者の能力や性格は、常識でいわれるような頭の良さとか、高い偏差値とかというものではなく、一時しのぎの効率の良さでもない。どのような逆境でも、本業を守り抜く根性や供給責任を継続する使命感などに支えられている。それらの知見は、ゆかり企業に共通の創業者の経営姿勢や経営哲学を点検した成果である。その成果を以下のように要約するものとする。
（1）創業経営者の卓越した経営戦略としては、本業に忠実であること、事業転換に関する時代、場所、機会（TPO）に関する選択眼の冴え、組織操縦術に巧みであることである。
（2）創業者の基本的な特性としては、感性の鋭さと鍛錬（事業の方向、選択眼）、野性と慎重な冒険心のあることである。
（3）知性鍛錬に向けてての単なる勉強はナンセンスである。問題別の体系的な読書が不可欠となる。特に、歴史書、戦略書、人間学の修練が肝要とみられる。
（4）管理職としての日常ルーティン・ワークだけでなく、大きな時代の転換点の見極め方に特異な才覚を育成することが肝要である。事業戦略転換か、継

続かの判断、周囲に対する説得方式等の問題意識を持つ事も重要である。鋭い感性と野性を発揮することが求められている。
　(5) そこで、ゆかり企業数社の創業経営者の資質は、感性、野性である。それらを総称して、体系的知性と名付けたい。

　要約すると、サステナブルな企業経営者の性格にはある種の愚直さが必要とされていることである。一般にいわれる頭の良さとか高い偏差値の持ち主は、サステナブルな企業経営の推進には逆効果となる事が多いものとみられる。その場しのぎの効率の良さや短期的な問題に対する解決策の提示は、日常的な経営管理には不可欠な特性といえる。しかし、一般的な常識とは異なり、経営のサステナブルな成功を導く重要な要因は、むしろ、常識にとらわれない独創性が求められていることである。一般の常識とは異なる非常識さ、愚鈍さには、大きな役割があることだ。悪評を気にしない個性とか、常識に囚われない姿勢や他人の理解を超えた分野に注目して、世の中に対する独特の観察眼を蓄積することである。そうした他人とは異なる日常の訓練が事業を成功に導く基盤となる。
　大切なことは、時代の大きな変化に対応して経営戦略の転換か、継続かの賢い意思決定をすることにある。経営の戦略眼は、偏差値の高さからは生まれないことも銘記されるべきである。時代の転換点を見極めるために、日常、常識や流行にとらわれない他人とは異なる学習と経営の戦略眼の訓練を継続することである。

注釈
(1) 場の理論に関しては、以下の文献を参照して頂きたい。
　　伊丹敬之 (2005年)」『場の論理とマネジメント』東洋経済新報社。
　　伊丹敬之、西口敏宏、野中郁次郎 (2000年)『場のダイナミズムと企業』東洋経済新報社。
　　伊丹は、場のインパクトの具体例として、秋葉原という家電電器街、東京都大田区の零細工場団地を指摘している。

そのほかに、以下の文献も注目される。

関満博（2006年）『変革期の地域産業：モノづくり・まちおこしの「現場」から時代を読む』有斐閣。

Scharmer Otto, 2007, *Theory U: Leading from the future: as it emerges:* Scott Meredith Literary Agency Inc., 土中井遼他訳（2010年）『U理論：過去や偏見にとらわれず、本当に必要な［変化］を生み出す技術』英治出版。

(2) 山崎製パン株式会社（1984年）『ひとつぶの麦から』（ダイジェスト版）山崎製パン株式会社創業三十五周年記念誌。

(3) 山口芳生（2011年）『サイゼリヤ革命：世界中どこにもない"本物"のレストランチェーン誕生秘話』柴田書店。

(4) 正垣泰彦（2011年）『おいしいから売れるのではない、売れているのがおいしい料理だ』日経BP社。

(5) グロービス経営大学院著、田久保善彦監修（2014年）「「創業三〇〇年の長寿企業はなぜ栄え続けるのか」」東洋経済新報社。第3章、第4章、第5章。

竹原義郎（2010年）『ほんものの京都企業：なぜ何百年も愛され続けるのか』PHP研究所。

松岡憲司編著（2013年）『事業継承と地域産業の発展：京都老舗企業の伝統と革新』新評論。

浅羽茂（2015年）［日本のファミリー・ビジネス研究］一橋ビジネスレビュー（東洋経済新報社）63(2)、2015、AUT。

第十一章
創業経営者とケイパビリティ論

はじめに　社会科学研究の現況

　現在のわが国社会科学系の学界では、組織を発展させて、その持続的な成長を推進する戦略に関する研究成果が注目されている。組織発展の手段としての成功を保証する技術であるケイパビリティ、特に、ダイナミック・ケイパビリティ（DC：Dynamic Capability）が議論の対象とされている。そうした発想の提唱者として、現在では、ティースという経営学者が高名だが、DCという発想の最初の発案者は、1980年代に競争戦略論を発表したポーターとされている。ポーターは、もともとは産業組織論に関する専門家であり、その基本的概念であるSCP分析の発想を経営戦略論に応用して、自説の正しさを証明しようとしたとされている。組織の盛衰を決定する要因としては、産業構造（S：Structure）を踏まえた企業行動（C：Conduct）の如何により、経営成果（P：Performance）が決定されるとみる。そうした企業の行動に焦点を絞り、更なる成功要因を摘出したとされているのがティースである。成功率の高い企業の行動には、事業機会とその脅威に関する情報収集の方式としてのセンシングに加えて、情報確認による機会を活かす行動の決断、すなわちシージングが重要な手続きとなる。その上で、組織の資源調達の点検と転換となるリ・コンフィギュレーションが続いて、経営戦略に関する勇気ある決断という手続きで経営戦略が決定され実行される。ポーターの発想にヒントを得て、ケイパビリティという発想を発展させてそれを具体的に提案したのがティースである。
　彼は、企業の持続的発展をもたらす能力を探求しており、それをDC（ダイ

ナミック・ケイパビリティ）と命名している。企業の発展戦略には、企業間の経営資源の持つ共特性（補完性）などに心がけることが肝要である。企業行動に際して、企業の立場は、資源の利用状況により変化する事があり、他の企業との資源の共特化の重要性をティースは強調している。そのほかに、時代の変化や環境の転換に適合しない特定の資源に固執すると、それがコア・リジィディティ（負の資産）に変化することや持続的発展が不可能なことを彼は強調している。DCの重要性は、以下の具体的な経営戦略に提示されている。

(1) 具体例：経営戦略の明暗：不条理克服のマネジメント

　菊沢は、DCにより具体的な企業盛衰のケースが説明されるとしている。ここから、同業者であり1980年代までは世界の大企業として君臨したコダックのその後の衰退、富士フイルムの躍進の秘密が解明されるとしている。

　同業であり、同じ技術と知識を持つ大企業である両社の運命は、1990年以降、大きく明暗が分かれた。コダックは、多角化の必要性に気付きながら、そのための膨大なコストを懸念して本業の継続という判断での事業の衰退を体験した。支払わなければならない事業転換に向けた経費の大きさから戦略転換を怠る事となる。それは、合理的な計算に基づく本業の継続である。合理性を発揮しての失敗といえよう。

　他方では、富士フイルムは本業を続けつつ、かつ、他方では、化粧品業界や健康食品などへと徐々に多角化を進めて時代変化と環境の転換に対応してきたことが注目されている。

　経営環境の変化に際して、富士フイルムは従来の本業から多角化の道を進む。その際には、かなりの経費を要することは予測されていた。しかし、経費負担に配慮しながらも、それを敢えて犠牲にして多角化と戦略転換に踏み切った富士フイルムの事業転換であった。事業転換の経費がかさむために、本業に執着したコダックは、機会費用の計算結果にこだわりすぎたことが業界の環境変化から取り残された要因となる。

(2) 今後の課題

ところで、DC は一つのフレームであり、理論としては必ずしも完成していないことである。今後の方向性としては、以下の二点があると菊沢は指摘する。

第一は、取引コストとの関係で、経営戦略の方向性を数理モデル化して、実証研究が可能なように、因果命題を引きだす方向性が考えられる。

第二は、環境変化が激しい時に企業には大変革が必要となる。変革には膨大なコストが必要となるが、経費が大きいと現状維持が合理的と判断され、コスト計算にこだわりすぎて、事業転換の時期を逸するものとなる。そこでは、戦略の形成には合理的に失敗することになる。事業転換のコスト、事業継続の経費双方の計算の上で、事業継続か転換か戦略形成に参考となる計量モデルの開発が期待されている。今後は、従来よりもより精緻な数理モデルの開発が望まれる。それを現実の企業発展を指向した戦略の決定の参考とすることである。これにより DC の発展につながる可能性がある[1]。

第1節　ルーティン・ワークと戦略策定の区分

組織の発展過程においては、それぞれに、その段階に対応した知恵の性格が異なるものとなる。ここでは、特に、事業活動の始発点では、組織の目標とする事業活動に求められる知恵の内容とは異なる点を指摘して、創業者の知恵の性格を点検するものとする。

1. 組織体の発展期に対応した新たな知性の開拓

創業期に求められる知恵は、従事する事業活動の内容を確認して、それを事業活動として軌道に乗せる工夫である。さらには、その事業を発展させる機動力も重要な意義を持つ。

次いで、軌道に乗る事業をさらに発展させるためには、事業活動に投入する犠牲を少なくして、成果をより高める工夫が求められる。経費削減による成果の拡大である。そこでは、事業を軌道に乗せて活動を進展させる知恵が強く要

請される。さらに、確定した事業活動のより効率的な運用に向けた知恵が必要とされる。顧客拡大、市場拡張と経費節減の対応策の点検であり、新たな形の効率性と知恵が求められる。さらには、事業活動の成果が限界に直面した際には、新製品の開発並びに事業転換に向けた新たな発想が必要とされる。従来の事業が限界に直面した際は、事業の休止と新たな事業活動に向けた完全な転換が肝要である。

このように考えると、事業活動の戦略形成にはそれぞれの段階に対応して、多様な知恵が求められる。大きく区分すると、事業活動の開始期における事業活動選択、立ち上げの知識、日常のルーティン・ワークの効率性向上の知恵、新製品開発と事業転換の勇気と知性というように大きく分類して三段階の大きな知恵が必要とされる。

そうした異なるタイプの知恵を発揮して、組織の活動を軌道に乗せる工夫がリーダーには求められている。経営者によっては、そうした異なる知恵を一代で築くことができる稀有な経営者もいるようだ。しかし、それは類いまれなケースであり成功例は限定されている。そこで、経営体の発展期に対応した知恵の内容を確定して、それを明確にしておくことが肝要である。さらに、そうした知恵を事業体で継承させることも重要な英知となる。

2. 創業時の知恵：事業選択と起ち上げ計画

事業活動の創業時には、多くのタイプの知恵が求められる。重要なのは、事業活動の内容の決定である。さらに、軌道に乗った事業体の順調な発展を継続する事にもそれなりに異なる知恵が必要となる。特に、事業の立ち上げの際には、多様な英知が求められる。創業を開始するまでの計画と準備には、多くの知恵と努力の結集が必要とされる。

軌道にのった事業体のケースは、日常のルーティン・ワークを継続させて、経費低減と市場開拓を従業員の主導で推進するシステムを組織の中に植え付けることで組織の発展は確保される。

3. 事業活動選定に際しての計画の作成

　事業内容の決定には二つのルートがある。一つは社会の状況を確認して、必要とされている事業活動を見出し、自己の希望と能力を勘案して、望ましい事業を選定することである。それと同時に、自己の希望する事業活動でも、現実に活動することに困難があり、成功が期待できないこともある。あるいは、目標とする事業活動が自己の能力を超えることもあり、現実的な活動を立案し、事業活動の内容を詳しく点検しないと、実現の可能性が高まらないこととなる。

　事業活動の内容とその実現に向けた、顧客獲得の可能性、資材、人材調達の現実性、業務思考の可能性を全て点検して初めて現実味のある事業計画となる。現実の可能性を点検しないと、事業内容の決定には至らないこととなる。事業内容の決定は、現実的な計画の立案を経て、実現することが重要となる。

(1) 事業内容の決定における SWOT 分析

　現実の事業内容の決定には、創業者と関係者の資産、その調達可能性、創業者の性格、社会奉仕の精神などが大きな決定因となる。その上で、創業者の言動、人格に関連した SWOT から見た特性が大きな決定因となる。創業者個人の強み（S）、弱み（W）、機会（O）、脅威（T）などに配慮して、事業活動分野の決定がなされることとなる。

(2) 着実な計画策定

　事業内容の決定は、創業者の希望する事業活動に必要とされている事業計画の点検が前提となる。事業計画の現実性が確認されれば、そこで、事業内容の決定がなされて、活動開始に向けた準備がなされる。着実で、根拠のある事業計画の策定が、事業内容決定の前提をなす。できれば、事業計画は数十年先、数百年先までの堅実な見通しを含めて策定されることが望まれる。この事業計画が現実的で、合理性が高いほど事業の成功率は高いものとなる。ミンツバーグなどの経営学者は、この計画策定に経営の重要な成功因を見出している[2]。

第2節　創業経営者成功の条件―鈍、根という感性と運勢

　事業を新たに起ち上げることとそれを軌道に乗せることは大変に困難な課題である。創業者には事業活動の成功に向けた知恵と努力が期待されている。そこでは、かなり長期にわたる忍耐を強いられることとなる。場合によると、創業者一代では成果が得られずに、数十年の長きにわたる忍耐を強いられるものとなる。創業者の事業活動成功に向けた知恵というものは、場合によると数十年、数百年にわたり、数世代に引き継がれる長期的な事業という事となる[2]。

　日本の太平洋戦争後の財閥解体に伴い登場した大学出身の従業員から昇進して取締役となった専門経営者の直面したものとはかなり異なる地道な努力と長期にわたる忍耐が強いられるものといえる。ここでは、創業経営者の成功要因についてその一端を点検するものとする。

1. 戦略と計画策定：日常業務とは距離をおく事

　三品和広によると、経営の成功をもたらす重要事項は、日常のルーティン・ワークや日常業務の管理と監督、事業内容の転換を含めた経営戦略の決定という事となる。これら分野の成功をもたらす知恵が経営の成功に大きな役割を果たすという。それぞれに異なるタイプの能力が経営の成功に大きな役割を果たすものといえよう。それぞれの事項の間に関連はなくはないが、それら分野の成功には異なる能力が必要とされている。その上、事業の成功に向けた知恵というものは、知性というよりは、使命感、地道な突破力、運をつかむための直進的な努力等であり、いわゆる知性とは異なる特徴のように見受けられる[3]。

2. 創業者の英知―チャンスの発見

　経営戦略とか戦術が知性とされるのであれば、事業創業者のそれは、知性の中でも一段と高い貴重なものといえそうだ。強い使命感、社会に対する奉仕精神、さらには、事業活動の成功に懸けた情熱、失敗を厭わない努力、地道で長期における忍耐と新たな事業機会に関する情報収集に向けた努力の継続から成

功に向けた機会が到来する。しかし、事業活動に成功するための情報はなかなかつかめない。

　成功に向けたチャンスをみつけることは困難なことが多い。成功はそうした努力の全てを満たして、しかもまれに訪れる機会を活用することである。多くの努力と試練を乗り越えて、少ない機会を活用してこそ、事業活動の成功が得られる。極めて僅かなケースのみしか成功の機会を獲得することはできない。それは、理性とか知性ではなく、事業を継続する鈍感さや強い根性である。鈍感さと根性とがやがて運に結び付くものとなり、成功の契機をつくるものとなるのだ。企業の成功に向けた強い根性を持ち、成功、不成功などにお構いなしで、ただ自己の目指した理想に向けて鈍重に努力を重ねて、初めて運勢をつかむというのが実態である。

　そこで重要なのは、単なる知識ではなく、また効率を重視する知恵でもなく、人当たりの良さというような知性でもない。愚かなくらいの正直な努力と、時間をかけた根性を維持してのチャンスをつかむ鋭さが求められる。使命感、奉仕精神、社会性、継続する地道な努力、チャンス獲得の習性などの多くの個性が成功の基盤をなす。その上で、強い根性、本業を守る正直さ、運をわがものとする感性が事業の成功につながる。知性というよりは社会事業に対する使命感、本業を尊重する愚直さ、チャンスをつかむ理性などの合成物が事業の成功を保障するものとなる。鈍感さや根性の強さが創業経営者の成功を確実なものとする。鈍、根が運を引き寄せるものとなる。

第3節　日本的経営と社長のリーダーシップ─清水龍瑩

　社長や経営のリーダーの理想像を確認した研究者として清水龍瑩がいる。経営のトップに関する体系的な研究成果が必ずしも多くはないなかで、彼は、経営者の理想像を具体的に明らかにしている。特に、高度成長期から低成長期に突入した日本経済の大きな転換期における理想的な経営者像を明確にしているところに清水の研究の特色がある。筆者は清水の研究成果を充分に理解した自

信はないが、その主張の要点を簡単に紹介する。

1. 優れた経営者の条件：危機に求められる異色経営能力

　清水は、平常時と変化の時代とでは、求められる経営者の能力が異なる事を指摘し、それぞれの時代における優れた経営者の理想像を提示している。企業経営の効率化というのが平常時の経営者の条件となる。これに対して、グローバル化時代のような大変革期においては、効率よりは大きな課題である未来に向けた企業の将来構想が重要になるという。具体的には、事業活動の転換か、継続かというような基本的な企業経営に関する意思決定である。

(1) 企業文化に大きなインパクトを持つ経営理念

　経営理念とは、経営者個人の経営哲学と企業文化の交わる部分である。経営者の経営理念そのものが企業文化を形成して、社長の企業理念がそのまま、企業の理念となることが多い。初代の創業者は、その経営理念を強く訴えて、企業文化とすることが出来るから、創業理念や経営理念が社内に浸透しており、人事や経営戦略での創業者の理念を継続する要因となる。

　二代目社長がその方針を変えたときには、組織には大きなトラブルが生ずる可能性が高い。そこでは、哲学と企業文化との乖離が大きくなり、新たな問題を発生させる。

(2) 戦略的意思決定—カシ、カリ、根回し、公式な決定

　戦略的意思決定には以下の三点の事項がある。
①カシ、カリの論理
　優れた経営者は社内のメンバーとの多様な人間関係において、カシ、カリを作り、カシを多くすることでその威力を高めることとなる。
②根回し
　公式な意思決定の以前に、メンバーの意思を確認して恩を売ることである。

第十一章　創業経営者とケイパビリティ論　255

③公式の意思決定
　意思決定は、一応は公式な会議の議決でなされるべきである。民主的な方式で会議にかけて、迅速に議決をすることが求められている。優れた企業では、多くの階層に対して意思決定の以前に原案を根回しして、すべてのメンバーの意見を聞いておくものである。U字型の意見聴取をし、確認をして、すべてのメンバーの意見を聞くことができる。その過程で、メンバーの意見が調整されて修正を経て、最終会議での提案となる。

(3) 執行管理
　執行管理では、予算統制、原価管理など財務的コントロールと従業員の動機付けなどの人事マネジメントを行うことである。優れた経営者は、意思決定の過程をメンバー全員に対して詳しく説明し、現場職員の協力を求める。優秀な経営者は、従業員に対する説明を管理職にのみ任せることをしないのである。
　優れた経営者は、その時々に重要な事項を把握している。重要な事項とは、短期ではカネであり、中期には情報が大きな価値を持つものである。信頼できる情報を入手する努力も重要となる。その為に、日頃から情報のネット・ワークを維持管理することに心がけている。

(4) 時代に対応した企業家精神の高揚
　さらに、優れた経営者の条件として、時代に対応してメンバーの意識と関心とを管理して、彼らの注意を引きつけることである。環境に応じて、企業家精神に軸足を移して、時代の変化に対応した管理者精神に力を入れて経営目標の達成を促進することである。
　日本の経営においては、時代の変化で以前のような日本的経営からグローバル化のインパクトを受けて、英米型の経営方式に軸足を移すべきことを勧告している。しかし、どうしても日本型に回帰する傾向のある事を確認することが求められている。優秀な経営者は、こうした傾向を確認して、時代の変化に対応した経営戦略を採用することが必要となる[4]。

2. 社長の意思決定過程

　日本型経営における経営者の意思決定に関して、清水龍榮の発想を紹介する。社長の下す意思決定は、大きな変革期には、取締役の意思よりもより大きな意味を持つ。それが企業の戦略として採用されることが多い。平常時には、取締役の意思決定とその提案が採用されることが多い。大変革期の社長は企業家精神を発揮しなければならない。創業経営者であれば、その経営戦略を延長する事で対応が可能となる。イノベーションが必要とされる大きな変革期には社長のような強力な統合力とリーダーシップが求められる。

(1) 変革期における意思決定

　変革期の意思決定には、多くの情報収集が必要となる。平素に収集しておいた情報に加えて、とくに信頼できる人物からの情報の収集が求められており、そこで社長のネット・ワークが重要な役割を果たすものとなる。社長は未来の経営に関する多くの情報を勘案しながら、経営の将来構想をたてて、企業の進むべき「だいたいの方向性」を提示する。この方向性は社長のカンによるところが大きい。その方向性に関しては、社長はその分析力を用いて徹底的に吟味する。グローバル化の時代には、自社の強みを世界的な視点で分析して、経営の進路を導くことが求められる。例えば、技術、資金調達、市場などの分野の分析である。その経営の目標数値は出来るだけ厳しいものが求められる。

(2) アングロサクソン型との対比

　日本型経営者の意思決定は、英米の経営者と比較して多くの特色がある。英米型は資本を重視する。日本型は、人間を重視し、個人の観点から経営の変革を考える。また協調を重視し、信頼を尊重する。英米両国の企業においては、経済人の観点が大きな意義を持つ。各人が利己心に駆られて行動することで社会は調和の方向に向かうということを考える。

　日本型経営者の哲学の重要事項には、以下の諸点にあるといえる。従業員中心の人本主義、長期の組織の維持発展、協調主義・集団主義、慎重な人事評価、

信頼取引・長期指向重視などの長所と並行して、次期社長を現社長が決定することであり、意思決定過程が不透明、などの欠点を持つことにその特徴があるといえる。

アングロサクソン型経営を支配する構成項目は以下のものとなる。株主・資本主義、長期の利益最大化、個人責任主義であり、人事評価が容易であるという特色と次期社長は取締役会が決定、意思決定過程が透明であるという特色もある。

(3) 小変動時の意思決定過程の格差

大きな変革期ではないが、小さな変革を要するときにも、以下のような諸点に関する注意が必要となる。日本型経営は、売上高経常利益率重視、取得原価主義会計、雇用重視、複数目標の満足原理、人事評価で人間性加味などの特色を持つ。他方、アングロサクソン型は、株主自己資本利益率を重視し、時価主義会計、財務重視会計、単一目標の最大・最小化原理で決定、人事評価は実績だけで決定することなどの特色を持つ。

(4) 意思決定の基準

そこで、平素の意思決定に際しての基準を提示するものとする。信頼維持、長期思考、倫理性などは、大きな変革期にも変わらない事が多く、それらの長所は絶えず注意すべき経営者の留意事項である。しかし、変革期には、以下のことは、特に十分な注意が必要となる。すなわち、世界の大きな流れの変化、原点からの倫理性、信頼できるネット・ワークの確認などである。そこで、時代と状況により、こうした重点のおき方には工夫が求められる。

信頼、倫理性、方向づけという企業の意思決定の哲学は変わらないが、経営技術の分野、すなわち、財務、経営目標、時価主義会計などはアングロサクソン型の方向へと変化するものとみられる。経営者に求められるのは、世界の流れを確認する努力と企業の倫理性に対する配慮である。すなわち、企業が個人の幸福と人類の共生を尊重することである[5]。

3. 経営者能力

　経営者能力を構成する事項を清水は総合的に判断する。それは、企業における事業活動に関する将来構想の構築、経営理念の明確化、戦略的意思決定、決定事項の執行管理の諸点を実行する機能を経営者能力とする。それは、必ずしも普遍的なものではなく、状況適合的、条件的なものであるとしている。それらは、また、以下の三点からも判断されるとする。すなわち、企業家精神に関するもの、管理者としての精神に関するもの、そして、リーダーシップの能力である[6]。

まとめ　使命感を支えた感性の経済学的検証

　三品は、日本的経営の衰退要因として、新たな時代に対応する戦略策定能力のない事の専門経営者としての欠陥と管理にのみに目を向けた自己保身のなせる業という評価を下している。そこで、彼は1990年代からの日本の経営の衰退とそれをもととした日本経済の停滞要因を、日本の専門経営者（主としてMBA取得者）がアメリカの創業経営者に敗退した結果であるとの推論を下している。そこで、日本の専門経営者に関する以下の問題点を指摘して、本章での結論に代えるものとする[7]。

1. 管理職代行の経営者、戦略転換に遅れ

　経営の本質は組織における日常業務の管理だけではなく、また、個別部署の変革でもなく、あくまでも新たな時代の変化に対応する戦略の提示にある。また、その基本方針に沿い、企業組織の在り方の変革に向けた提案を出すことにある。

　正しい経営戦略を提示できない経営者は経営トップとしては、その役割を果たしていない。現場管理担当の管理職の職責を奪う経営者は多いが、これは現場管理職に委ねて、時代転換と社会情勢を見極めての戦略転換に対応することが肝要である。戦略提示の苦手なわが国の専門経営者の欠陥の一つがここにあ

る。20世紀末に日米経営戦略の命運をかけた創業経営者と専門経営者の運命を紹介して、日本的経営論点検の結論とする。

日本的経営は、日本の資本主義発展の遅れを反映した労働者の人権を抑圧する手段の一つとして発展を遂げて、高度成長期に存在感を示した日本における経営方式の一時代の産物との評価をせざるを得ない。時代が新たな方向に転換する中で、それは衰退するものとみられる。

2. 不公正な従業員評価

日本の職場では、規律が確立されていて、従業員の働きは厳正に管理されてきたとされている。また、上司が厳格な基準に照らして、厳正な従業員の成績の査定を行うとされてきた。しかし、そうしたことは必ずしも厳重には実施されてはいない。トヨタ自動車等の日本産業を牽引してきた僅かな成長企業でのみ職場の規律が維持されており、しかも、従業員の能力と実績に対する厳重な評価がなされてきたものとみられる。多くの企業においては、従業員の業績の査定が必ずしも厳重になされたものとはいえない。そうしたところにも、日本的経営が崩壊し、労働者の多くが専門経営者に反感を持ち、創業経営者や株主に高い信頼をおく基盤となるものとみられる。

3. 階層制が機能せずに取締役が信頼されない事

組織は、その意思決定をする最終責任者としての取締役が権威を持ち、その決定を管理職と社員に伝える階層制が採用されてきた。終身雇用制を採用した日本企業では、上位機関が下部組織からの信頼の上にこうしたシステムが機能している。下位機関からの信頼が上位機関の権威を高める源泉となる。上位機関は厳正な判断を行い、下位機関を指導する立場にあるが、それが十分には行われていない。十分に配慮した言動が上位機関には求められているものといえよう。上位機関たる取締役会の権威を高める活動がおろそかにされたことが、下位機関からの信頼を失う契機となったものとみられる。

4. 経営人材の育成を怠る事

　日本企業では、時代の転換に対応した正しい戦略を遂行する人材、職場の管理を適正に行う管理職の育成に充分な配慮をしていないことが重大な欠陥となる。

　新人社員の採用試験は、人事担当者と人員要求をした管理職に事実上の決定権があり、試験担当者は自分の意向に沿う人材を採用して、自分の部下とシンパを育成し、自分の取り巻きを拡大することを目指す。結果としては、必ずしも優れた人材ではない人事部長や管理職と同類の人材が組織内に増えて、やや人間関係に問題はあるが経営戦略の策定に才能のある人材が排除される。かくして、わが国の主要な大企業では、正しい経営戦略を策定する能力を持つとみられる異色の人物を採用試験の段階で排除してきた。多くの企業では、同じような人材が同様の間違いを繰り返してきたといえよう。日本企業のシステムは、新たな考え方や、真剣な戦略形成に向けた討論がなされることなく停滞して今日に至るのである。

5. 創業者の英知—使命感と成功

　経営戦略とか戦術が知性とされるのであれば、事業創造者のそれは、知性の中でも一段と高い貴重なものといえそうだ。強い使命感、社会に対する奉仕精神、さらには、事業活動の成功に向けた情熱、失敗を厭わない努力、地道で長期における忍耐と新たな事業機会に関する情報収集に向けた努力の継続から成功に向けた機会が到来する。しかし、事業活動に成功するための情報はなかなかつかめない。

　成功に向けたチャンスをみつけることは困難なことが多い。成功はそうした努力を全て満たして、しかもまれに訪れる機会を見逃さないことが肝要である。多くの努力と試練を乗り越えて、しかも少ない機会を活用してこそ、事業活動の成功がえられる。極めて僅かなケースのみしか成功の機会を獲得することはできない。事業活動の成否は、理性とか知性ではなく、よくいわれている、鈍、根がやがて運に結び付くものとなり、成功の契機をつくるものとなるので

ある。そこでは、単なる知識ではなく、また効率を重視する知恵でもなく、人当たりの良さというような知性でもない、愚とみられるくらいに正直な努力と、時間をかけた根性を維持してのチャンスをつかむ鋭さが求められる。それは知性というよりは社会事業に対する使命感、本業を尊重する愚直さ、チャンスをつかむ理性などの合成物が事業の成功を保証するものとなる。きわめて長期にわたり成功のチャンスをみつける鈍感性なども、成果をもたらすものとなる。鈍、根の強さが創業経営者の成功を確実なものとする。鈍、根が運を引き寄せるものとなるともいえる。

6. 今後の検討課題

日本的経営の本質に関する点検に際しては、以下のごとくの多くの課題が考えられる。未だに充分に解明されていない課題が多く、ここでは、今後の確認事項として問題提起を行うものとする。

①資本主義の発展段階と時代の大転換を認識すること。近代化の遅れを反映した日本の社長にみられるようなイエ意識と人権尊重に関する希薄な意識の前近代性を確認する事が重要である。

②創業経営者と専門経営者の闘争である。特に日米間の経営覇権をめぐる闘争、次世代経営者育成の遅れで日本勢は劣勢であることの確認が必要である。優れた経営者の理想像を思い出すこととそうした特性を育成する方法を探究することである。

③管理と経営の区分をすること。戦略形成とその実行に向けた意気ごみを点検して。戦略経営部門の拡充を計る事である。

注釈

(1) 菊沢研宗（2014年）「組織の合理的失敗とその回避」、三田商学研究、56巻6号
　　菊沢研宗（2014年）「経営戦略論のフロンティア」日本経営学会関東部会報告。
(2) 青木昌彦（2008年）『比較制度分析序説：経済システムの進化と多元性』講談社。
(3) 三品和広（2007年）『戦略不全の因果：1013社の明暗はどこで分かれたのか』東洋経済新報社。

(4) 清水龍瑩（1998年）『実証研究30年：日本型経営者と日本型経営』千倉書房。
第1章：日本の経営学研究のパラダイムの転換：8-14頁。
(5) 清水龍瑩著同上書、第6章：大変革期における社長のリーダーシップと意思決定。125-163頁。
(6) 清水龍瑩（1999年）『社長のための経営学：優れた経営者、優れた企業の条件を求めて』千倉書房。

経営者能力として、Ⅱ：トップマネジメント、3：経営者能力について清水は以下の具体的な事項を指摘する。清水著、122-148頁。
　①リーダーの能力として、以下の諸点が重要である。
　（ア）企業家精神としては、不連続的緊張を自ら作り出す能力である。
　（イ）管理者能力で、連続的な緊張感に堪えうる能力である。
　（ウ）リーダーシップ能力であり、企業家精神と管理者能力とをより高い地点から統合する能力である。
　②洞察力とカンが重要である。
　（ア）問題意識を集中する事：世界の大きな流れと足元の小さな動きを統合して勘案する能力である。
　（イ）自信を持つことである。すなわち、一歩前へ出ることで、みえないものが、みえるものとなる。少なくとも改善すべきことが判明する可能性が高まる。
　（ウ）洞察力はカンと分析力
　③野心、決断力とフォローも重要である。野心がないと、大企業のトップには登れない。向上心が重要な意義を持つ。
　決断力とフォロー：意思決定の後に、それを実行しなければならないことである。
　情報収集力：信頼できる人間のネットワークが重要である。
　④システム思考も重要である。
　⑤相手の立場に立ち物事を考えること。
　（ア）運：感謝の気持ちが運をよびよせること。
　（イ）品性：誠実さが品性を呼ぶことである。
　⑥トップマネジメントの事項について工夫をすること。
　（ア）社長の企業家精神と役員の管理者精神の信頼関係に意味がある。
　（イ）包容力、すなわち、妥協することが重要であること。
　（ウ）日本企業の具体例：朝日ソーラーでは、社長のカリスマ性が役員を引っ張る形での企業の発展がみられた。
(7) 三品和広（2005年）『経営は十年にして成らず』東洋経済新報社。

第五部

日本的経営の環境変化と危機

第十二章
日本的経営の性格検証
―― 専門経営者の敗北 ――

はじめに　日本的経営の再点検

　日本企業における労働者は、企業経営者に協力的で、組織に対する忠誠心が強いために生産性は国際的にみて高いものと評価されてきた。労使協力姿勢こそ、企業活動における効率向上の基本とされ、企業における労使協調の象徴であり、企業統治における共特性の表れとみなされてきた。しかし、バブルの崩壊した1990年頃より企業経営者に対する労働者の不満が徐々に強まり従来の企業に対する忠誠心が大幅に低下したといわれている。従業員の経営者に対する不満が強まった背景に関する点検が求められている。現在の多くの職場では、従業員が職場の仕事に対して不満を持ち、上司にも不信感を持つものが増えたとされている。しかし、従業員による職場や上司に対する忠誠心の喪失が、企業の集団主義でカバーされていることにみるように、日本企業の労使関係には大きな特色がある。以前とは異なり、現在における職場の高い生産性は、経営者による従業員に対する集団主義の押し付けにあるといわれている。そこでは、職場における労働者や労働組合の対応が問題となっている。

　本章では、駒井洋を初め多くの研究者による日本的経営における従業員の意識調査の結果にもとづいた労使関係の変化について解説する。高度成長期の後に、日本企業における従業員の意識を調査した研究者による従来の日本的経営の美徳とされてきた長所に関する懐疑的見解の主な研究成果を紹介する。従来より、日本の経営の長所とされてきた労使協調と企業内部の共特性とされてきた日本企業の組織内部の亀裂が如何なる形態を持つかが検討の対象とされる。

第1節　異文化の労働者──アメリカ、東南アジア：駒井洋

　グループイズム、集団主義が日本の職場における従業員の慣行とされてきた。日本的経営における職場の過去の慣行は労働者の経営に対する協力関係と従業員間の仕事に関する強い協力姿勢にあるとされてきた。そうした日本企業における職場での集団主義的な姿勢の特色を明記すると、以下の通りとなる。

　すなわち、(1) 個人による分限をわきまえた行動、(2) 個人による集団に対する異常な同調の姿勢、(3) 閉鎖性と集団エゴイズム、として表現ができると駒井洋は観察している。

　日本の職場における従業員による言動の特色は、日本企業に独特のものであり、外国に対する日本的経営の移転を阻止する要因ともみられている。所属する集団に対して個としての自律性の乏しい人間の全存在を無限に集団に帰属させているのが日本企業における従業員の特色とみる。終身雇用制という方式に支配されている日本の労働市場の閉鎖性のために、同一集団で多くの労働者が集団に対する同調が求められているとの解釈も可能である。他方では、日本社会は、有能な人間の能力の拡大を抑制しているという側面も指摘される。日本社会は、有能な人材の能力を抑制する大きな抑止要因となる独特の閉鎖性を持つとも解釈される。そこでは、企業の集団的なエゴイズムが以下の方式で、二重に作用することになる。

　第一は、企業組織内部における地位による職員の差別待遇である。第二は、企業外部に対して企業のエゴを強制することである。

　そうした企業エゴを、現代の日本社会では不問に付する傾向が強い。そうした解釈によると、日本企業の海外移転は、集団エゴイズムを世界全体に蔓延させることとなる。外国企業の代表としてのタイにおけるアンケートの結果にそうした意見が集約されている。ここでは、日本的経営の海外移転からみられる特色に関して、駒井の見解を紹介する。

1. 日本的経営と日本の労働者

　日本企業における労働者の職場に対する不満は大きく、20世紀末には、職場の大きな部署にも従業員の不満が浸透してきた。一昔前に常識とされてきた会社に対して労働者が強い満足感をもつという考え方とは異なり、職場に対する不満を強めているとされている。具体的には、以下二点で労働者の職場に対する不満がある。

①終身雇用制度に対する日本の労働者による不満が大きい事が問題となる。職場での仕事に対する満足度が低いことであり、転職に対する期待が大きい事でもある。むしろ、アメリカ企業における米国人労働者のほうが職場や仕事に対する満足度は高いという結果が明らかにされている。それは高い生産性を挙げている自動車産業のケースでも妥当するものとされている。

②賃金に対する不満感も日本人には根強い事である。しかし、日本の労働者は会社への服従度は高く、諦めといえる状況にあることが問題となる。

2. 高い生産性の根底をなす職場に対する不満

　高度成長期の日本企業では、集団主義、集団思考が高い生産性と同居してきたとされている。職場に対する大きな不満が高い生産性の背景をなすということが指摘される。日本の職場では、従業員の職場や待遇に対する不満が、逆に、集団意識を強めて、生産性を高めてきたという従来の常識とは逆の見方が駒井により指摘されている。職場に対する不満が、集団主義の傾向が強いところで生産性を高める背景をなしたとの見方である。1990年代以降の日本の職場の特色を以下のように表現してみた。

(1) 仕事満足度の低さと裏腹の高生産性

　仕事に対する倦怠感は日本の職場では低いことが、過去20年間における日本企業の職場の特色であるとされている。同時に、職場の規律に対する服従感は、日本人には高いことに特色があり、品質指向も強い。それらが、高い生産性の背景をなしてきた。

(2) 仕事に対する低い意欲と高い効率

　日本の労働者はモラールが低いが生産性が高い事がその特色であるとされている。仕事に対する意欲は低いが、何とか効率を高めてきた。従来は、仕事に対する意欲の高さが効率の源泉であると説明されてきた。こうした調査結果には大きな疑問が生ずる。その疑問を解く一つのカギは、日本人の集団指向の高さにあるといえそうである。

(3) 終身雇用制度に対する態度：労使でほぼ同じ

　日本企業では、従業員によっては終身雇用制に対する強い不満をもつものが増えている。特に、熟練労働者の中には、自分の待遇を改善するために、転職を望む従業員も多いとされている。他方では、会社側にも高賃金の従業員の他社への転職に対する期待もみられる。このように、わが国企業では、従来のような年功序列、終身雇用システムの動揺がみられている。

3. アメリカにおける日本的経営

　日本的経営の特色を観察するために、アメリカに移転した日本企業の従業員の意識を調査した。具体的には、電気機械製造のアメリカにある日系企業（電機S社）の従業員意識の調査である。同企業では、日系企業でありながら、日本的経営を移植していない会社であるという特色を持つ。そこでは、日本的経営を移植した日系のK食品、米系企業のK自動車との比較が試みられた。

　それらの企業では、提案制度には好意的な対応があり、労働者による経営幹部に対する信頼感は高いとされている。しかし、終身雇用制ではなく、年功制も採用されておらず、従業員には自分の未来に対する不安感が強い事が特色である。

①終身雇用制、年功制賃金体系でないS電機では転職希望者が多い。転職希望者は、従業員の2分の1にのぼる。それは、アメリカ企業であるA自動車よりも多い数値であり、終身雇用制度がS電機では成立していないことの反映とみられる。失業保険に対する希望が多い事も特色の一つである。

②年功賃金については、S電機の多くの職員が望んでいる。
③仕事に際しての提案制度には評価が高い。自分の意見が反映されていることもあり、提案別に対する評価はS電機では高い事が特色である。

4. 求められる人間性

　日本的経営も、最近は生産性の低下に対応して、集団主義を維持しつつ生産性向上を目指すものに転換しているようである。そうした方向に現地企業の労働者を順応させる努力が求められている。労働における自己実現というような日本経営に対する過去の高い評価や高い福祉などの付加給付のないところで、労働者を高い効率で働かせる必要に迫られているのが日本企業である。

　バブル崩壊後における日本産業の競争力は、人間性の軽視による労働者に対する酷使にあるという方向に転換してきたといえそうである[1]。

第2節　働く意欲と日本経営─理念共有化：鈴木滋、大場裕之

　日本的経営方式が企業に浸透するためには、経営の指針に関して職場における労働者の合意が不可欠である。労働者からの経営協力を獲得する手段に関しては、鈴木滋、大場裕之より経営体に対する帰属意識を高める手法に関して二つの考え方が提示されている。

1. 人間中心の帰属意識高揚─鈴木滋

　鈴木滋は、以下の仮説に基づき、日本的経営の特色を勤労者の意慾から検証している。

　過去には有効であった勤労意欲の向上に向けた終身雇用制などの施策の背景には、経営理念の労働者と経営者の共有があるとみられる。しかし、20世紀末には、その効果が薄れて、現在における労使関係は経営理念の共有には有効な方式ではないことを解説している。むしろ、現在では、日本的経営方式の多

くの分野が、発展途上国、特にインドで模倣されていると鈴木滋は指摘する。

(1) アンケートでの日本的経営の調査

　鈴木は、アンケート調査で、海外で受容されている日本的経営の特色について精査している。それによると、日本的経営の長所であり、海外に受け入れられている特色として、以下の諸点が挙げられている。すなわち、人間中心の帰属意識に関する管理であり、集団主義管理、定着維持管理、現場思考の生産管理方式などである。

(2) 労働者との情報共有

　日本的経営の中でも、外国人に好評なのは、情報の共有、コンセンサス経営であるとされている。中でも人気が高いのは、経営者による理念強調、情報共有、内部昇進、コンセンサス経営、そのための企業内教育などである。さらに、日本企業の直面する課題として、内なる壁での効率性低下、ならびに、海外における異文化の壁があることなどを鈴木は指摘している[2]。

2. 日本的経営に関する理念の共有化―大場裕之

　大場裕之は、日本人の労働観の変化に関して研究し、高度成長期と経済停滞期の現在との比較をしてきた。そこでは、理念の共通化の意義を強調している。

(1) 日本人の労働観

　日本人の労働観は、1970年から1990年にかけて大きな変化を遂げたとする。労働観の変化を計る指標として、労働の目的、労働倫理が調査されている。1980年代には、労働の目的が、楽しい生活、能力の点検、自己の技術向上、自己実現等の事項が中心を占めていた。しかし、1990年代には、仕事の面白さを求めること、仕事を金銭獲得の手段と割り切る傾向が強まり、仕事と生活を分離することが主流となる。

(2) 効率至上主義からの決別

経済停滞が強まるとともに、企業経営では、効率至上主義が強まるが、それは、必ずしも、働くもののモティベーションを引き上げることはない事が銘記されるべきである。意欲的労働の動機は、マグレガーのいうY理論で明記されており、意欲的に働く人間はY理論に提示されている条件のもとで労働している。

(3) 生命体としての意欲的労働力と労働生活向上

人間の勤労意欲を高めるには、労働生活の質的向上が求められている。すなわち、QWL（Quality of Working life）を高めることである。そこでは、人間を資源としてではなく、生命体として扱うことを重視する。QWLは、厚生経済学の立場から生命体を尊重して、その機能を最大限に発揮させるための捉え方である。

(4) ミッション共有化仮説

勤労者の労働効率を高めるためには、組織のメンバー全体の理念共通化とミッション共有化による人間の意欲の活性化が求められている。そこでは、人間の生き甲斐と効率向上との交点、双方の両立が配慮されている。経営体における事業の信条、勤労者の指導原理を調和させることが肝要であるとみられる。

(5) 経営者、勤労者の理念共有化

経営活動の効率の向上には、それをもたらす条件の設定が必要となるが、以下はその主たるものである。

① 理念の共通化に向けた具体的な場を作ることである。理念の提示だけでは、勤労者の意欲を高める上で不十分であることだ。

② イデオロギーの宗教性の危険を警戒した対話に向けた基盤づくりである。悪い考え方に染まらないという、企業としての倫理観も重要である。

③ QWLを高める雰囲気が求められている[3]。

第3節　労働観に関する少数意見—小池和男

　日本企業における従業員の勤労意欲と企業経営に向けた協力姿勢に関しては、従来は、本来日本人が勤勉であるとか、イエの論理に従い会社に対する忠誠心が強いというような事が常識として語られてきた。すなわち、日本企業の従業員は、職場では、規律に大変に忠実であり、経営者には協力的な姿勢を示し、職場での勤務は極めて真面目であるということである。そうした労働者の態度から、専門経営者の企業統治、終身雇用制、企業内労働組合が日本の常識的な企業経営の姿勢とされてきた。しかも、そうした経営者に対する従業員の協力姿勢が日本的経営の成功要因の重要なポイントとされてきた。しかるに、そうした姿勢は、必ずしも日本企業における労働者の真の姿ではないという事例が多くの職場や研究者により報告されている。しかも、最近では、労働経済学や経営学の専門家からも、従来の日本企業における労働者の真面目な勤務姿勢というイメージとはかなり異なる見解が提示されている。従来の日本的経営に対するイメージが揺らいでいる。そうした見解を提示する代表的な研究者が小池和男である。

①小池は、まず日本の労働者の職場での勤務姿勢は、必ずしも集団志向的ではなく、かなり個性が強く、個人としては他人との競争意識が強いという事を指摘している。また、日本の労働者は、必ずしも勤勉ではなく、かなり怠惰な労働者も多い事が指摘される。さらに、多くの職場では、勤務評定も細かい規準が設定されているわけでなく、また、勤務評定では個人の実績を厳密に査定する企業は多くはなく、さらに、勤務評定の正確さを期する企業の少ないことが指摘されている。

②勤務評定が厳密に実施されている企業では、従業員が真面目に、実直に勤務に励んでおり、そこでは経営に成功しているケースが多いとしている。その具体例として、トヨタ自動車を挙げている。特に、わが国では、ホワイト・カラー職員の勤務評定は正確ではないとの指摘もある。小池は、海外企業と日本企業との従業員の勤労意欲とその背景について検討しており、ここでは

要旨が簡単に紹介される。そのうえで、勤勉で、真面目で、経営に協力的な勤労者という日本の労働者に対する従来のイメージに対する疑問が提示される。

1. 海外日本企業の人材育成に関する問題提起

　日本の企業は、現場従業員の能力開発に熱心に取り組んでいるということが常識となっている。能力開発の基準を設けて、厳格な査定を行い、実績を考慮して、業務と給与を決定している。それは、日本では、事務部門でも、製造現場でも同様の職員に対する共通の評価方式である。ホワイト・カラー、ブルー・カラーともに同様の処遇方式を採用しているといわれる。

　外国企業では、ホワイト・カラーは、日本同様の資格、能力、実績に対応する給与と昇進がなされている。しかし、製造現場のブルー・カラーの処遇は国別に区々の対応となる。

　予想外なことは、アメリカの製造現場では、先任権制度が実施されていることもあり、資格と実績に対応する現場労働者に対する厳正な処遇を行ってはいないと指摘されている。アメリカの職場では、必ずしも、職員の勤務に対する十分な査定、能力開発が行われていない。そこで、注目されるのが、外国における一部の日本企業における慣行である。日本の現地企業では、外国の現地企業の職場とは従業員に対する異なる処遇がなされているとされる。特に、日本企業の100％子会社では、日本企業と同様の従業員に対する厳格な査定と指導を行う。常識で言われる年功賃金でのみ職場の効率を向上させているわけではないことが紹介されている。

2. 個人主義―日本の労働者に関する神話崩壊

　小池は、2009年の著書で、集団指向が強いとされている日本人労働者の姿勢の見方に疑問を提起している。また、多くの分野で、日本人従業員の勤労姿勢に関する過去の常識にも疑問を投げかけている。日本の労働者には意外に個人指向が強い事を指摘し、個性の強い労働者の具体例を提示して、集団指向が

強くない事を強調している。さらには、日本という国の過去の慣習が個人主義であり、集団主義ではない事、企業における能力と実績、給与査定の格差がきびしいことを強調している。また、そうした勤労者個人に対する査定と研修の厳しいところのみが、高い業績を挙げていることを強調している。さらに、一般の常識とは異なり英米企業が個人の業績査定に関しては、あまり個人格差をつけていないことが指摘されている。

(1) 集団主義と日本文化—合議制ではないこと

　日本文化が集団主義ではなく、かなり個人間の競争の激しい事が指摘されて、集団主義という日本人の間で流布された常識とは異なる日本人個人のもつ競争指向の強さが強調されている。たとえば、奈良時代からの和歌の選者は固定していて、集団での論義のうえで和歌の選定がなされたのではないことが具体例の一つとして指摘される。選集の中に選ばれる条件は、編集者個人の推薦によるものである。

(2) 会社における個人の給与格差—格差少ない米国企業

　アメリカでは、個人の給与査定には、格差があまり目立たない事である。日本企業は格差が厳しい事を指摘する。アメリカと日本企業の給与格差の基準となるランク表が提示されている。アメリカでは、ランクが5乃至6段階に止まり、従業員の査定は、70‐90％がBCのランクに収まる。日本でも、ランクは同じくらいではあるが、評価の結果は分散している。個人差が厳しく査定されていると指摘する。

(3) 会社に対する忠誠度—低い日本の従業員

　日本人労働者の勤務態度に関しては自分の働いている会社が好きか否かの調査がある。また、日本人は働くのが好きか、否かの調査も行われている。しかし、そこでは、常識とは反対の調査結果が提示されている。その調査で判明したことは、日本人が働くことはあまり好きではないことだ。そこでは、4000

人を調査対象とし、現在の仕事の満足度を調べた結果、アメリカでは、34％の従業員が仕事に満足していると回答したのに対して、日本人の満足度は、約5％に過ぎないことが指摘されている。

　自分の勤務する現在の会社を友人に勧めるかという質問に対して、米国は63.4％が友人に勧めるとの回答しているのに対して、日本の比率は18.5％に過ぎないことである。

　今後、会社のために働くかという問いに対する答えは、アメリカ人は74.3％の従業員がイエスと回答したのに対して日本人が54.3％であることだ。会社に対する愛着なしはアメリカ22.2％に対して日本19％である。企業に対する愛着や忠誠心には、日米ともにさしたる違いは認められないということである。

(4) 仕事観では日本は普通の国―電機連合調査

　生活における仕事の重要度、経営に対する自分の意見の反映度の調査は、国際比較の結果では日本は普通の国である。また企業の労働組合も、ごく普通の組織であることだ。企業の中での仕事も、特別に高度な技術を必要としていない。そのために、組合とは、特別な協定の必要がない事である。仕事の性格は日米ともに、同質性が高いものであることが判明している[4]。

第4節　日本人の権勢への異常なこだわり
　　　　　―ホーフステッド等

　日本的経営論が盛んに喧伝された時代には、世間の注目を浴びることはなかったが、忘れてはならない見解がある。日本人は協調性が強くて、職場における待遇や管理者の取り扱いが平等であれば、職場の協調性が維持されるという神話が、日本の職場では平然とまかり通ってきた。しかし、それは、必ずしも正鵠を射た見解ではないことである。多くの外国人研究者により指摘されてきたことだが、日本人や日本の職場における従業員の姿勢を理解するためには、日本的経営論で常識とされてきた日本人像とは異なる指摘を確認すること

が肝要である。

　そうした見解は、外国人研究者であるホーフステッドによる日本人の異常な権勢欲の強さ、ドーアの指摘する日本人の異常な経済合理性、さらには、キサラによる日本人の異常な自己中心性などに提示されている。こうした日本人の権勢欲、異常な経済合理性、自己中心性の追求は、労働経済学者の小池和男も指摘している。これらの研究成果は、これまでに信じられてきたような日本人の他人との職場における協調性、職場での異常な勤勉性などといわれている通説とは反対の研究成果とも符節を合わせるものであるといえる。

　日本人の本性をあまりに神聖化して、従業員の性格や職場での協調的な人間関係を強調する考え方は極めて危険である。より望ましい人間性や職場における協調的な人間関係を日本人に普遍的なものと前提することは合理的な考え方ではない。また、日本人が対人協力に優れているという前提は、必ずしも正しいものではない。人間の性格と行動には国家により特に大きな格差があるという観察にも大きな無理がある。ここでは、ホーフステッド、ドーア、キサラ等の代表的な研究者の見解を指摘して、日本人の職場での協調性を過度に強調する見解に警鐘を鳴らすものとする。

1. 職場における日本人の異常な権勢欲

　ホーフステッドは、職場で働く従業員による自己の勤労活動に対する姿勢と意欲を調査した。1970年代までに大きな力を誇った電子機器メーカーで世界的な大企業であるIBMの主要国の従業員を対象とした勤労活動に関する意識調査であるとされる。取締役、管理職、一般職員、現場管理者、現場従業員等多様な職場で働く従業員の勤労活動に向けた調査である。日本の労働者には明確な特色はないが、しかし、一点だけ外国人労働者に比較した日本人勤労者の大きな特徴が認められる。それは、職場における高い権力欲指向である。職場での地位、他人との力関係に対する特殊な高い期待である。ともかく、日本人の従業員は、自己の昇進に向けた意欲がかなり強いことが銘記されるべきである。

(1) 新人と管理職との権力欲格差

　問題は、権力欲の内容がやや特異であることだ。すなわち、自分が会社に入社当初時には、先輩や管理職に対して、自分と同一の立場での対話を望み、自分の意見を充分に聞いてもらうことを強く望む傾向がみられる。しかし、自分が昇進したときには、部下との大きな権力格差を期待するというものである。管理職に昇進した従業員が自己の権力の強さと部下による大きな敬意を望み自分のいうことに対して忠誠を誓うことを期待するという。そうした意欲は、管理職にはかなり強い事が印象的である。

　すなわち、新人、一般職員と管理職とでは、自己の地位や権力に対する意欲に大きな格差が認められるということである。そうした傾向は外国でもある程度は認められるが、日本においては双方の格差が外国よりはやや高い事に筆者は注目した。

(2) 専門経営者が独裁者に転身する土壌

　日本では、高度成長の終焉と企業内における権力者の独裁とが符合して顕著になったとされる見解がある。専門経営者の企業経営における独裁の傾向である。そこでは、権力者に対する従業員の極めて顕著な忠誠が迫られるという。忠誠を求められる日本における高度成長後の職場環境に権力の位置関係が反映されているようである。それだけ、今日では権力に対する忠誠が求められる程度が強まったものとみられる。

　権力者である取締役、管理職と新人や普通の従業員の間の権力行使と従業員の忠誠度に対する期待が大きく異なる事の背景には、先に指摘した日本人の異常な権力欲と権力獲得に向けた特異な行動が認められる。日本の職場における管理職の異常な権勢欲に対する注意が求められている。日本の職場環境を従業員間の協力意欲が強いとか強度な和の精神を強調することはかなり危険である。こうしたホーフステッドの調査結果の示唆する職場の異常な環境変化が大きな問題を起こす可能性に注意することも必要である。例えば、企業不祥事の底辺をなす背景として従業員の権力指向に関する今後の研究の深化が期待され

る[5]。

2. ドーアによる日本人の経済合理性

　イギリスの工場と日本の工場での人間関係の格差を観察したドーアは日本人の労働者とイギリスの従業員の態度を比較している。彼は、日本人の異常な経済合理性の高さを指摘する。如何に不合理なことでも経済性を考えて、自分に不利なことは発言を控えるのが日本人であるという見方をドーアは指摘する。自分にとり得をするか損をするかで自己の言動を決定するということである。組織や他人の言動がいかに非合理であっても、それが、自己に不利なケースでは、組織や他人に対してクレームをつけたり、批判を行うことはないという。

　人間の行動を決める基準は自分にとって経済的に合理性があるか否かであるという。これは、日本人があらゆることに我慢をするのは、経営者の言動が正しい事と信じているわけではなく、発言を控えることが自分の立場を強めて、昇進につながると考えるためであるとみている。クレームをつけたり、他人を批判しないのは、経済的に考えた自分にとっての損得計算の結果であるといわれている。対人関係で日本人が他人に対する協調性が強いとする見解には大きな問題がある。日本人の対人関係での協調性が常識となっているが、それは、自己利益のためであるということとなる。そうしたいらざる自己抑制が国民の権利主張を規制して、政府による言論統制を容易にして太平洋戦争という深刻な悲劇をもたらすこととなった[6]。

3. キサラのいう自己中心性

　20世紀の末には、1980年代まで継続した日本の高度成長が終息したが、それにともない、終身雇用制もなし崩し的に崩壊し、失業率が上昇している。正社員としての仕事を探すことが徐々に困難となっており、非正規社員が増加してきた。そうした雇用情勢の悪化と生活環境の悪化を反映して、国民の心が荒んで自己中心的な態度が強くなったとされている。そうした中で国民の他人に対する思いやりと奉仕の精神が衰退したとされてきた。キサラの行ったおよそ

95項目の質問からなるアンケート調査の結果は、明らかに日本人の現代における自己中心性を物語るものとなる。具体的には、利他心の重要性には多くの国民が賛同する。しかし、そこでは、他人に対する具体的な協力ということとなると、多くの人々が、自分では行動をしないという意向を明らかにしている。他人に対する協力や支援は、すべて他人任せにするという姿勢であり、自分は他人に対する奉仕には手を貸さないという回答が出されている[7]。

第5節　株主支援と終身雇用制の転換期──オルコット

　常識では、企業の従業員は、株主ではなく、従業員のなかから経営者に昇格した専門経営者に親近感を持ち、経営者としては専門経営者を支持する傾向が強いとみられてきた。しかし、近年、わが国では、そうした常識にも大きな変化がみられている。1990年頃よりの経済停滞に伴い、企業経営においては、従業員が徐々に専門経営者ではなく、株主による企業支配と企業統治を好むようになるという労働者の姿勢における大きな転換がみられた。

　株主は、投資している会社は自分のものであり、企業は自分の分身であるという意識が強く、経営の成果を厳しく見守り、社会の状況変化に対応する経営戦略の適切な転換を計るものとされている。自己の設立した企業の経営に大きな責任感を持ちつつ企業の運営を担当するという事で、経営責任に関する信頼感が専門経営者から株主に転換しているようである。そこで、近年には、従業員は彼らがかつて支持していた専門経営者に対する信頼を失ない、株主優位のガバナンスに対する信頼感が増すという転換が生じているとされている。こうした従業員の姿勢における大きな変化は、今後の企業経営に対して大きな問題を投げかけているといえよう。専門経営者に対する従業員の不信と株主指向は、専門機関の実施した以下のアンケート調査により判明した。

1. 経営者に対する信頼感の低下
　問題は、従業員の経営者に対する信頼感は決して高くはないようである。従

業員による経営者に対する信頼低下の原因の一つは、かつての終身雇用制度に準じた長期の雇用保障がなくなりつつあることにあるとみられる。また、経営者の報酬が高すぎて、一般従業員との格差が拡大していることにある。労働者の勤労に対する経営者の評価も不公正であるものとみている従業員が多い事が注目される。こうした問題に対処するために、従業員は、経営者に対する株主の監視を求めているものとみられる。また、従業員自身による経営者に対する監視の必要も痛感しているようである。近年には、専門経営者に対する従業員の信頼が著しく失われていることは注意を要する。

2. 専門経営者に対する不信の背景

従業員による経営者に対する不信感の背景には、経済停滞、景気後退とそうした不況を跳ね返せないことに対するいらだちがあるようだ。それは、雇用の縮小と給与の削減につながる。問題は、従業員が自己の労働成果に対する評価方式や、長期雇用の維持と成果主義のバランスのとり方に対して大きな不信感があるということだ。今後は、双方のバランスのとり方が大きな課題となる。さらなる問題としては、株主による企業統治が如何なる方式でなされるかも大きな課題となる[8]。

第6節　専門経営者復権に対する期待
―共特性に対する再認識

残念なことに、わが国の経済学者は日本的経営という言葉を使いたがらない。しかし、日本の経営は、わが国経済の発展には極めて貴重な役割を果たした。1955年より1980年までの25年間は日本がもっとも輝いた黄金期である。こうした日本の宝ともいえる日本的経営の実態に関して、従来はあまり注目されなかった専門経営者の役割に焦点を当てて再評価を試みた。いま、その日本的経営が危機に直面している。日本企業における経営者に対する従業員の評価が高くはないのである。多くの方式を通して、専門経営者の立場の擁護が求め

られている。

1. 企業統治方式の変化

　株主による企業統治に対する恩恵を過大に配慮することをせずに、そのほかの従業員や部材提供者、販売店などのステイク・ホルダーの要請に応じた経営戦略を採用することが専門経営者のガバナンスによる企業経営の特色である。これは、経営者にとっての大きな裁量権を提示するものである。世界中が見逃す大きな日本の経営者の長所といえよう。

　株主の意向に対する拒否権を持つことは、わが国の先輩経営者の残した大きな業績といえる。経営オリンピックの永続的覇者の資格を付与されたものとみることもできる。多くの企業関係者の要望に対応した適切な経営戦略を採用する自由度を日本の企業経営者が有するものとみられる。世界中が見逃す大きな日本の経営者の長所であり、先輩経営者の残した大きな業績といえる。

　そこでは、設備投資は、経営者の裁量で実施することができた。利益率の低い機械工業の製造活動も可能となる事であり、利潤率の低い機械工業の構成比が高い事もあり、研修活動に経営者の力を注ぐことのできる基盤を形成しているようである。しかし、それは過去の一時代に限定されており、現在の経営では成功していない。経営の不成功の原因としては、官僚統制、投資規制、企業組織の意思不統一、人材確保難などがあるようだ。

2. 共特性の経営戦略と専門経営者

　効率的な経営戦略の策定には企業間の連携関係や企業間のネット・ワークの効率性という観点が重要となる。特に、新製品の開発には、技術革新に伴う付加価値増加分の専有という企業活動の目的を重視することである。そうした企業間の提携関係や一般市場との関係性を産業構造の性格や企業境界を決めるポイントになるとみた見解はティースやその後継者であるジャコビデスが解説をしている。そこでティースの共特性という観点から太平洋戦争後におけるわが国専門経営者の設備更新と新製品開発の成果を確認することが一つの考え方と

なる。

(1) 共特性と専門経営者

　企業経営の戦略目標は利益の拡大にあるが、そうした目的に向けて多くの企業が市場開拓を行い、また新たな企業を創設して新製品の開発と新たな事業活動を開始してきた。その際には資本の力で関連会社を支配する事よりは企業間の結びつきや製品の品質向上に好都合な協力企業を選定し、また場合により市場を用いながらの資源調達方式が選択された。

(2) 関連業者との協力関係

　専門経営者の役割は以下の諸点で株主よりも優れていたものとみられる。関連業者との結びつき、現場従業員とのコミュニケーションでは株主に比較して専門経営者は優位にある。資金調達を計るためには、自己の所有する株式やその資金源ではなく製造販売というヴァリュー・チェインの中に資金調達先を見出すという有利な立場にも彼らはいた。さらに、製造現場に関してはより近い立場に専門経営者が位置していたうえで、関係の業者とも事業を通して緊密な関係を持っていたために、関連業者や販売店の活用をはかることができた。より良い情報源を持つことと顧客との密着性とが彼らの利点である。さらに、専門経営者は企業活動において、株主よりも資金調達と材料、部品の確保と拡大、労働の効率的な分業体制の構築などで専門家としての有利な地位を占めた。これまでは、日本的経営における専門経営者の株主に比較した有利な立場を共特性という概念より解説してきたが、今後は、双方の関連性に関するより詳細な点検が待たれている[9]。

まとめ　専門経営者の後退

　ある経営学者は、1990年代よりの日本的経営の衰退と経済停滞の原因として、経営者の資質の衰退を指摘している。日本的経営の衰退要因として、新た

な時代に対応する戦略策定能力のない専門経営者の欠陥と管理のみに目を向けた自己保身の経営者の言動による弊害であるという評価を下している。そこで、彼は1990年代からの日本の経営の衰退とそれをもととした日本経済の停滞要因を、日本の専門経営者（MBA）がアメリカの創業経営者に敗退した結果であると推論を下している。日本の専門経営者の問題点を指摘して、本章での結論に代えるものとする。

1．時代転換に無知で改革に臆病な日本の専門経営者

　専門経営者の欠陥を逆に表現すれば、太平洋戦争後における時代の変化に対応した以下のような二つの命題を下すことができる。

　それは、まずは、日本の高度成長期における創業経営者並びに専門経営者がアメリカの専門経営者（MBA）に勝利したことであるということである。それが、20世紀末には、逆転して、時代転換と社会の変化に、日本の専門経営者が対応できなかったために、日本の専門経営者がアメリカの創業経営者に敗北したということとなる。そこで、本章の結論としては、1960年代から80年代までの日本的経営の成功要因を時代の要請に対応して日本の創業経営者とそれを助けた専門経営者の役割に帰し、1990年代からの衰退要因をIT産業や知識創造産業などの発展に乗り遅れた日本の専門経営者がアメリカの創業経営者に負けた結果とみるものとする。その要因として、時代背景に関する観察を行い、大きな時代の流れを確認した上での日米両国の経営者の感覚の格差を確認するものとする。

　さらに、従来通りに事業の活性化と利益上昇に専心した創業経営者と組合や従業員との共存を重視した専門経営者との闘争を問題とする。また、従業員との協調を重視し、組織の管理を優先した専門経営者の課題を確認するものとする。

2．管理職代行の経営者、戦略転換に遅れ

　経営の本質は組織における日常業務の管理ではなく、また、組織の変革でも

なく、あくまでも新たな時代の変化に対応する事業活動の方向性、すなわち、経営戦略の提示にある。正しい経営戦略を提示できない経営者は失格である。現場管理担当の管理職の職責を奪う経営者は多いが、ルーティーン・ワークの管理は現場管理職に委ねて、時代転換と社会情勢を見極めての戦略転換に対応することが肝要である。

ここでは、20世紀末に日米経営戦略の命運をかけた創業経営者と専門経営者の運命を紹介する。それは、日本の資本主義発展の遅れを反映した労働者の人権を抑圧する手段の一つとして発展を遂げて、高度成長期に衰退した日本の経営方式における一時代の産物との評価をせざるを得ない。時代が新たな方向に転換する中で、IT産業などの知識集約産業の育成に出遅れて、自己保身と権力強化に専心した日本の専門経営者の失敗の責任は重大である。

3. 専門経営者による能力の限界

20世紀末における日本的経営の衰退は、日本の専門経営者がアメリカの創業経営者に敗北した結果であることを指摘する研究者の観察が注目されている。日本的経営の健在な企業では、創業経営者が健闘して、彼らの支配力の大きいところでは、経営は良好な成果を挙げてきた。

ここでは、専門経営者、特に20世紀末における専門経営者の欠陥を指摘して、日本的経営の欠陥、特に専門経営者の企業経営における誤りを確認するものとする。

(1) 力のない専門経営者—従業員と関連業者が頼り

多くのタイプの経営者は、経営権を資産、資金などの何らかの力を背景として所有しているものである。彼らの権力の源泉は、創業の実績、株式、社債などでの資金の調達、企業に対する資産の提供など、過去においてはものとか資金の企業に対する貢献にあったことである。創業者、株主、地主などの資産や創業における貢献などを背景に権力を掌握するケースが多かった。しかるに、専門経営者においては、目にみえる形の資産での経営に対する貢献は見当たら

ない。

　その力の源泉は、彼の所有する専門知識や部品提供者、販売店、従業員等との情報交換、関連情報収集力などを背景とするものである。経営にとり必ずしも不可欠ではないが、彼らは専門知識というべきものを所有して、それをもって企業組織に対する支配力を強めてきたものとみられる。専門経営者の権力基盤は、当初は極めて弱いものであり、その権力を強めることが困難とみられていた。そこで、専門経営者は自分の立場を強めるために、多くの工夫を強いられた。そのために、出入りの部材供給業者などから資金の提供を受けたり、組織の中に自分を支持する取り巻きの社員とシンパを増やして、そうした少数の取り巻きに対する特別な待遇を保証することで、自己の地位と権力を強めてきたものとみられる。

　そうした不平等なエコ贔屓が社内における自己の派閥の強化で、権力者の派閥以外の社員との格差と不平等を生み出すこととなる。そうした対応は、社内の対立をあおり、組織不祥事に発展するケースも少なくはなかったものとみられる。

　社内の派閥抗争が強まると、組織の不祥事につながりかねない原因ともなる。それが社内の多くのグループの対立と軋轢を強めて企業の業績を低下させる原因となる。アメリカ企業で1960年代から多くの企業で導入された事業部制もそうした社内対立を促進する要因となる事が多いといわれてきた。

(2) 株主配当の抑圧

　財閥解体後に日本企業に登場した専門経営者の主たる関心事は、株主に向けた配当を高めることではなく、従業員に対する待遇改善や出入りの業者との共存共栄関係の強化であったものとみなされている。労働組合の力が強くて、彼らに対する待遇改善と作業環境の改善が専門経営者の大きな関心事であつた。また、大株主の力を弱めるためには、部材提供業者からの資本調達を計る事も行われていた。株主の力を殺ぐための増資や社債発行に協力を依頼して、専門経営者の立場を強めることができた。大企業の設備投資の成果が物語るよう

に、受注先企業の発展が保障されることが出入りの業者にとり取引を継続することができ、有益であった。納入先企業の発展は業者にとり好ましいため、受注先企業の発展は、部材納入業者にとっても大変に好都合なことである。そこで、親企業と出入りの部材提供業者との共存共栄関係が強化されてきた。そうした親企業と供給業者との利害関係の調整により、出入りの関係業者に対する大企業の便宜供与が明らかとなる。日本の大企業の発展は、労働組合、出入りの関係業者との共存という形で進展するものとなる。高度成長の最中には、大企業では、専門経営者の主たる関心事は、利益の拡大とか株主配当の拡大という事にはおかれていない。むしろ、労働者と関係業者との共存共栄に向けた良好な関係維持に向けられてきた。

　専門経営者が利潤拡大とその株主に対する配当を高めようとするのは、高度経済成長期の末期であり、外資の攻勢により、経営権が徐々に外国企業や日本の中の株式投資家の支配が強まるときからみられた傾向である。

(3) 不公正な従業員評価と職員の反乱

　日本の職場では、厳格な規律が確立されていて、従業員の働きは厳重に管理されてきたとされている。また、上司が厳格な基準に照らして、従業員の勤務態度とその成果を厳正に査定するとされてきた。しかし、そうしたことはごく一部の企業にとどまるものとみられる。トヨタ自動車等の日本産業を牽引してきた僅かな成長企業でのみ職場の規律が維持されており、しかも職員の能力と実績に対する厳格な評価がなされてきたものとみられる。多くの企業においては従業員の業績の査定が必ずしも厳格になされたものとは言い難い。そうしたところにも、日本企業の従業員が経営者に対して不満を強め、専門経営者に対する不信を拡大した要因がある。そうした専門経営者の不合理な姿勢は、日本的経営が崩壊し、労働者の多くが専門経営者に反感を持ち、創業経営者に高い信頼をおく基盤となったものとみられる。

（4）階層制が機能せずに取締役が信頼されない事

　企業組織は、その意思決定をする最終責任者としての取締役が権威を持ち、その決定を管理職と社員に伝えて命令内容の実行を従業員に促すための階層制がとられている。企業組織における上位機関は下部組織からの信頼の上にこうしたシステムを機能させている。下位機関からの信頼が上位機関の権威を高める源泉となる。上位機関は厳正な判断を行い、下位機関を指導する立場にあるのだ。

　十分に用心した言動が上位機関には求められているものといえよう。20世紀末の多くの日本企業では、上位機関たる取締役会の権威を高める活動がおろそかにされたことが、下位機関からの信頼を失う契機となったものとみられる。

（5）経営人材の育成を怠る事

　日本企業では、時代の転換に対応した正しい戦略を遂行する人材、職場の管理を適正に行う管理職の育成に充分な配慮をしていないことが重大な欠陥となる。

　採用試験は、人事担当者と管理職に人員要求の決定権があり、試験担当者は自分の意向に沿う人材を採用して、自分の部下とシンパを育成し、自分の取り巻きを拡大することを目指す。結果としては、必ずしも優れた人材ではない人事部長や管理職と同類の人材が組織内に増えて、やや人間関係に問題はあるが経営戦略の策定に才能のある人材が排除されることとなる。会社内には、正しい経営戦略を策定する人物が育たないのである。企業では、同じような人材が同じ間違いを繰り返して、日本の経営は崩壊する可能性が高い[10]。

注釈

(1)　駒井洋（1987年）『日本的経営と異文化の労働者：アメリカ、東南アジア、そして日本』有斐閣。第4章。
(2)　鈴木滋（2000年）『アジアにおける日系企業の経営：アンケート・現地調査にもとづいて』税務経理協会。
(3)　大場裕之（2009年）「日本的経営は「意欲的労働力」の創出にとって効果的か：「理念共有化」仮説の提唱」RIPESS経済社会総合研究センター『Working Paper』No.31.

清川雪彦、大場裕之（2003年）「〈日本的経営〉離れは若年層の個人主義化が主因か？：職務意識の世代間格差の検証」『経済研究』Vol.54, No.4, Oct.
(4)　小池和男（2008年）『海外日本企業の人材形成』東洋経済新報社、264-266頁、278-279頁。
　　　小池和男（2009年）『日本産業社会の［神話］：経済自虐史観をただす』日本経済新聞出版社。
　　　小池和男（2012年）『高品質日本の起源：発言する職場はこうして生まれた』日本経済新聞出版社。
　　　影山僖一（2003年）『トヨタシステムと国際戦略：組織と制度改革の展望』ミネルヴァ書房。第5章では、イギリスの現地工場の調査結果をふまえて、海外に移転する日本的経営の特色を情報共有をはじめとする現地企業との共特性にあると指摘している。
(5)　ホーフステッド・G著、安藤文四郎他監訳（1984年）『経営文化の国際比較：多国籍企業の中の国民性』産業能率大学出版部。
(6)　ドーア・R・P著、山之内靖他訳（1987年）『イギリスの工場・日本の工場：労使関係の比較社会学』筑摩書房。
(7)　キサラ・R、永井美紀子、山田真茂留編（2007年）『信頼社会のゆくえ：価値観調査に見る日本人の自画像』ハーベスト社。
(8)　オルコット・G著、平尾光司他訳（2010年）『外資が変える日本的経営：ハイブリッド経営の組織論』日本経済新聞出版社。
　　　宮島英昭（2004年）『産業政策と企業統治の経済史：日本経済発展のミクロ分析』有斐閣。
(9)　影山僖一（2012年）「専門経営者による企業統治の功罪：情報共有としての日本的経営の再点検」千葉商大論叢、第50巻第1号、2012年9月。
(10)　三品和広（2005年）『経営は十年にして成らず』東洋経済新報社。
　　　三品和広（2007年）『戦略不全の因果：1013社の明暗はどこで分かれたのか』東洋経済新報社。

結論と課題
── 日本的経営の環境変化と対応策 ──

はじめに　経済環境転換―性善説でのグローバル化

　経済学と経営学の権威であるポーターは、企業活動の活性化こそが経済発展の主たる推進力となること、さらには、経済政策の目標が企業経営の発展に資するものであるべきだということを強調している。企業経営の発展に資する経済政策こそ国民生活向上のもととなる事を提案しているものとみられる。そこで、本書の掉尾に、日本経済の発展と衰退に運命を共にした日本的経営の特色とその問題点を指摘して本書の意図を貫徹するものとする。

　本書を閉じるに際して、時代転換、人間性、終身雇用制度、経済性（ケイパビリティ）、そして経済政策という側面から、日本経済とわが国経営の特質を再度点検して、新たな方向から、経済発展を指向するための提言を行うものとする。ここでは、特に、労働慣行の変化と企業経営環境の激変について注目し、日本経済と日本的経営の弱点を確認し、そこから、今後の日本経済再建に向けた参考資料を提供する。

　日本の高度経済成長に果たしたとされる日本的経営は、1950年代後半から80年代にかけての特定の経済環境のなかでその機能を発揮してきた。しかし、1990年以降には、日本的経営を効果的に機能させてきた要因が失われて，その役割も限界に直面した。終身雇用制、年功序列制、企業内組合など企業のステイク・ホルダーの経営協力により経営者に有利に機能したと思われていた要因も失われてきた。しかも、製造業の効率を高めてきた大量生産方式が後退しており、これが製造業の効率に大きなマイナスとなった。従来は、系列の中小企

業などとの情報交換で容易に協力を得られた経営環境にも変化がみられている。大企業の設備投資の中心分野は海外に移転しており、日本国内では有力な協力のパートナーをみいだせないものとなりつつある。事業活動にプラスとなる企業間のネットワークであるいわゆる共特性という日本経営を有利に導いた条件が失われて、日本的経営は高度成長の推進力としての機能をなくしている。また、従来は、労働者との協力関係の基盤を形成してきた終身雇用制度が崩壊しており、企業統治そのものについても、大きな試練が経営側に課せられている。

　ここでは、そうした日本的経営の制約要因に関して、経営環境変化、企業統治の双方から確認するものとする。企業統治における労使協力という協力関係は、高度成長期にはみられたが、終身雇用の崩壊に伴い経営内部での労使関係における共特性も後退している。

1. 終身雇用制の崩壊と労使協力の危機

　日本の経営は、労働運動の高揚期に労使協調の基盤を形成して提案制度の浸透などの健全な経営基盤を作り、良好な企業統治のシステムを形成してきた。そこでは、産業分野における企業間の協力関係と共特性と併行して、企業統治における労使関係の共特性も日本経済の発展に寄与してきた。しかし、それは、経営を長期間にわたり繁栄させる要因とはならなかった。逆に、終身雇用制度が労使双方の甘えの構造を強めて、時代の大きな転換期に対応する適切な経営基盤を育成するものとはならなかったものとみられる。終身雇用制は機械工業という大量生産方式を基盤とする一部産業の発展を牽引するような制度が支配する時代には適合していた。しかし、産業すべての分野における共特性が重要となる非製造業優位の時代、IT産業、知識産業などの新たな産業の支配力が強まる時代には適合するものではなかった。日本産業が機械工業という特殊な産業のみのアンバランスな発展を遂げて、産業間の均衡した発展のみられなかったことが、事業提携のパートナーを失い、産業間協力の相手をなくして、1990年代には経済失速の一つの原因をなしたものと考えられる。

2. 経営環境転換の具体例――経済活動のグローバル化

　経済活動の停滞とともに、日本大企業の海外投資による国内産業の空洞化、日本的経営のグローバル化、製造業中心の経済政策などによる製造業のみの偏る経済発展の欠陥が明らかとなった。それに加えて、日本的経営の従業員に対する性善説に基づく労務管理の欠陥と大量生産時代の終焉、終身雇用制度のマイナスなどに直面して、日本的経営は限界を露呈する。日本的な経営が時代遅れとなった背景には、大量生産方式の後退という経済環境の激変があり、さらに、極めて大きな産業間の不均等な発展があり、製造業のみに偏る経済成長を遂げた日本産業の高度成長期の共特性の後退が背景をなすものである。有力な製造業の業績も後退して、日本経済の全面的な停滞がみられた。以下、日本経済失速の原因を従来の常識とは異なる分野から指摘するものとする。

第1節　経済構造転換と企業統治方式の変化

　高度経済成長時代における企業経営者による企業統治の重点は、株主ではなく、その他の従業員、部材提供業者、販売店など多様なステイク・ホルダー等の企業活動に協力する従業員と企業と取引関係をもつ事業者であった。そうした多様な供給業者と利益を共有する経営戦略を採用することができたことが専門経営者のガバナンスによる企業経営の特色である。これは、経営者にとっての大きな裁量権を提示するものである。世界中が見逃す大きな日本の経営者にとっての福音といえる。株主の権利を少しでも抑制できたことは、日本の経営者にとっては大きな功績といえよう。

1. 株主よりも協力企業、従業員の重視

　株主の権利抑制は、わが国の先輩経営者の残した大きな業績といえる。経営オリンピックの永続的覇者の資格を付与されたものとみることもできる。社会情勢、多くの企業関係者の要望に対応した適切な経営戦略を採用する自由度を日本の企業経営者が保持したものとみる。それは、世界中が見逃す大きな日本

の経営者の成果であり、先輩経営者の残した大きな業績といえる。

　そこでは、新規の設備投資は、資金調達さえ整えば、経営者の裁量で実施することができ、利益率の低い機械工業の製造活動における自由度を拡大させてきた。利潤率の低い機械工業においても、研修活動に経営者の力をそそぐことを可能としてきた。しかし、1990年代以降においては、わが国経営の成功事例は激減することとなる。その背景をなす要因としては、官僚統制、投資規制、企業組織の意思不統一、労働者の経営に対する忠誠心の後退、人材確保難などがあるようだ。

2. 企業統治の特色とその変化──株主の経営権

　日本の経営者は高度成長期には、株主の意向から独立した戦略を採用できた。しかし、石油危機で大量生産方式の経済性が失われるに従い1980年代より徐々に株主の復権があり、株主の力が高まるものとなる。専門経営者の裁量権は大幅に後退している。

第2節　経済性の転換──共特性の経営戦略と専門経営者

　効率的な経営戦略の策定には企業間の連携関係や企業間のネット・ワークの効率性という観点が重要となる。特に、新製品の開発には、技術革新成果の専有という企業活動の目的が重視されることである。そうした企業間の提携関係や一般市場との関係性を産業構造の性格や企業境界を決めるポイントになるとみた見解はティースやその後継者であるジャコビデスが解説をしている。そこでティースの共特性という観点から太平洋戦争後におけるわが国専門経営者の設備投資と新製品開発の成果を確認することが一つの観点となる。

1. 共特性と専門経営者

　企業の戦略目標は利益の拡大にあるが、そうした目的に向けて多くの企業が市場開拓を行い、また新たな企業を創設して新製品の開発と新たな事業活動を

開始してきた。その際には資本の力で関連会社を支配する事よりは企業間の結びつきや製品の品質向上に好都合な協力企業を選定し、また場合により市場を用いながらの資源調達方式が選択された。

2. 関連業者との協力関係の緊密化

専門経営者による企業統治は以下の諸点で株主による経営よりも優れていたものとみられる。関連業者との結びつき、現場従業員とのコミュニケーションでの株主に比較して専門経営者は優位にある。資金調達を計るためには、自己の所有する株式やその資金源ではなく製造販売というヴァリュー・チェイン（価値連鎖）の中に資金調達先を見出すという有利な立場にも彼らはいた。さらに製造現場に関してはより近い立場に専門経営者は位置しており、関連の業者とも事業活動を通して緊密な関係をもっていた。関連業者や販売店の活用をはかることができた。より良い情報源をもつことと顧客との密着性とが彼らの利点である。さらに、専門経営者は企業活動において、株主よりも資金調達と材料、部品の確保と拡大、労働の効率的な分業体制の構築などで専門家として有利な地位を占めた。これまでは、日本的経営における専門経営者の株主に比較した有利な立場を共特性という概念より解説してきたが、今後は、双方の関連性についてのより詳細な点検が待たれている。

第3節　日本的経営組織構造の問題点

1950年代に登場した日本的経営には、その特有の時代環境に制約された課題もある。独特の経営方式の持つ長所を時代と環境がその発現を妨げるというようなことが考えられた。

1. 日本的経営と経営者の役割

日本的経営は、太平洋戦争後の1950年より1980年代にかけての日本の経営にみられた特殊な経営方式である。そこでは、専門経営者、終身雇用、企業別

労働組合を特色とするといわれてきた。これらの方式は、外国ではみられない経営の特色とされている。ちなみに外国では、解雇権は経営者にあり、給与は能率の実績で計られる。また、会社の特殊事情が忖度されることのない産業別労働組合が主流となっている。

(1) 他産業との共特性不足と企業境界に関する認識不足

　近年、流行している他産業、他企業との十分な点検なしでの統合と合併が大きな課題を提起している。貴重資源の確保に向けて企業統合がなされるとされてきたが、組織の統合には企業文化の不整合というような問題も起こる。過去の統合は、共特性に配慮したネット・ワークでは必ずしもない統合であったが、その功罪を十分に勘案した成果ではない。

(2) 時代転換の見通し過誤：大量生産方式の転換

　1970年代より、大量生産方式に転換が起こり、製造方式の多品種少量生産方式への転換がみられた。それにともない経営戦略の転換も求められてきた。そこでは、現場を重視し従業員の意見を聞くことが大きな課題となる。従来の慣習にとらわれた経営には転機が訪れた。機械の性能に依存した大量生産方式の経済性が失われることに対応して、人間個人の働きが重要な意味をもつ時代が到来した。従業員個人の知性と努力が経営効率の源泉となる社会が来たのである。そこでは、従業員とのコミュニケーションがより一層重要となった。

2. 経営内部の統制の欠陥

　従来の企業経営戦略の中で、専門経営者や終身雇用制という特色を有する企業形態には多くの欠陥がみられるようになった。ここでは、その欠陥とみられる諸点を指摘するものとする。

(1) 組織運営に関する未熟さ：階層制と組織造り—ギデンズの様相性

　わが国における多くの企業の経営手法は、おおむね幼稚な段階に止まってき

た。特に、従業員の意見を充分に吸収することが困難であった。階層制のもとで、取締役会が経営戦略を決定して、管理職と従業員に経営者の意思決定を伝えている。そこでは、従業員の意思を聞くために、自由で平等なコミュニケーションを計り、円滑な意思疎通を図ることが困難であった。敗戦直後には、稟議制が採用された企業では、部下からの意見や提案を取締役会の以前に検討することができたが、それも、時間の経過とともに後退してきた。部下からの意見の吸い上げも、企業内の各部門間の円滑な意思疎通ということも大変に困難な課題である。多くの企業が従業員間の情報交換の困難に直面していたものと思われる。

(2) 人材活用に関する対応の幼稚さ：人材育成システムの不備

　企業の人事管理は、極めて困難な課題の一つである。特に、人事評価、後継者選定などは、困難を極める課題となる。研修制度の有効な運用にも問題は多い。人事評価は、基準が多様な上に、本来個人的な好みの多い人間が他人を評価する活動であるから、それは欠陥の複合体といえなくもない。まして、組織の跡継ぎやリーダー育成システムとなると人間の開発したものは欠陥だらけである。人事評価制度の不備、人材監視制度の欠陥などで、日本的経営も多くの企業経営の問題を克服することができなかった。大量生産方式の後退に対応して、従業員とのコミュニケーションの役割りが重要性を増してきた時代になっても、人材育成のシステムは不備が続いてきた。

第4節　テイラーイズムと従業員対策

　組織は、その目的と理念に基づいて従業員が参集し、共同の事業に向けて活動する。そこでは参集した人間、すなわち従業員の協働作業が求められる。当然ではあるが、人間という多様な感情を持つ生物の労働の取り組みに対する管理と監督が必要とされる。組織の運営には、人間の性格とか本性の点検が前提となる。具体的には、人間本来の性格を善良で勤勉なものとみるのか、あるい

は、他人の監視がないと悪事を働き、怠惰になるとみるかという判断が大きな意味を持つ。その判断次第で、企業における従業員の管理や人事に大きなインパクトがある。人間を怠惰な悪人とみたときには、企業組織には従業員に対する監視、干渉、指導などからなるそれなりの適切な対応がとられる。

アメリカの企業では、テイラーイズムという人間の見方を採用して、従業員対策が推進されてきた。怠けものとしての人間に対して労働意欲を喚起する対応策が採用された。従業員の働き方に関するマニュアルが作られる。そのマニュアルを遵守するか、否かで職員に対する待遇に差異が生ずる。そうした待遇の変更が従業員の意欲をかき立てる。テイラーイズムという人間の見方を採用して、それなりの監視、監督などの従業員対策がなされているのがアメリカの企業組織である。

日本では反対に、人間の本来の性格を善人で勤勉と判断して、従業員対策が講じられている。日本企業においても、技能向上に向けて多様な研修活動が行われている。しかし、職員の研修方式という大きな問題が未解決に残されているという点に問題がある。日本的経営の大きな欠陥は、すべての従業員に対する警戒感のない、労務管理対策にある。

1. 性善説と労働方式

日本の経営にとり大きな問題は、従業員の性格を性善説で対応したことである。人間の性格は多様である。中には怠惰で、監視を怠ると悪事を働く人間も少なくはない。そうした人間を従業員として雇用する企業では、人間に対する監視と干渉を怠ることはできない。人間を性善説で対応することは経営者としては得策ではない。ともかく日本の経営では、人間を性善説で対応して、人間の欠陥に対して警戒しないことに大きな問題があった。20世紀に全盛をきわめた大量生産の時代が、過去のものとなり、経済活動の大きな変化の時代には従業員を性善説で対応することは、とくにふさわしくない労務管理方法である。大量生産の時代には、個人の活動により企業の業績が左右されることが少なかったが、1990年代以降、大量生産方式が減退し、個性の目立つ時代となる。

そうした新しい時代には人間個人の行動が企業業績を大きく左右する。

　監視と干渉を怠ると、人間は安易にながれて、怠惰となり、悪事に手を染めることもある。さらに、そうした人間が集まると、組織悪が累積するという事実にも日本人は無関心であることが問題である。また、メンバー間ではより良い仕事を行うための従業員間の有効な討論方式の開発が遅れていることも問題となる。さらには、先進諸国では常識となっている従業員の間における熟議型討論方式に対するリーダーの役割に関しても知識の蓄積されていないことが問題である。

2. 怠け者を勤勉な勤労者に変えたテイラーイズム

　日本に対するアメリカは、人間の持つ欠陥に配慮して、組織における人間の見方が性悪説で統一されている。組織の運営は、性悪説に基づいて、人間の監視、監督がかなり行き渡っている。いずれの方式に企業の長期的に健全な発展が保証されるかは、明白である。

　20世紀初めにアメリカ大陸で誕生したクルマビジネスは経営学上の多くの発明により加速されて20世紀末の日本においても開花した。その成立期における経営者の労務管理方式を観察することは、モータリゼーションとあらゆる組織の効率化に資するものとなる。

　モータリゼーションを推進した組織的発明に関しては勤労者に対するテイラーイズムと温情による経営管理論並びに事業部制組織論などの意義を確認することが肝要である。これらの発想が現代のアメリカ的経営方式の基本的な概念となっている。

(1) 欲望を刺激し労働者の怠け癖を克服— X 理論

　人間は、外部からの刺激がないと、怠けて何も活動をしない生物であるとされている。そこで、怠け癖のある人間にその労働に対応して高額の報酬支給という欲望充足の手段を与えて勤勉な生き物に変えることが経営組織の課題となる。そうした考え方を体系化したものがテイラーの科学的管理論であり、それ

がアメリカにおける近代企業の成功要因になったとされている。さらに、労働に先立ち作業に関する課題を現場の作業員に提示し時間内に一定量の生産物を仕上げるよう指示することで企業は作業効率を大幅に高めることができた。課題提示と時間管理を現場の作業者に徹底する原理がテイラーにより発明され、20世紀のはじめにフォードのクルマ製造工場において実践された。課題管理と時間管理方式は製造現場だけでなく販売活動など多くの分野に適用され生産性向上には大きく寄与した。

(2) 温情と人事管理、大量生産と事業部制組織

　課題管理と時間管理方式により労働現場において厳しく管理されている現場従業員に対して、企業のトップに立つ経営者は謙虚さと温情で接触することをバーナードは推奨する。従業員に対して誠意をもって丁寧に組織の使命と経営戦略を説明し、温情と謙虚な姿勢で従業員の良き相談相手となって組織に対する忠誠心を強めようとした経営学の祖とされるバーナードの発想も経営学の大きな発明として特筆される。マニュアルによる厳しい労務管理（テイラーイズム）と労働者に対する経営者による温情（バーナード）とが、工場現場の労務管理において車の両輪のように機能して、効率向上がみられ、20世紀の米国企業経営における繁栄が約束された。

第5節　大量生産の終焉と多品種少量生産
―ネットワーク・システム化

　20世紀の産業社会においては、大量生産、大量消費による経済性が追求されてきた。20世紀は、工業化の頂点として大量生産という経済原則が経済活動を支配していたが、それも20世紀末の石油危機により新たな経済原則の支配する時代に転換する。燃料であり原料でもある石油の高騰がものづくりの利益の限界を明確にして、知識とか技術を重視する経済活動の役割を高めたのである。それは、大量生産に経済性のみられた時代の終りを告げる出来事となる。

日本の高度成長は、機械工業の競争力強化と輸出拡大を基盤とするものである。しかし、日本市場の停滞、賃金の高騰などの事業活動の限界に直面して、日本の製造業が海外にその工場を移転して、国内産業の空洞化が経済停滞を深刻なものとしてきた。また、国内でも、製造業の伸び悩みにより非製造業も停滞し、製造業の停滞をカバーすることが十分ではなかった。時代は、もの造り産業から非製造業、特に知識と情報重視の産業優位の時代に転換する。しかし、それら非製造業の発展は期待されたほどの伸びはなかった。

1. 量産、量販から個別製品尊重の時代に転換

21世紀にはいり、市場の復権がみられ、経営者の役割が転換するに至った。それは単なる従来の管理方式の修正に止どまるものではなく、経営の基本的発想の転換につながる課題を提起している。大量生産の時代における、職場の管理だけにとどまらずに、事業活動内容の転換、すなわち事業活動戦略の方向性の点検が経営戦略の大きなテーマとなる。そこでは、経営の重点が従業員の管理だけでなく、経営戦略の転換にシフトする。事業の内容転換から、ネットワークの転換までを網羅した大きな変化に遭遇する。

2. もの造りからサービス時代への転換：経営戦略転換

一般に、自由な市場取引と経営者の裁量による経済活動に与えるインパクトとその効率性とは、時代により大きく変化する。現代資本主義経済の生誕期とされている18世紀末までは、一般市場における自由な経済取引が世の中を支配してきた。しかし、19世紀末には企業経営者による計画、戦略、管理などの意思決定が世の中を支配する大きな役割を果たすに至った。それは、大量生産と大量販売の時代の終息した1990年代以降も継続する。大量生産の時代には、市場開拓に向けて企業経営者が大きな市場を管理し、販路先を確保する必要があった。そこでは、経営者が市場の未来を予測し、そうした市場のニーズを充足し得るような仕組みの確立が迫られていた。すなわち、充分な市場が確保されないままの大量生産方式においては財貨の作り過ぎと供給不足という反

対の現象が頻発した。そうした製品、仕掛品などの在庫の過不足を調整するための経営者による市場の確保と経営資源の確保という二重の大きな調整措置が必要とされていた。そこでは、経済性確保、効率性追求のための大量生産活動による経済性が求められていた。若干の作り過ぎと判断されていても、大量に作ることが、生産物一単位当たりの製造経費の低下となり、経済性を確保することができたものとみられる。こうした時代の変化に対応して経営者の役割にも大きな変化がみられた。

3. 産業構造の転換：IT産業、知識産業の優位

　21世紀の到来とともに開始された本格的な高度情報化時代における経済活動の基本をなす企業間の協力関係の本質を明らかにすることが肝要となる。そこで、最も力を発揮する経営資源は資本ではなく、知識と技術であり、そうした技術を中心とした企業の特別な能力、ケイパビリティの役割が拡大する。

(1) 事業活動展開方式の転換

　そこでは、事業活動方式の転換が求められている。多くの多様な顧客と市場を重視した事業活動が必要とされる。また、大企業が中小企業に対する抑圧的な支配を後退させつつ、双方が対等に近い立場で協力しながら取引関係を継続することが重要な意味を持つ。そうした対等な協力関係は、新事業の創業、新製品開発の促進に大きな役割を果たすこととなる。

(2) 時代の変化と市場、在庫管理の在り方

　20世紀末までの経営者や官僚などテクノクラートの役割は、大量生産と大量消費に向けて、大衆の購買意欲を一定の方向に誘導することにあった。しかし、21世紀における経済性の役割には、大きな変化がみられる。その方向は、単に大量消費ということではなく、高度に個性的な商品の開発とそうした方向に消費者の意欲を誘導する事である。

　産業によっては、経済活動の形態は大幅に異なる。かくて、21世紀には、

もの造り産業からサービス産業が主役となるシステムに産業構造が転換し、経営者によるテクノクラートとしての役割が大幅に変化している。

第6節　終身雇用制度と企業別労働組合

　終身雇用制の原点は、1910年代における日本の重工業の発展方式にあるものとみられる。従来、熟練を要する製造工程の多くを担当する熟練労働者の調達を請負制に頼り、人入れ稼業の親方に依存してきた機械工業が、直接の雇用方式に転換して、熟練労働者を内部職員として囲い込んだ。熟練労働者を企業の内部で雇って、労働者の内部化を計り、彼らの訓練を行い、彼らに終身の雇用を保証したとされている。これで、従業員は、定年まで、職場、仕事、給与を保証された。そうした慣行は、多くの職種の労働者に拡大して、昭和期に至ると、従業員を学校卒業と同時に採用し、訓練して、生涯会社で面倒をみることとなる。

1. 従業員の企業に対する忠誠心の喪失

　企業経営方式の変化をみると、環境の激変とともに、経営の内容にも大きな転換がある。21世紀には高度成長期の企業での終身雇用制度が崩壊し、企業内研修も形式的なものとなり、従業員の企業に対する忠誠心も希薄となった。経営者にも、企業内組織を取り仕切り、従業員からの信頼の厚かったリーダーが消えつつある。従業員の経営者に対する信頼はなくなりつつあるという。経営の環境は激変して、以前のような経営者による企業統治が衰退している。

2. 経営戦略の制約条件：終身雇用制、企業研修、産業政策

　敗戦後の日本経営を制約した要因としては、従業員対策と労働組合への対応の特殊性と特定産業に焦点を絞った政策の展開であった。そこで、機械工業の発展、低水準の研修制度、労使双方のなれあいなどのわが国雇用制度の功罪を点検することが求められている。それらは、経営戦略策定に際しての制約要因

となるものである。

3. 企業内の訓練不足、企業内福祉の後退が諸悪の根源

　大量生産方式の経済性が企業発展を支えていた高度成長期には大企業経営には、大きな問題はなかった。企業内研修も、従業員が企業内に止まるような研修を行うことでその役目を果たすことができた。しかし、1990年代となると、新たな知的産業やサービス産業が外国に登場し、そうした新興産業との競争が激化し、彼らとの競争にも対応して、わが国では企業内でも高度の技術の研修が求められていた。しかし、経営者が研修活動を疎かにして、しかも国内の大学などに研修を委託するという簡便な方法に依存して、新たな技術革新を担う人材育成を怠る事となる。その上、売り上げの停滞、利益の減少する中で、企業の担ってきた企業内福祉が徐々に減少して、さらに、リストラを行うことで社内の人間関係も大きな摩擦を伴うものとなる。かつては、日本の技術基盤を強めて、勤労者の職業能力を高水準に保つための中心的役割を果たしてきた企業内研修が質的な低下をきたした。企業内研修の停滞は、日本の労働力の技能水準を引き下げて、日本企業の経済成長に対する役割を低下させた大きな要因となる。それは、社会不安を高めて、さらに、技術水準を低下させる間接的な要因となった。

4. 職業再訓練計画とアクティベーション

　日本経済の復活には、高度技術やサービス産業を担う能力である企業経営の経営戦略を確立することが肝要である。それは、未来における日本産業発展の推進力となる。また、そうした新たな産業を担う特殊な技術を有する勤労者を育成することも日本経済の発展を促進するカギとなる。企業経営を担う本格的な経営戦略を策定する経営者と勤労者の職業再訓練が今後の経済発展の重要な要因となろう。

(1) 貧困な段階の労働者訓練

わが国では、低所得の非正規労働者に対する職業訓練は、就労支援を中心とするものであり、極めて幼稚な段階に止まってきた。しかし、手厚い勤労者に対する支援が行われてきた北欧諸国、特にスウェーデンでは行き届いた職業再訓練が行われてきた。労働者の技能水準も日本産業では外国に追い越されようとしている。

(2) 経済政策と雇用福祉政策

経済の発展において、経済政策は重要なカギとなるが、その際には産業発展を支える企業活動が重要な意味を持つ。従来は、経済政策が有効性、公平性などという基準からその効果の検証がなされてきた。しかし、最近では、手厚い従業員研修と高度な技術革新による企業経営の成功が経済政策に大きな意義を持つという認識に変ってきた。

まとめ　供給優先政策転換、市民中心社会の創生

わが国経済基盤が生活優先の構造ではなく機械工業中心の供給優先社会である事を確認し、今後は、国民生活の具体的場面である地域や地方社会を重視し、国民生活向上を最優先する経済政策を採用することの重要性を強調したい。現内閣（安倍内閣）のスローガンの一つである地方創生という経済政策がこれまでは軽視されてきた事実も指摘し地方社会の活性化を促進することが求められている。過去の政権が生産力強化を優先させてきた究極の目標はわが国の供給力を高めたうえでの国民生活水準の向上にある。そのために、個人の生活よりも国家の秩序を優先し中央集権制度のもとで供給力の拡大を計る事を一時的な対策として優先してきた。しかし、明治初期の廃藩置県以来130年もの間、中央集権制による供給優先構造が継続している。今後は可及的速やかに個人の生活優先社会に転換することを提案したい。

1. 明治初期より継続の中央集権制とその転換

　日本は、江戸時代に徳川幕府という中央政権が大きな力を持ち、地方に配備された大名家を通して全国を支配してきた。明治時代には、外国に対する外交自主権を獲得する上で、廃藩置県というかたちで中央集権制がより一層強化された。軍国主義の昭和初期には中央集権制度がさらに強化されて、敗戦後も経済復興に向けて中央集権制度が継続されてきた。そこから現在の中央集権制度の見直しと地方分権、地方創生が今後の重要な課題となる。しかし、これは容易なことではなく、国家100年の計であり長期にわたる日本再建に向けた課題となる。

2. 生活の場としての地方重視

　国家にとり地方社会や町は、国民生活の場として基本的に重要な行政単位である。経済政策の分野では国民生活を担当するのは地方自治体である。それほど重要な国民の活動分野でありながら、地方の社会情勢に関しては、従来はほとんど顧みられることなく、中央政府の意向で地方自治体の行政の基本方針も決められてきた。予算も中央政府からの補助金支給を頼りとしてきた。中央政府の指示待ちの地方政府の慣行になれて現状に対する改革を嫌う地方自治体の職員も少なくない現状にある。地方社会の創生は日本社会経済の再建にとって喫緊の急務となっている。

3. 子育て環境改善、高齢者福祉など消費者政策拡充

　従来の供給者優位の経済政策から消費者、生活者ファーストを目標とする政策への転換がいま強く求められている。消費者優位の経済政策の中心は、子育て重視と保育園拡充、未来を担う青年の職業教育高度化、高齢者向けの介護施設充実などに向けられるべきである。こうした生活者優位の経済政策への転換こそ日本経済復活の第一歩となる。

あとがき

　本書は、日本経済の高度成長とその後の停滞の要因を確認して、経済と経営組織の再建策の一端を提示しようとするものである。そこでは、最新の経済学理論で提唱されているケイパビリティを中心とする企業の事業活動をめぐる共特性、補完性が経済成長の支えとなったことを伝えようとした。今後における日本経済の再建策は、企業間の共特性、言葉を代えれば、企業組識間における事業活動の成功に向けた円滑なネット・ワーク形成が重要となり、経済発展を約束するものとなる。共特性は、産業分野のみではなく経済活動のあらゆる分野に共通するスローガンとなる。例えば、国民と政治家、国民生活と両立する産業政策、企業内における経営者と労働者の協力関係性などの多方面に及んでいる。

　そうした企業間産業間の共特性が失われたことが、日本の成長力鈍化を招いた要因とみられる。具体的には、企業資産の補完性のみに囚われて、外国企業による資源の移動性を活用した日本のライバルとなる競争企業の台頭を見逃したことのマイナスは大きいものとみられる。その背景には、機械工業中心の製造業のみの歪んだ日本の産業政策推進と産業構造がある。今後は、国民生活向上に寄与するバランスのとれた産業育成と経済政策が望まれる。特に、国民一人一人の個性的な能力の向上を図り、そうした能力を発揮できる機会を拡大する風土を形成することが肝要である。

1. 企業間、産業間のバランスによる均衡成長

　日本経済の停滞を招いた要因は、常識的な見方ではない側面からみると、非製造業、知識産業の低水準が高い効率を誇る機械工業の高度なビジネス能力とのバランスを欠き、労働者の熟練研修を低水準に止めた結果として、新規産業育成に向けた投資機会を海外に奪われたことにあるものとみられる。円高も加

わり、日本企業における設備投資の中心分野が海外諸国に移転して、外国に付加価値の源泉の移転したことが日本産業の大きな停滞要因となった。現在の日本政府が推進する金融政策中心の経済政策では経済の復活は期待できない。長期にわたり継続してきた時代遅れの規制を緩和することにより、外国企業に自由な活躍の機会を与え、人間の活躍の場を拡大し、ヒトの能力を十分に活用できる社会を構築して、人間の知性と熟練の活用を図る事が経済活動の新たな拡大要因となる。また、日本国内における産業間、企業間の共特性（いいかえれば、自由なネットワーク活動）を強めて、国内で設備投資を促進する環境を整備することが経済成長の回復につながるものとなる。

2. 残された課題—人間集団としての組織の研究

ところで、筆者がこの数年間に取り組んできた課題は、組織の中の公式なシステムとしての階層制とは異なる組織における人間としての集まりと集団活動に関する研究である。組織の中の従業員を中心とする非公式組織、すなわち、人間集団の行動原則とそれが公式組織の活動に与えるインパクトの探求という課題である。この分野は、多くの経営学者の問題意識を喚起しており、断片的な研究はなされてきたが未だに統一された研究成果がない。研究の多くは企業の社会的責任論という分野からみた組織文化論として探究されてきたが、人間集団としての組織の風土とか組織の文化という側面からの研究は十分とはいえない状況にある。

当該分野は大変に困難な課題であるために、研究者が、研究課題に真正面から取り組んでいるとはいえない状況にある。経営学の父といわれるバーナードが、その著作においてリーダーの倫理性という重要課題として問題提起はしたが、しかし、十分な回答が提示されているとはいえない分野でもある。筆者は、当該分野に対して一つの見解を提示したいと考えて研究を重ねてきた。本書では、未開拓分野であるために今後の課題として提示することに止めるものとする。数年間の猶予を頂いた上で、何らかの試案を発表させて頂きたいと考えている。

ところで、本書第九章においては、日本の代表的財界人としての土光敏夫氏の業績に関してはやや辛口の評価をしたが、日本企業の改革が成功しなかった責任は土光さんにはない。むしろ、それは学界における組織改革に関する理論的研究が未確立のためであり、経営学研究者の端くれとしての筆者の不勉強による責任も大きい。研究者の一員としての筆者の努力不足を皆様にお詫びを申し上げたい。

残された課題の大きさに比べると、筆者個人の能力は極めて小さなものである。しかし、長距離ランナーの気持ちで、できるだけ長く健康を維持しつつ未開拓分野の研究に従事をしたいと考えている。読者諸賢によるご支援をお願いしたい。

3. 本書各章に関連する拙稿、講演の紹介

経済発展の説明要因として、学界では多くの重要な理論が提示されているが、紙幅の関係で、今回は、ケイパビリティ理論、階層制、組織改革論の紹介のみにとどめるものとした。また、本書でとり上げはしたが、紙幅の関係で詳細な説明を省略せざるを得なかった研究成果もある。そうした分野を中心に、過去十数年間に筆者の発表した原稿のタイトル、さらに研究報告テーマを本書の各章別に紹介して、説明不足のお詫びとしたい。本書の中で展開された多くの所説は、以下の原稿、ならびに各種講座における報告によるところが大きい。本書の記述の足りないところを以下に紹介する拙稿、講演資料などで補っていただければ幸いである。ここでは、日本経済再建に向けた提案のなされた拙稿を各章ごとに紹介させて頂くものとする。過去十数年間において、筆者の発表した以下の論稿や講演の記録などを参照して頂けると幸いである。

第一章：産業構造論とアライアンス戦略論―組織統合と産業発展戦略の新たな発想
　［組織構造論からの組織活性化の一提案：組織不祥事防止に関する組織文化論からの解明］千葉商大論叢、第47巻第2号（2010年3月）。

［組織統合と産業発展戦略の新たな発想：ケイパビリティ論とアライアンス戦略論］千葉商大論叢、第49巻第2号（2012年3月）。

第二章：経営戦略と階層制度
　［不完備契約論と専門経営者による企業統治：情報共有という観点からの人的資源支援］千葉商大論叢、第51巻第1号。（2013年9月）

第三章：組織知育成と組織改革—コリス、ギデンズの研究と組織変革
　［組織知育成に向けた技術革新の共特性と組織革新：ティース、シャーマー、シャインの研究と組織変革］千葉商大論叢、第50巻第2号（2013年3月）。

第四章：時代の大転換と日本社会経済
　［中国の経済発展と日本の進路：中国社会からみた日本の社会経済体制変革提案］現代社会研究（東洋大学現代社会総合研究所編）第12号（2015年）。

——：——

　日本の経済発展要因は、経済史の観点からは独特の推移を辿ったものとみられる。それは近代の世界経済発展を推進してきた英米諸国の基本的な戦略を十分に研究することなく、英米両国の基本的国家戦略と逆行することがしばしばみられたことである。それが近代日本史の大きな失敗を説明する重要な要因をなす。明治中期における政府の失敗が昭和初期、中期の太平洋戦争の悲劇をもたらす原因となった。
（1）後発資本主義国として、わが国は富国強兵策を急ぎすぎて、急速な軍事化とそのための中央集権化を推進しできた。明治中期に、日本は、世界の覇権を獲得した英米両国との闘争に走り、好戦的な軍事大国であって、世界地図から消えたプロシャ（旧ドイツ）の政体、憲法を国策として採用して迷走する。明治中期の軍国化、植民地経営などアナクロニズムに走り、世界の覇権を握った英米両国と対立して太平洋戦争という悲劇を招いた。その間に中国への侵略という大きな間違いを起こした国家運営の失敗の要

因を探求することが肝要である。
(2) 中国は21世紀に大発展を遂げた大国である。また今後とも成長の期待される大国でもある。外国資本の導入とその賢明な管理運営などは、経済政策の成功要因として日本が摸倣することが重要である。
(3) そこで、麗澤大学の市民講座（オープンカレッジ：ROCK学長、岩澤知子外国語学部教授）では、超大国である中国の発展要因と中国との共存の方策並びに日本経済の新たな道を開拓するリーダー育成方式に関する講座を担当してきた。そこでは、外国資本の活躍と国家資本主義経済という独特の政策原理を採用して日本とは異なる大変に賢い経済運営を実施してきた中国経済の発展要因を解説している。さらに、近代史のナガレを正しく理解して、英米両国、中国など世界のリーダー達の賢い国家運営方式、ならびに、国家のリーダー育成の巧妙さを学ぶことが日本の未来を築く基盤となることを提案している。日本は、国家のリーダーを育成することを怠ってきた。そうした欠陥の是正が今後、日本の大きな課題となる。
(4) そこで、麗澤オープンカレッジでは毎年、五月、十一月、翌年二月に、順次、世界経済と日本の経済運営の特色を指摘して、日本におけるリーダー育成の重要性をアピールする講座を開設している。ここでは、麗澤大学における筆者による市民講座の概要を伝えるものとする。

春学期：例年5月：
　講座テーマ：中国の経済発展と日本の平和外交戦略：日中米三極の平和共存戦略
秋学期：例年11月
　講座テーマ：幕末・明治期の日本のリーダー
冬学期：例年2月
　講座テーマ：日本という社会環境を踏まえた終末期の過ごし方：賢い終活のススメ

第五章:日本の法人資本主義構造
拙著[[通商産業政策論研究:自動車産業発展戦略と政策効果]]日本評論社。(1999年)

第六章:終身雇用制度と産業政策
「職業再訓練計画とアクティベーション:企業内訓練から国家主導の職業再訓練への転進] 千葉商大論叢。第52巻第1号(2014年9月)

第七章:トヨタ自動車の共特性と組織改革
[完成車製造における組織間関係の研究:クルマ社会における情報交換]平成国際大学論集[平成国際大学研究機関誌|、第9号、(2005年3月)
[知識創造社会に向けた行政改革:クルマ社会から知識創造社会]平成国際大学論集、第10号、(2006年3月)
[組織知とフレキシブルな組織造り:成功要因としての暗黙知とリーダー]平成法政研究「平成国際大学研究機関誌」、第14巻第1号(2009年10月)

第八章:専門経営者と日本的経営論―情報共有としての日本的経営の再点検
[技術革新、設備投資と産業政策の関係性:投資決定因としての財務状況、企業統治形態]平成法政研究、第12巻第1号(2007年10月)。
[専門経営者による企業統治の功罪:情報共有としての日本的経営の再点検]千葉商大論叢、第50巻第1号(2012年9月)

第九章:日本経営者の群像―国民派、私企業活動派
「日本経済における専門経営者の役割検証」現代社会研究(東洋大学現代社会総合研究所機関誌)第10巻(2012年)

第十章:創業経営者の英知―ゆかり企業の事業戦略
@いちかわ市民アカデミー講座(千葉商科大学)における筆者による報告の記

録
報告テーマ（1）　首都圏連合構想と市川市：報告年月日：2011年9月24日。
テーマ（2）　勝海舟の活躍と市川市：報告年月日：2012年8月18日。
テーマ（3）　会社を滅ぼさない経営のノウハウ：報告年月日：2013年10月21日。
テーマ（4）　地域活性化に向けた市民活動団体への公的支援：報告年月日：2014年10月18日。

第十一章：創業経営者とケイパビリティ論
［創業経営者によるダイナミック・ケイパビリティ：日本的経営論に対する経済学理論による検証］千葉商大論叢、第53巻第1号（2015年9月）。

第十二章：日本的経営の性格検証―専門経営者の敗北
［階層制組織の欠陥と非階層組織の意義：人間の自由と独立を求めた新たな発想］千葉商大論叢、第49巻第1号（2011年9月）。

結論と課題：日本的経営の環境変化と対応策
［消え行く企業境界と企業間組織：反チャンドラー革命と企業系列論争］千葉商大論叢、第42巻第3号（2004年12月）

日本経済再建策の提案
「日本企業の経営者革命と教育改革：社会経済活性化に向けた新提案」麗澤経済研究、第19巻第2号（2011年9月）。

4. お世話になった方々に対するお礼

　本書は、多くの方々のご厚意に支えられて刊行することができた。ご支援を賜わった方々に対して厚くお礼を申し上げたい。

　筆者の本務校である千葉商科大学の理事長である原田嘉中様には平素より格別のご高配を頂いてきた。筆者が千葉商科大学に奉職する際には、当時、兼務されていた学長代行として原田理事長が面接をされ、筆者の研究者としての道を開いて頂いた。今日、千葉商科大学が五学部と博士課程である大学院政策研究科をトップに多くの大学院を擁する総合大学として発展を遂げているが、これは、長年にわたる原田理事長のご尽力によるものである。原田理事長のご活躍にこころから敬意を表したい。

　また、千葉商科大学では、副学長に就任され地域連携協力活動を担当されている瀧上信光名誉教授には多くのご高配を賜った。大学の立地する市川市との提携を中心に地域との連携により大学の新たな発展を指向しておられる瀧上副学長のご活躍を期待したい。

　また、本書を纏めるにあたり、千葉商科大学付属機関の教職員の方々からも多大なご支援を賜わった。経済研究所では、1993年に、筆者は［日米欧三極の産業構造と産業政策］に関する研究プロジェクトの研究に従事したが、その際には、研究所長を務められていた斉藤壽彦名誉教授、研究活動でご協力をいただいた山本恭裕商経学部教授、鈴木孝男人間社会学部教授には多くのご高配を賜った。また、当時、経済研究所に勤務されていた小杉美智子さまには資料収集、海外調査などで多くのご支援を頂いた。ご高配を賜った教職員の方々に対しては、深甚の敬意を表したい。

　2000年に新設された大学院政策研究科（博士課程）では、本年四月より委員長を務められている小倉信次商経学部教授の今後のご活躍が期待される。また、同博士課程において筆者の所属する文化政策セミナーでは、多くの先生方のご高説を拝聴させて頂いている。熊岡洋一名誉教授、天野克彦名誉教授、平原隆史教授、原科幸彦教授、朱　全安教授などの優秀な先生方による毎週の貴重なご高説から多くのご教示を賜った。諸先生方のご厚情に対して、こころよ

り謝意を表したい。

　家庭では、妻洋子の支えがあり、本書の草稿を完成することができた。家庭生活を犠牲にした面白くもない研究活動に数十年間も耐えて、筆者を支援して頂いたことに改めて謝意を表したい。

　本書は、約二十年をかけた苦難の末にようやくまとめることができた。今日、専門書は大変に売れ行きは悪いとされている。そうした厳しい環境の中で、刊行を引き受けて頂き、格別のご支援を賜わった同友館編集部次長の佐藤文彦様には深甚の謝意を表したい。佐藤文彦様の格別のご厚意とご尽力なくしては、本書は日の目をみることがなかつたといえよう。心よりお礼を申し上げたい。経営学の専門書や良書を数多く刊行されてきた同友館の今後における発展に大いに期待している。専門書の発行に向けた同友館のご活躍をお祈りしたい。

　　2016 年 12 月 26 日　　　　　　　　　　　　　　　　影山僖一・記

【著者紹介】

影山 僖一
かげやま きいち

1936年8月生まれ。
慶應義塾大学大学院経済学研究科博士課程（単位取得満期退学）
ケンブリッジ大学政治経済学部客員研究員
1999-2002年：日本学術会議・第17期経営学研究連絡委員会委員兼幹事
博士（経済学）

［現職］
千葉商科大学名誉教授
千葉商科大学大学院政策研究科（博士課程）名誉アドバイザー
柏シルバー大学院講師
麗澤オープンカレッジ講師
東洋大学現代社会総合研究所客員研究員

［歴任：非常勤講師］
放送大学、武蔵大学、杏林大学、平成国際大学、東洋大学、高崎経済大学大学院、愛知東邦大学など。

［主要業績］
『トヨタシステムの研究：日本自動車産業論』産能大学出版部、1993年。
『通商産業政策論研究：自動車産業発展戦略と政策効果』日本評論社、1999年。
『トヨタシステムと国際戦略：組織と制度改革の展望』ミネルヴァ書房、2003年。
『経営組織論研究：クルマ社会から国民福祉へ』白桃書房、2005年。
編著『消費者主権の産業政策：市民中心の行政改革』中央経済社、2006年。

2017年4月20日　第1刷発行

日本経済の再建策
―経済学・経営学からの提言―

Ⓒ 著　者　影　山　僖　一
　 発行者　脇　坂　康　弘

発行所　株式会社 同友館
〒113-0033　東京都文京区本郷3-38-1
TEL. 03 (3813) 3966
FAX. 03 (3818) 2774
http://www.doyukan.co.jp/

乱丁・落丁本はお取り替えいたします。　　三美印刷・松村製本所
ISBN 978-4-496-05265-1　　　　　　　　Printed in Japan